Bernhard P. Wirth

**Alles über
Menschenkenntnis,
Charakterkunde
und Körpersprache**

Dieses Buch ist meinen beiden Kindern Stephanie und Björn gewidmet, von denen ich viel Natürliches wieder erlernen durfte, was mir als Erwachsener schon verloren gegangen schien.

Bernhard P. Wirth

Alles über Menschenkenntnis, Charakterkunde und Körpersprache

Von der Kunst, mit Menschen richtig umzugehen

Die Deutsche Bibliothek – CIP-Einheitsaufnahme

Wirth Bernhard P.:
Alles über Menschenkenntnis, Charakterkunde und Körpersprache: Von der Kunst, mit Menschen richtig umzugehen/Bernhard P. Wirth. Landsberg am Lech : mvg, 2000
ISBN 3-478-73210-7

© 2000 mvg verlag im verlag moderne industrie AG & Co KG, 86895 Landsberg/Lech
Internet: http://www.mvg-verlag.de

Abbildungen © Bernhard P. Wirth

Umschlaggestaltung: Vierthaler und Braun, München
Satz: Fotosatz H. Buck, Kumhausen
Druck: Himmer GmbH, Augsburg
Bindearbeiten: Thomas-Buchbinderei, Augsburg
Printed in Germany 73210/1000602
ISBN 3-478-73210-7

Inhaltsverzeichnis

Dank

Mein besonderer Dank gilt Dr. Thomas Conrad, Nushin Morid (Illustrationen), Marianne Prey und Annette Roepke, die an der Entstehung dieses Buches engagiert mitgewirkt haben.

Mein herzlicher Dank für die Motivation, dieses Buch zu schreiben, geht an: Dirk Ader, Patricia Baier, Meinrad Bueb, Johann Hofmann, Alexander S. Kaufmann, Anne-Rose Raisch und Hans R. Wirth

Einleitung

Körpersprache und Charakterkunde oder warum Sie dieses Buch lesen und durcharbeiten sollten

„Man kann einem Menschen nichts lehren. Man kann ihm nur helfen, es in sich selbst zu entdecken."

(Galileo Galilei)

Diese Grunderfahrung hat wohl jeder von uns irgendwann in seinem bisherigen Leben gemacht: Es verläuft vielerorts anders, als der Einzelne es erwartet hat, sei es in der Partnerschaft, im Berufsalltag oder im persönlichen Bereich. Und das sowohl im positiven, erfreulichen als auch im negativen, schmerzlichen Sinne. Unser Leben kann sich urplötzlich problemlos gestalten, obwohl wir eigentlich mit Konflikten fest gerechnet haben. Unerwartete Schwierigkeiten zeigen sich genau da, wo wir sie am wenigsten vermutet hätten. Hoffnungen zerschlagen sich, für unwahrscheinlich gehaltene Wendungen zum Guten in einer schier ausweglosen Situation treten auf einmal ein. Jeder hat das schon erlebt und auf den ersten Blick scheint es, als wäre das ganz normal, und man braucht sich bei diesen Feststellungen nicht lange aufzuhalten: Unser Leben ist eben so!

Das sieht dann schon etwas anders aus, wenn wir uns fragen, woran es denn liegt, dass „unser Leben eben so ist", dass sich Erfolg und Misserfolg die Hand reichen, dass auf erfüllte Erwartungen Enttäuschungen folgen, dass womöglich nach Jahren einer glücklichen Partnerschaft der eine wortlos geht? Anders gesagt: In unserem Leben gibt es Momente, in denen wir spüren, wie plötzlich alles, was uns sicher erschien, zu wanken und zu schwanken beginnt und Lebenssituationen, die wir fest im Griff hatten, zerbröckeln.

Hier angekommen, neigen wir schnell dazu, die äußeren Umstände, unsere Mitmenschen oder ein unbegreifliches Schicksal für das Auf und Ab in unserem Leben verantwortlich zu machen. Es gibt Situationen, in denen wir manchmal sogar unfähig sind, unser Glück zu begreifen und es lediglich als Geschenk betrachten.

Bestimmt erinnern Sie sich: Auf seiner einsamen Insel bekam Robinson Crusoe von dem Zeitpunkt an, als Freitag auftauchte, eigentlich erst seine wirklichen Probleme. Sicher wissen Sie auch noch, dass Robinson mit Schuldzuweisungen rasch bei der Hand war und die Schwierigkeiten im Zusammenleben mit Freitag ausschließlich bei diesem suchte! Damit tat unser Schiffbrüchiger nichts anderes als wir oft heute: An vielen Orten unseres Lebens betrachten wir uns nicht als „Spieler", sondern als „Spielball" in einem „Spiel", das hauptsächlich durch unsere zwischenmenschlichen Beziehungen geprägt wird. In der geschilderten Situation können wir jede Verantwortung für die Gestaltung dieser Beziehungen von uns weisen oder uns zumindest bei der Überlegung beruhigen, dass es ja schließlich immer die anderen sind, die ...

Wirklich???

Sind es immer die anderen, denen ich Erfolg oder Misserfolg anlasten kann? Sind es tatsächlich nur die anderen, die für eigene Enttäuschungen in die Pflicht zu nehmen sind? Lag es wirklich nur am anderen, dass Gefühle verstummen?

Wir alle kennen die Situation, in der wir uns darüber beschweren, dass andere nicht hinhören, wenn wir etwas sagen. Vielleicht haben Sie es auch schon einmal im Berufsalltag erlebt, dass Sie der Meinung waren, mit diesem Kollegen einfach „nicht zu können", weil Sie beim besten Willen „den Draht" zu ihm nicht finden konnten. Jedenfalls war das Ihre Meinung. Und so oder so hat vielleicht der eine oder andere die folgende Geschichte schon selber erlebt: Die bisherigen Nachbarn sind plötzlich ausgezogen. Sie haben sich gut mit ihnen verstanden. Waren sie im Urlaub, gossen Sie ihre Blumen, waren Sie für längere Zeit abwesend, haben sie Ihre Katze gefüttert.

In der leer stehenden Wohnung gegenüber tat sich zunächst nichts, bis plötzlich ein neues Namensschild an der Tür hing. Hier musste also jemand in aller Stille eingezogen sein, jedenfalls hatten Sie nichts bemerkt und begannen, neugierig zu werden. Endlich begegnen Sie einem jungen Mann und irgendwie wirkt er auf Sie verschlossen und wenig mitteilsam. Ihre Gespräche beschränken sich aufs Wetter oder den Austausch unverbindlicher Höflichkeiten. Mit der Zeit gibt Ihnen das Rätsel auf und Sie beginnen ihm womöglich Unnahbarkeit, ein ungeselliges Wesen oder Kontaktschwierigkeiten zu unterstellen. Es wird nicht mehr lange dauern und Sie kommen zu der Überzeugung:

„D e r"

ist aber komisch. Damit haben Sie eigentlich alles getan, um den Aufbau einer vernünftigen zwischenmenschlichen Beziehungen von vornherein abzublocken. Von nun an werden Sie mit Ihrem Nachbarn nicht so umgehen, wie er wirklich ist, sondern schieben zwischen sich und ihn immer das Bild, das Sie sich von ihm im Laufe der Zeit gemacht haben.

Bislang freuten Sie sich auf morgendliche Begegnungen und tolerierten es, wenn die Hausordnung erst drei Tage später gemacht wurde. Man sprach über das Tagesgeschehen, die Wichtigtuerei des Hausmeisters und lachte ihn gemeinsam heimlich aus. Sie fühlten sich wohl in Ihrem Haus. Und jetzt: Sie lauschen auf jedes Geräusch aus der Wohnung gegenüber, lassen Ihre Schuhe nicht mehr wie gewohnt vor der Wohnungstür stehen und haben angesichts Ihres bevorstehenden Urlaubs ein Problem mit der Katze. Sie hören sich oft selber sagen, dass früher alles anders war, fühlen sich aber keinesfalls „schuldig" und suchen die Ursachen für Ihr Unwohlsein beim Nachbarn. Sie glauben, ihn beurteilen zu können, schließlich haben Sie ja Menschenkenntnis.

Mit dieser Behauptung stehen Sie nicht allein. Menschenkenntnis – wer behauptet wohl nicht, sie zu haben. Schließlich ist das eine einfache Kunst, das haben Sie vielleicht schon mal bei dem berühmten Philosophen und Mathematiker Georg Christoph Lichtenberg (1742–1799) gelesen und der musste es wissen. Man sagt ihm nach, mit beiden Beinen im Leben gestanden zu haben.

Nun kann es sein, dass Sie dabei einen kleinen Nebensatz überlesen haben. Lichtenberg sagt sinngemäß nämlich auch, dass Selbsterkenntnis die Voraussetzung von Menschenkenntnis sei. Für den berühmten Zeitgenossen und Berufskollegen Lichtenbergs, Immanuel Kant (1724–1804), ist wahre Philosophie übrigens nichts anderes als praktische Menschenkenntnis.

Die Frage nach dem eigenen Ich ist eine der ältesten Fragen der Menschheit und sie wurde in den unterschiedlichsten Versionen gestellt. Heute lautet sie: „Wer bin ich wirklich?" Sie ist die vielleicht zentralste aller Fragen. Von ihrer Beantwortung hängt es für mich ab, ob ich mich im Spannungsfeld der zwischenmenschlichen Beziehungen als „Spieler" oder „Ball" bewege.

Wenn Sie sich bemühen, den manchmal verborgenen Sinn und Nutzen Ihres eigenen Verhaltens, die Symbolik Ihres Körpers, die Mimik und Gestik Ihrer Bewegungen, Ihre Sprache und Ihre seelische Befindlichkeit zu verstehen, wenn Sie erkannt haben, wer Sie selber sind und das für sich anerkennen, werden Sie dieses Verständnis auch zum Maßstab im Umgang mit Ihren Mitmenschen machen und sie akzeptieren. Wenn Sie wissen, wie andere ihre Welt erleben, wie sie von dieser Welt wahrgenommen werden und sich in ihr einrichten, werden Sie andere besser verstehen und mit ihnen umgehen können. Voraussetzung hierfür ist, dass Sie mit sich selbst besser auskommen.

Dahinter verbirgt sich wieder die Frage: „Wer bin ich wirklich?" Niemand kann diese Frage für Sie beantworten, das müssen Sie selber TUN! Kein Arzt der Welt wird es schaffen, Ihnen von heute auf morgen z. B. das Rauchen abzugewöhnen. Den notwendigen Willen hierfür müssen Sie selber aufbringen, ein Mediziner oder Therapeut kann Ihnen dabei nur hilfreich zur Seite stehen. So versteht sich auch das vorliegende Buch, das Sie gerade in Händen halten und zu lesen begonnen haben:

S i e

sind sein eigentliches Thema und es will Ihr lebenslanger Begleiter immer dann sein, wenn Sie Antworten auf diese Fragen suchen. Wenn Sie an sich erkannt haben, dass Sie rasch für neue Herausforderungen zu begeistern sind, weil Sie ein sanguinischer Typ sind und sich bislang über einen Mitmenschen wunderten, der diese Begeisterung mit Ihnen nicht teilen konnte und Problemen mit Grübeleien und Pessimismus begegnete, werden Sie das in Zukunft vielleicht anders sehen. Ihrer Verwunderung oder gar Ablehnung steht nun die Einsicht gegenüber, dass die Welt nicht nur aus Sanguinikern, sondern auch aus Melancholikern besteht.

Diese Einteilung – sie kennt neben diesen zwei Typen noch den Choleriker und Phlegmatiker – stellt keine willkürliche Erfindung dar. Sie ist über 2400 Jahre alt und geht auf den griechischen Arzt Hippokrates (um 460- um 377 v. Chr.) zurück. Seine Lehre von den vier Temperamenten stellt den vier Grundelementen Luft, Wasser, Feuer und Erde vier menschliche Temperamente gegenüber, die in Folge unterschiedlicher Mischung verschiedener Körpersäfte zustande kommen sollen.

Aristoteles (384–322 v. Chr.) übernahm diese Auffassung, meinte aber, dass der Beschaffenheit des Blutes eine besondere Bedeutung bei der Ausbildung des menschlichen Charakters zukommt. So beschrieb er dann den Sanguiniker als Leichtblütigen, den Choleriker als Heißblütigen, den Phlegmatiker als Kaltblütigen und den Melancholiker als Schwerblütigen. In der Antike wird später diese Lehre nochmals bei Galen (129–199 n. Chr.) eine Rolle spielen.

Sicherlich wird heute die Behauptung des kausalen Zusammenhangs zwischen bestimmten „Körpersäften" und jeweiligen menschlichen Charakteren niemand mehr teilen wollen. Geblieben ist aber die dieser Auffassung zu Grunde liegende Idee, wonach das Temperament, der Charakter eines Menschen und seine Körperlichkeit in einem Zusammenhang stehen.

Die Lehre von den Körpersäften der Griechen unterliegt eine Analogie, eine Entsprechung. Blut z.B. stand als Symbol des Lebens und der Lebenskraft. Sanguinisch bedeutet „aus Blut bestehend, lebensvoll". Diese Lebensfülle beinhaltet Heiterkeit, Optimismus, ein gesundes Selbstwertgefühl sowie eine unkomplizierte Lebensphilosophie. Was steht dem entgegen, auch heute noch Menschen, an denen man vorwiegend diese Eigenschaften bemerkt und deren Auswirkungen auf ihr Denken und Handeln erfahren kann, als Sanguiniker zu bezeichnen?

Wichtige Anregungen verdanke ich der Typenlehre des Tübinger Psychiaters Ernst Kretschmer (1888–1964). Ich teile seine Grundauffassung, dass das äußere Erscheinungsbild eines Menschen mit seinen individuellen Eigenschaften zusammenhängt bzw. dass sich der Charakter eines Menschen durchaus auch in seinem äußeren Erscheinungsbild widerspiegelt. Ich habe immer versucht, diese Erkenntnis in meinem Verständnis von Menschenkenntnis anzuwenden. Ich will zwar nicht behaupten, dass z.b. die „Stupsnase" zwangsläufig einen gesunden Menschenverstand nach sich ziehen muss. Vielmehr machte ich in meinem bisherigen Leben und hier insbesondere über meine Tätigkeit als Trainer die Erfahrung, dass ich für Menschen mit einer Vielzahl gemeinsamer Eigenschaften auch grundlegende gemeinsame Merkmale an ihrem äußeren Erscheinungsbild konstatieren konnte. Von hier aus unternahm ich dann den Schritt, vom Erscheinungsbild auf den Charakter zu schließen, um dann feststellen zu können, dass in der Tat Charakterzüge dem äußeren Bild eines Menschen entsprechen. Diese Beobachtung machte ich an Menschen in den unterschiedlichsten Lebenssituationen: neben Variationen in ihrem charakterlichen Verhalten konnte ich immer eine Reihe wiederkehrender, beständiger oder überwiegender Eigenschaften feststellen.

In diesem Zusammenhang möchte ich Sie auf den Schweizer Psychologen Carl Gustav Jung (1875–1961) aufmerksam machen. Die im heutigen Sprachgebrauch und auch in meinem Buch häufig anzutreffenden Formulierungen vom Introvertierten und Extrovertierten gehen auf seine Forschungen zurück, in deren Ergebnis er diese beiden gegensätzlichen Menschentypen herausstellte. Nun war Jung weit davon entfernt zu behaupten, dass Menschen entweder ausschließlich extrovertiert oder introvertiert seien. Jeder Mensch hat Elemente von beiden im sich. Erst das Überwiegen des einen „Mechanismus" über den anderen macht den jeweiligen Typ aus.

Diesem Gedanken unterliegt die Anerkennung des Gesetzes der Polarität, welches in meinem Buch mehrfach herausgestellt und angewandt wird. Aus diesem Blickwinkel heraus gilt für mich hinsichtlich der Feststellung einer menschlichen Charaktereigenschaft immer das gleichzeitige Mitdenken ihres Gegenteils. Angesichts unterschiedlicher Lebenssituationen kann ich für einen Menschen nicht behaupten, dass er ausschließlich ehrlich und offen ist. Auch der vermeintlich offenherzigste Charakter kann einmal verschlossen sein. Das will ich nie aus den Augen verlieren, wenn ich von jemandem behaupte, er habe einen aufrichtigen Charakter. Auch hier überwiegt eine Eigenschaft eine andere und bedingt so einen Grundcharakter.

Die Anregungen, Hinweise und Mitteilungen zum Thema Menschenkenntnis, die ich bisher erfahren und annehmen konnte, sind so vielfältig, dass ich sie hier im Einzelnen nicht nennen kann. Im Zusammenhang mit meinen Ausführungen zur Graphologie will ich jedoch darauf verweisen, dass deren Feststellungen nicht von ungefähr kommen. Graphologie ist eine Methode der angewandten Psychologie und als solche habe ich sie in meinem Buch unter Berücksichtigung eigener Erfahrungen zum Tragen kommen lassen. Hierbei galt für mich immer bindend, was bereits vor über 200 Jahren sinngemäß Johann Kaspar Lavater (1741–1801) meinte, als er schrieb, dass sich nicht der ganze Charakter und nicht alle Charaktere, aber von manchen Charakteren viel und von einigen wenig aus der bloßen Handschrift erkennen lässt. Das Thema Körpersprache hat heute einen großen Stellenwert und verfügt dem gemäß über eine Vielzahl von Literatur, die zum Teil im Quellenverzeichnis zu diesem Buch wiederzufinden ist. Dass ich das gesamte Instrumentarium der Möglichkeiten körpersprachlicher Äußerungen nicht erfassen konnte, versteht sich von selbst. Vielmehr war ich bemüht, Ihnen Grundarten menschlicher Gestik und Mimik vorzustellen, deren analoge Deutung ich zum großen Teil einer Vielzahl von Begegnungen mit anderen Menschen verdanke. Dabei war es für mich wichtig, Körpersprache nicht nur als Ausdruck momentaner Situationsbewältigung darzustellen, sondern nonverbale Signale auch als Widerspiegelung grundlegender menschlicher Eigenschaften zu verstehen.

Kapitel 1

Unser Gehirn und unser Denken

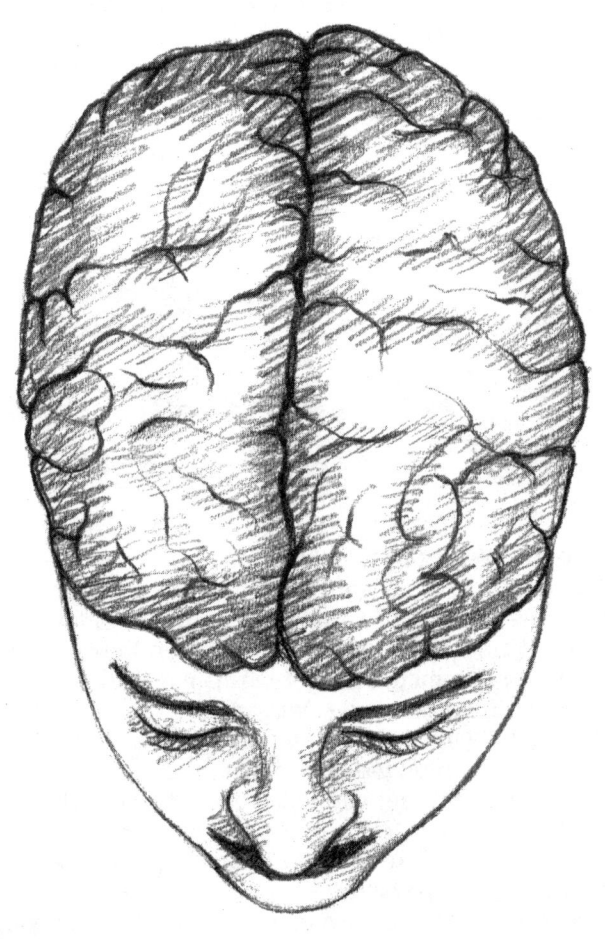

Assoziation und Dissoziation

Die Wörter Assoziation wie Dissoziation haben ihren Ursprung im Lateinischen. Hier bedeutet „associare" beigesellen, vereinigen und verbinden. „Dissociatio" hingegen steht für Trennung.

Heute tritt uns das Wort Assoziation auf den unterschiedlichsten Wissensgebieten entgegen: In der Biologie z. B. bezeichnet man mit Assoziation eine Gruppe von Pflanzen, die sich aus verschiedenen, charakteristischen Arten zusammensetzt.

Die Chemie spricht von Assoziation, wenn sie die Vereinigung mehrerer gleichartiger Moleküle zu einem Molekülkomplex betrachtet.

Die moderne Psychologie gebraucht dieses Wort um zu verdeutlichen, dass eine gedankliche Vorstellung mit etwas verknüpft wird. Das klingt sehr sachlich und will zum Ausdruck bringen, **w i e** ich etwas sehe, etwas wahrnehme.

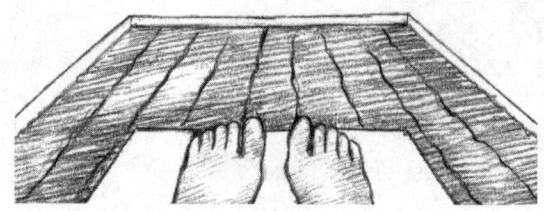

Anders formuliert: Wenn Sie Erlebnisse aus der Vergangenheit vor Ihr „geistiges Auge" führen, mit allen Ihren Sinnen „nacherleben" oder Ereignisse der Gegenwart auf sich einwirken lassen, als wären Sie mit ihnen „verschmolzen", dann sind Sie **assoziiert**. Zwischen Ihnen und dem Ereignis besteht dann eine unmittelbare gefühlsmäßige Beziehung.

Erfahren Sie ein Ereignis aus der Vergangenheit – Ihren ersten Schultag, Ihren Eintritt ins Berufsleben, Ihre Hochzeit, die Geburt Ihres Kindes, Ihr erster Sprung vom Sprungbrett – nochmals so, als wären Sie „voll dabei", freuen sich nochmals auf die Süßigkeiten in der Zuckertüte, spüren wieder den Schweiß auf der Stirn, als Sie sich in einer sehr angespannten Situation befanden, oder Ihre innere Erregung, als Sie das Sprungbrett betraten, dann sind Sie assoziiert.

Sehe ich die Gegenwart nicht als objektiver Betrachter, sondern begebe mich sozusagen mit allen meinen Sinnen in eine gegenwärtige Situation hinein, beteilige mich mit meinen Gefühlen und Emotionen an dieser Gegenwart und ergreife Partei, was bei einem Streit mit einem Mitmenschen schnell der Fall sein kann, bin ich assoziiert.

Nun besteht auch die Möglichkeit, Ereignisse aus Vergangenheit und Gegenwart auf „neutralem Boden" wahrzunehmen. Was heißt das? Wir nehmen ein Beispiel: Sie erzählen, dass Sie damals weiche Knie bekommen haben, als Sie auf dem Sprungbrett gestanden haben. Können Sie das so berichten, ohne das dazugehörige Körperempfinden zu verspüren, sind sie **dissoziiert**.

Sie erzählen distanziert von Ihren Gefühlen angesichts dieses oder jenes Ereignisses, ohne sofort Schweißperlen oder das bekannte Kribbeln unter der Haut zu bekommen. Wenn Sie im Zustand der Dissoziation ein Gefühl haben, dann in der Regel das „daneben zu stehen, ohne dabei zu sein".

Der assoziierte und dissoziierte Wahrnehmungszustand haben, gewollt oder ungewollt, Einzug in unsere Alltagssprache gefunden.

assoziiert: „Herr Meyer ist ein tüchtiger Mitarbeiter."

dissoziiert: „Man hat mir berichtet, dass Herr Meyer ein tüchtiger Mitarbeiter ist."

assoziiert: „Du gehst mir mit Deiner Fragerei auf die Nerven!"

dissoziiert: „Manche Mitmenschen können einem gewaltig auf die Nerven gehen."

assoziiert: „Ich war ein guter Schüler."

dissoziiert: „Aus meinen Beurteilungen ging immer hervor, dass ich ein guter Schüler gewesen bin."

assoziiert: „Ich kann an meinem Verhalten nichts Schlechtes finden."

dissoziiert: „Andere fanden mein Verhalten gut."

assoziiert: „Ich kann meine damaligen Gefühle nicht aussprechen!"

dissoziiert: „Ich kann heute über das, was damals in mir vorgegangen ist, sprechen, ohne gleich rot zu werden."

assoziiert: „Sie sind Melancholiker und Sie Choleriker!"

dissoziiert: „Es gibt Melancholiker und Choleriker!"

Melancholiker und Choleriker sind unterschiedliche Charaktertypen. Sie werden sie im Laufe dieses Buches noch näher kennen lernen.

Spätestens hier wird Ihnen noch einmal deutlich, warum für mich diese Unterscheidung von Assoziation und Dissoziation so wichtig ist. Durch meine über 20-jährige Trainertätigkeit festigte sich in mir die Überzeugung, dass Menschenkenntnis, Charakterkunde und Körpersprache sowohl dissoziiert als auch assoziiert vermittelt und aufgenommen werden müssen. Deshalb werde ich in manchen Kapiteln eine dissoziierte, in anderen eine assoziierte Herangehensweise benutzen. Nur so kann der Leser mit der nötigen Aufrichtigkeit seinen wahren Charakter erkennen.

Aus dem Puzzle von Körpertypen und -formen und ihrer jeweiligen Bedeutung ergibt sich die Individualität des einzelnen Menschen. Schubladendenken ist hier nicht gefragt.

Die Selbst-erfüllende-Prophezeiungs-Person

Wir alle kennen den oft daher gesagten Satz „Ich stelle mir vor, dass ich ein ... bin oder etwas ... ist".

Sie stellen sich vor, Millionär zu sein, und doch ist der damit verbundene Reichtum nur in Ihrer Vorstellung und nicht wirklich vorhanden. Man nennt das eine Imagination. Sie kennen sie auch als Fantasie. Wenn Sie fantasieren, stellen Sie sich etwas vor, bildlich, anschaulich. Sie denken sich etwas aus. Das gilt auch für die Selbst-erfüllende-Prophezeiungs-Person, kurz: SEPP.

 Stellen Sie sich bitte den SEPP als kleines Männchen in unserem Gehirn vor. Diese Vorstellung wird sich als hilfreich erweisen, die komplizierten und vielschichtigen Prozesse, die in unserem Gehirn ablaufen, besser zu verstehen. Führen Sie sich vor Augen, dass unser SEPP im Gehirn bestimmte und wichtige Aufgaben zu erledigen hat.

Der amerikanische Psychologe P. G. Zimbardo schrieb einmal in seiner „Psychologie":

„Die Wahrnehmung ist der Schlüssel, der uns die Türen zu der Welt um uns herum öffnet."

Damit wird die Bedeutung unseres SEPP nur unterstrichen. Er nimmt alle Sinneswahrnehmungen auf und ordnet sie sozusagen als Bilder im Gehirn ein. In einem meiner früheren Bücher habe ich das immer mit jenen Bildern verglichen, die wir selbst in Fotoalben einkleben. Diese werden dann in Regalen abgelegt und tragen die unterschiedlichsten Überschriften, damit sie vom SEPP leichter wiedergefunden werden: „Hochzeit", „Unser Kind" oder „Urlaub Griechenland, 1995".

Mit jeder neuen Wahrnehmung erhält unser SEPP Arbeit. Zum einen sortiert er neue Bilder ein, zum anderen greift er auf bereits vorhandene und abgelegte Bilder zurück. Beides ist ungemein wichtig, damit Sie Ihre Bilder denken und aussprechen können. Wie Sie Ihre Bilder denken und was und wie Sie kommunizieren, hängt auch von den „Eigenarten" Ihres SEPP ab.

So ist er z. B. glücklich (Happy-SEPP), wenn er es mit der Verwaltung Ihrer Bilder, deren Ein- und Aussortieren einmal nicht ganz so genau nehmen muss oder auf bekannte Bilder zurückgreifen kann.

Unglücklich, traurig hingegen (Sad-SEPP) tritt er Ihnen dann entgegen, wenn Sie ihm mit Befehlen wie „100%", „exakt" oder „vollkommen" traktieren. Superlative jedweder Art sind ihm ein Gräuel.

Bei Sinneswahrnehmungen, zu denen Ihr SEPP eine Vielzahl von Bildern aus seinen Lieblingsalben holen kann, läuft er zu Höchstform auf (Hyperaktiv-SEPP) und Sie können diese Bilder gar nicht so schnell denken und sprechen, wie er sie hervorholt.

Häufig ist eine geniale Idee nur eine richtige Idee zur richtigen Zeit am richtigen Ort. Verantwortlich hierfür ist Ihr Super-SEPP.

Hervorgeholt werden können aber auch Bilder, mit denen Sie gerade jetzt am wenigsten anfangen können oder die Sie in die falsche Richtung lenken. Die Folge sind Missverständnisse im Umgang mit anderen. Sie können sich sicher sein: Hier hat sich Ihr SEPP als Super-DEPP eingebracht.

Sinneswahrnehmungen, die Neues und Unbekanntes mit sich bringen, lösen bei Ihrem SEPP eine Aktivität der besonderen Art aus: einen durchaus aktiven Eigensinn. SEPP wird zum Stur-SEPP.

Ganz offensichtlich hat unser SEPP einen ganztägigen Full-Time-Job. Zum Schlafen (Schlaf-SEPP) kommt er kaum, auch nachts nicht. Sie träumen, und ohne zu träumen kann kein Mensch überleben.

Im Verlauf unseres Lebens also legt unser SEPP alle Erfahrungen und Wahrnehmungen in Form von Bildern in unserem Gehirn ab. Mit diesen Bildern können sich die unterschiedlichsten Sinnes- und Gefühlseindrücke verbinden.

Ihre Intensität sowie positive als auch negative Färbung stehen in Abhängigkeit von den Umständen, Situationen und Zusammenhängen, unter denen sie entstanden und von Ihnen aufgenommen worden sind.

Die beiden Hirnhälften – Ratio und Irratio

Das menschliche Gehirn ist das komplexeste Gebilde im Universum, das wir derzeit kennen. Es ist die Steuerzentrale für unsere Vitalfunktionen – Hunger, Durst, Schlaf und Sexualität –, hier werden die vielen, vielen Signale buchstabiert und entziffert, die vom Körper und von der Außenwelt kommen. Wir könnten weder ein- noch ausatmen, gäbe es das Gehirn nicht. Hier kommunizieren ca. 100 Milliarden Nervenzellen miteinander, ununterbrochen tauschen sie biochemische Signale aus. Miteinander verbunden sind sie durch die kaum vorstellbare Anzahl von 100 Billionen so genannten Synapsen (Umschaltstellen zwischen Nervenfortsätzen, an der Reize weitergeleitet werden). Die rein rechnerische Möglichkeit von „Umschaltungen" übersteigt die Gesamtzahl aller Atome im uns derzeit bekannten Universum!

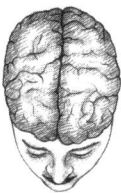
Über das Blut wird das Gehirn mit Sauerstoff und Glukose versorgt, um seinen beachtlichen Energieverbrauch zu garantieren. Dieses elfenbeinfarbene Gebilde wiegt ca. 1300 Gramm, besteht hauptsächlich aus Eiweiß und hat auf Grund seiner Fülle an Geheimnissen den Menschen schon vor langen Zeiten in seinen Bann gezogen.

Dem derzeitigen Stand der Dinge nach zu urteilen, waren es die alten Ägypter, die als erste das Gehirn mit einem eigenen Wort bedachten.

Es ist einem Zufall zu verdanken, dass ein Amerikaner am Ende des 19. Jahrhunderts eine Papyrusrolle erstand, die sich dann bei späterer Übersetzung als medizinisches Schriftstück erwies. Inzwischen vermutet man, dass das Original dieses Textes 3000 Jahre v. Chr. niedergeschrieben wurde. Neben einer Vielzahl von Erläuterungen zu Kopf- und Halsverletzungen enthält dieses Dokument u. A. äußerst anschauliche Beschreibungen von anatomischen Einzelheiten, die uns heute als Gehirnfurchen und -windungen geläufig sind.

Trotz ihrer hervorragenden medizinischen Kenntnisse räumten die Ägypter in ihrer Gesamtschau auf den menschlichen Körper dem Gehirn nur einen geringen Stellenwert ein. Aus heutiger Sicht ist das nur allzu verständlich: Medizin trat noch im Verbund mit religiösen, philosophischen und mystischen Überlegungen auf und das Herz stand im Mittelpunkt der Überlegungen.

Ähnlich dachte wohl auch der Grieche Homer. Wenngleich seine historische Existenz nicht belegt ist, wird die Entstehung der Epen „Ilias" und „Odyssee" auf das 8. Jahrhundert v. Chr. datiert. Hier wird erzählt, dass das Herz der Sitz von Intelligenz und Gefühl ist.

Anderer Auffassung waren die Schüler des Pythagoras (um 570 – 496 v. Chr.). Für sie stand fest, dass das Gehirn Sitz der menschlichen Seele und ein Werkzeug des Verstandes sei.

Der wohl bekannteste Arzt der Antike war Hippokrates von Kos (um 460 – um 377 v. Chr.). Seine Schriften wurden im Jahre 1525 in Rom unter dem Titel „Corpus Hippocraticum" (hippokratische Schriften) veröffentlicht. Es ist schon erstaunlich hier lesen zu können, dass rechtsseitige Hirnverletzungen zu motorischen Störungen in der linken Körperhälfte und umgekehrt führen. Weiterhin überliefern uns diese Schriften erste Kenntnisse über den Zusammenhang von „Hirntätigkeit" und einer Krankheit, die zu schweren Verkrampfungen des Körpers führt und heute als Epilepsie bekannt ist.

Der große Aristoteles (384 – 322 v. Chr.) wiederum verlieh erneut dem Herzen eine Vorrangstellung im menschlichen Körper. In seinem Verständnis war es der Sitz der Empfindungen, Leidenschaften und des Verstandes. Solange man sich dem Hirn nur über die Betrachtung näherte, war Aristoteles nicht zu widerlegen.

Erst der römische Arzt Galenos (Galen; um 131–201) führte Experimente durch und kam schließlich zu der Einsicht, dass die geistige Tätigkeit ihren Ursprung in der Gehirnsubstanz selbst hat. Von Interesse sind die von Galenos unternommenen Versuche, die unterschiedlichsten Hirnfunktionen zu lokalisieren.

Das menschliche Gehirn wurde nun nicht mehr als unterschiedlose, einheitliche Masse verstanden, obwohl Galen bestimmte Gehirnhälften noch nicht unterschied.

Genauere Konturen nehmen diese Überlegungen dann bei Nemesius an (um 400; Bischof von Emesa und einer unserer Kirchenväter).

In seinem Werk „Über die Natur des Menschen" werden speziellen Gehirnregionen spezielle Funktionen zugewiesen. Nemesius kannte drei Gehirnkammern. Das Vorstellungsvermögen siedelte er in der vorderen, die Vernunft in der mittleren und das Gedächtnis in der hinteren an.

An dieser Stelle machen wir in der Geschichte einen großen Schritt nach vorn, um in die zweite Hälfte des 19. Jahrhunderts zu gelangen, genauer, in das Jahr 1836.

In Montpellier in Frankreich fand eine Ärztetagung statt, auf der der unbekannte Landarzt Marc Dax einen Vortrag zu einem Thema hielt, das so neu eigentlich nicht war. Monsieur Dax sprach über den Zusammenhang zwischen Hirnschädigungen und dem Verlust oder der Beeinträchtigung des Sprachvermögens. Allerdings fiel unserem Landarzt auf, dass ganz offensichtlich ein Zusammenhang zwischen dem Verlust der Sprache und Schädigungen der linken Hälfte (Hemisphäre) des Gehirns besteht. Er schlussfolgerte, dass jede Gehirnhälfte unterschiedliche psychische Funktionen beherbergt und kontrolliert. Wir gehen inzwischen davon aus, dass die linke Hirnhälfte die rechte Körperseite und die rechte Hirnhälfte die linke Körperseite steuern. Das gilt gleichermaßen für Linkshänder.

Logisches Denken
Sachinformationen
Zahlen
Daten
Fakten
Vernunft

Emotionen
Bilder
Empfindungen
Instinkt
Ahnungen
Innere Stimme

Man schenkte seinen Ausführungen nur wenig Interesse. Marc Dax geriet in Vergessenheit. Heute sind Untersuchungen zu den Funktionen der linken und rechten Gehirnhälfte wieder brandaktuell.

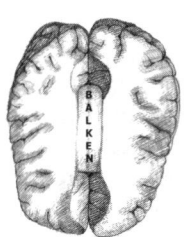

Führend im Umfeld dieser Forschungen war der am California Institute of Technology tätige Arzt Roger Sperry (Nobelpreis für Medizin 1981). Eigentlich beschäftige sich Sperry mit Problemen der Epilepsie. In schweren Fällen der auch als Fallsucht bekannten Krankheit entschied man sich in den 50er und 60er Jahren des vergangenen Jahrhunderts zu einer radikalen Methode. Man durchtrennte die Hauptverbindung zwischen linker und rechter Hirnhälfte, den Balken (Corpus callosum), operativ. Spezielle medizinische Schlussfolgerungen beschäftigen uns hier weniger.

Aufschlussreich sind jedoch einige Gedanken Sperrys, die Bedeutung für unseren Gegenstand haben:

„Jede Gehirnhälfte ... besitzt ihre ... eigenen Empfindungen, Wahrnehmungen, Gedanken und Vorstellungen, die alle von den entsprechenden Erfahrungen in der gegenüberliegenden Hemisphäre abgeschnitten sind ... Jede getrennte Gehirnhälfte scheint in vieler Hinsicht einen ‚eigenen Geist' zu haben."

Wie sind diese Gedanken zu deuten? Es handelt sich ganz offensichtlich darum, dass die jeweiligen Gehirnhälften für verschiedene Denkvorgänge zuständig sind. Eine Vielzahl von wissenschaftlichen Experimenten bestätigte diese Ansicht.

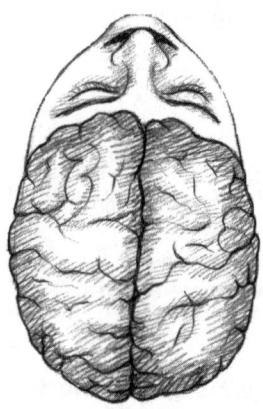

links

Digitales Denken:
Sprechen
Wissenschaft, Mathematik,
Schreiben, Lesen,
logisches Denken,
Organisation,
Details, Analyse,
Gedächtnis für Wörter
und Sprachen

rechts

Analoges Denken:
Denken in Bildern,
Wahrnehmung,
ganzheitliche Erfahrung,
Kunst, Musik, Tanz,
Kreativität, Fantasie,
Gedächtnis für Personen,
Erlebnisse und Dinge

Die linke Hemisphäre ist zuständig für das rationale, die rechte für das irrationale Denken. „Rational" leitet sich von „Ratio" (lat.; Vernunft, Verstand) ab und lässt sich mit vernünftig, aus der Vernunft stammend oder von der Vernunft bestimmt übersetzen.

Anders ausgedrückt: Dieses Denken bemüht sich, unsere Welt, unser eigenes Ich und das unserer Mitmenschen sachlich-logisch zu erfassen und zu entziffern. Diesem Denken schreiben wir unsere Fähigkeit zu, sprechen, lesen und schreiben zu können. Es bemüht sich um kausale Zusammenhänge und kommt so gesehen eigentlich nie zur Ruhe.

Hat rationales Denken einen Sachverhalt als Ursache-Wirkung-Zusammenhang erfasst, wird es sich sofort darüber im Klaren sein, dass auch die erkannte Ursache nichts anderes ist als die Wirkung einer „dahinter stehenden", weiteren Ursache ad infinitum (lat.; bis ins Unendliche).

Dieser „Ruhelosigkeit" verdanken wir die großen Fortschritte in der Wissenschaft, die sie in Jahrtausenden errungen hat. Diese Entwicklung führte schließlich zu einer „Wissenschaftsgläubigkeit", die für ein Denken jenseits rationaler, sachlich-logischer Bahnen nur noch ein mitleidiges Lächeln aufbrachte.

In diesem Zusammenhang taucht vielerorts der Name des französischen Mathematikers und Philosophen René Descartes (1596–1650) auf. Er soll den Beginn einer Epoche verkörpern, die man als „Aufklärung" oder „Zeitalter der Vernunft" bezeichnet und deren Auswirkungen wir bis in unsere Gegenwart hinein verspüren.

Nach Descartes und damit vielerorts in der Philosophie und seit Isaak Newton (1643–1727) in der Naturwissenschaft ist man der Meinung, dass alles, was „vor dem Richterstuhl der Vernunft" (Kant, I.; 1724–1804) keinen Bestand hat, also kausal nicht zu erfassen und logisch darzustellen ist, von nun an, wenn überhaupt, eine zweitrangige Bedeutung hat. Mit dieser Sichtweise wird man Descartes, Newton und übrigens auch Kant wohl nicht ganz gerecht.

Sehen Sie, Newton gilt noch heute als einer der Geburtshelfer

d e r

modernen Naturwissenschaft. Das ist durchaus richtig, aber es sollte lange dauern, bis man wieder auf einen „anderen" Newton aufmerksam wurde: den Philosophen, den Theologen, den Alchimisten und den Künstler Isaak Newton, der darüber hinaus ein sehr gläubiger Mensch war.

In der Literatur stieß ich auf einige Gedanken des englischen Ökonomen John Maynard Keynes (1883–1946), die ich Ihnen nicht vorenthalten möchte:

„Newton war nicht der erste Vertreter des Zeitalters der Vernunft. Er war der letzte Magier ... Warum ich ihn einen Magier nenne? Weil er das ganze Universum und alles, was darin existiert, als *ein Rätsel* betrachtet, als ein Geheimnis ..."

Oder nehmen wir Descartes. Vielleicht kennen Sie sein berühmtes „cogito ergo sum" oder „Ich denke, also bin ich". Für viele seiner Nachfolger war das die Geburtsurkunde moderner Philosophie und Wissenschaft, weil Descartes den Versuch unternommen hat, die Welt und den Menschen mathematisch und damit rational zu entschlüsseln. Damit tat sich ein Problem auf, das in der Folge gern übersehen wurde. Für Descartes reduzierte sich die menschliche Vernunft ausschließlich auf die Ratio. Vernunft aber ist nun einmal mit ausschließlich mathematischen Mitteln nicht zu beschreiben. Sie bleibt nach wie vor in der „Schwebe". Und so kam es, dass eine eigenartige Situation entstand. Das eigentliche Zeitalter der Vernunft war das Zeitalter eines fanatischen Vernunftglaubens. Die Rationalität „begründete" sich also hier auf Irrationalität. Sie werden keine Definition der Vernunft finden. Die Ratio wird selbst in den brillantesten Abhandlungen dieser Zeit einfach vorausgesetzt, man war von ihrer Existenz überzeugt, man glaubte an sie.

Das, was menschlicher Vernunft zugänglich war, etablierte sich als Wissen und feierte Triumphe. Dass Wissen allein aber nicht alles sein kann, ahnte schon Kant und das bei aller Hochachtung vor dem kausal-mechanischen Weltbild des Isaak Newton.

Dieses Weltbild erschloss bis dahin ungeahnte Möglichkeiten zur Erklärung der Entstehung des Weltalls. Und dennoch meinte der berühmte Philosoph:

„ ... dass eher die Bildung aller Himmelskörper, die Ursache ihrer Bewegungen, kurz, der Ursprung der ganzen gegenwärtigen Verfassung des Weltbaues werde können eingesehen werden, ehe die Erzeugung eines einziges Krauts oder einer Raupe aus mechanischen Gründen deutlich und vollständig kund werden wird."

In unsere heutige Sprache übersetzt meint dieser Gedanke nichts anderes als die Überzeugung, dass kausales oder, wie wir heute sagen, „linkshirniges Denken", an Grenzen stößt.

Diese Grenzen mögen zu Kants Zeiten anders ausgesehen haben als das jetzt der Fall ist. Ich möchte nur darauf aufmerksam machen, dass auch für Kant nicht irgendeine Wissenschaftstheorie im Mittelpunkt der Philosophie stand.

Stellen Sie sich ein Interview mit Kant im Königsberg seiner Zeit vor, in dem er nach den Aufgaben der Philosophie befragt wird. Die Antwort fällt erstaunlich aus: Gott, Freiheit und Unsterblichkeit der Seele. Diese Themen markieren im Verständnis Kants die Grenzen kausalen Denkens.

Wir erleben es doch immer wieder, dass wir über Dinge nachdenken, die sich rationalen Erklärungen entziehen und die vielerorts leider als „irrational" abgetan werden. „Leider" deshalb, weil wir zwischen zwei Übersetzungen schwanken. Zum einen bedeutet irrational so viel wie „mit der Vernunft, dem Verstand nicht fassbar", zum anderen „vernunftwidrig" oder „unvernünftig".

Bereits unsere Umgangssprache macht deutlich, dass wir uns häufig alternativ für die zweite Übersetzung entschieden haben. Das Wort „irrational" tritt uns hier negativ vorbelastet entgegen. Oft verwendet man Formulierungen wie „das ist ja irrational" und meint damit abwertend: „das kann ich jetzt aber nicht nachvollziehen, das verstehe ich nicht".

Dabei kennen wir alle, wie gesagt, Dinge, die allein kausal nicht zu erklären sind und die sich uns andererseits regelrecht aufdrängen. Wir denken Ursache – Wirkung – Ursache – Wirkung ad infinitum und gelangen schließlich zu einer Endursache, zu den „letzten Dingen". Sie „verschwinden" wieder, wenn ich sie „linkshirnig" zu erfassen versuche, denn dann stehen hinter ihnen sofort wieder andere Dinge usw.

Das mag die Welt erklärbarer machen, uns vielleicht aber ärmer? Dabei haben wir das gar nicht nötig, denn wir besitzen mit der rechten Hirnhälfte ein Vermögen, über das empirisch Messbare hinaus zu gelangen. Hier „denken" wir in Bildern und machen ganzheitliche Erfahrungen. Hier sind unsere Fantasie und Kreativität zu Hause, hier denken wir analog.

Digitales Denken ist kausales Denken und spricht damit von allgegenwärtiger Notwendigkeit. Durch diese Brille betrachtet, erscheint uns unsere Welt als Chaos: überall Kampf auf Leben und Tod, Fressen und Gefressen werden. Selbst die kleinste Pflanze kämpft bis zum Äußersten um Wasser und Licht. Und trotzdem: Die Welt ist kein heilloses Durcheinander. Wir bemerken eine unvorstellbare Ordnung und Zweckmäßigkeit, der wir mitunter fassungslos gegenüberstehen. Diese Wunder an Form und Funktion begegnen uns überall und sind unerschöpflich: sei es das Pantoffeltierchen im abgestandenen Blumenwasser, der Bau eines einfachen Insekts, die Organisation eines Bienenvolks bis hin zum fast beispiellosen Familienleben der Hyänen in der afrikanischen Savanne. Sei es das Wunder der Kristalle, die Faszination eines Sonnenuntergangs bis hin zu den Kreisläufen der Milliarden Sternensysteme oder der „einfachen" Tatsache, dass jedes Jahr im Frühling das Leben neu erwacht. Gibt es hierfür eine Erklärung, hat das Ganze einen Sinn?

Mit der Frage nach dem Warum kommen wir über die elementarsten Naturgesetze nicht hinaus, die uns unsere Welt hinreichend erklären. Nur lassen sie keinen Sinn in dieser Welt erkennen und können die Großartigkeit dieses Geschehens nicht erfassen. Wir können nur staunen und sind damit doch nicht unvernünftig, nur weil wir an die Grenzen kausalen Denkens gestoßen sind. Das, was sich logischer Erklärung entzieht, muss doch noch lange nicht das Produkt einer krankhaften Fantasie sein. Diesem Vorwurf musste und muss sich irrationales Denken vielerorts stellen.

Wenn wir uns angesichts eines abendlichen Sternenhimmels bemühen, dieses Staunen in Worte zu fassen, es auszudrücken und nachzuempfinden, greifen wir sicherlich auf unsere Kenntnisse aus dem Physikunterricht zurück. Nur reichen sie nicht aus, um das zu erfassen, was dieser Anblick in uns auslöst.

Wir neigen nun aber einmal dazu, diesen Anblick zu „verstehen", indem wir nach den letzten Ursachen, den Sinn gebenden Gründen unserer Welt wie auch unseres eigenen Daseins suchen. Interessanterweise, ich will das hier nur einflechten, geschieht das häufig dann, wenn wir uns in einer Lebenskrise befinden.

Diese Sinngebung ist immer eine Wertgebung und vollzieht sich im analogen Denken. Hier findet die Sinngebung des Unfassbaren und Unbegreiflichen statt. Wir nähern uns ihm in Metaphern, Gleichnissen, „denken" bildlich, anschaulich, sinnbildlich und ganzheitlich. Das vollzieht sich nicht rational, sondern irrational. Irrationalität ist nicht etwas, was sich im Widerspruch zur Vernunft artikuliert. Es ist ein- und dieselbe Vernunft, mit der ich die Welt, meine Mitmenschen wie auch mich selbst wahrnehmen kann: sowohl irrational als auch rational.

Sicherlich haben Sie irgendwann in Ihrem Leben schon einmal einen Vortrag über ein für Sie völlig neues Wissensgebiet gehört. Ich will Ihnen ein Beispiel geben. Viele von uns hat vielleicht schon einmal die Frage „Was war am Anfang?" beschäftigt. Sicherlich hörten oder lasen Sie dann in diesem Zusammenhang vom „Urknall", jener Theorie also, die behauptet, dass unser Universum in einer gewaltigen Explosion entstanden sei. Hier ist die Rede davon, dass vor etwa 13 Milliarden Jahren bei einer Temperatur von 100 Milliarden Grad Celsius die immer noch andauernde Ausdehnung des Universums begann. Dabei nahmen wir weitere Angaben zu Dichte und Zeitabläufen zur Kenntnis.

Und vielleicht kam dann der Augenblick, wo Sie dieser physikalischen Erklärung nicht mehr zu folgen vermochten. Ganz einfach deshalb, weil Ihre Fantasie nicht angesprochen wurde, weil Sie für die vermittelten Fakten und Zahlen keine Bilder hatten oder weil für Sie letztlich eine Frage offen blieb: „Und was war vor dem Urknall?"

Einer der bekanntesten Physiker des vergangenen Jahrhunderts, Werner Heisenberg (1901–1976), fordert daher zu Recht eine „metaphorische Bildersprache", um z. B. diese Frage zu beantworten, eine Sprache,

> „ ... die eine Verständigung ermöglicht über den hinter den Erscheinungen spürbaren Zusammenhang der Welt, ohne den wir keine Ethik und keine Wertskala gewinnen könnten ... Diese Sprache ist der Sprache der Dichtung näher verwandt als jener der auf Präzision ausgerichteten Naturwissenschaft ..."

Heisenberg hat hier die biblischen Schöpfungsberichte vor Augen, ein hervorragendes Beispiel für analoges Denken, und fährt fort:

> „Daher bedeuten die Wörter in beiden Sprachen oft etwas Verschiedenes. Der Himmel, von dem in der Bibel die Rede ist, hat wenig zu tun mit jenem Himmel, in den wir Flugzeuge oder Raketen aufsteigen lassen ..."

Heisenberg sagt u. a., dass die Naturwissenschaft (linke Hirnhälfte, kausales Denken) versucht, ihren Begriffen eine objektive Bedeutung zu geben. Religiöse Sprache (rechte Hirnhälfte, analoges Denken) aber

> „ ... muss gerade die Spaltung der Welt in ihre objektive und ihre subjektive Seite vermeiden; denn wer könnte behaupten, dass die objektive Seite wirklicher wäre als die subjektive. Wir dürfen die beiden Sprachen also nicht durcheinander bringen, wir müssen subtiler denken, als dies bisher üblich war."

Jede religiöse Sprache bringt analoges Denken zum Ausdruck. Auf dieses Beispiel habe ich deshalb zurückgegriffen, weil hier vielleicht am deutlichsten wird, was analoges Denken als Fähigkeit der rechten Hirnhälfte meint. Ich möchte an dieser Stelle noch einen weiteren berühmten Physiker des vergangenen Jahrhunderts zu Wort kommen lassen, der für ein vollkommen neues physikalisches Weltbild verantwortlich zeichnet: Albert Einstein (1879–1955).

„Das tiefste und erhabenste Gefühl, dessen wir fähig sind, ist das Erlebnis des Mystischen. Aus ihm allein keimt keine wahre Wissenschaft. Wem dieses Gefühl fremd ist, wer sich nicht wundern und in Ehrfurcht verlieren kann, ist bereits seelisch tot."

Heute weiß man, dass die Leistungsfähigkeit des menschlichen Gehirns viel größer ist, wenn beide Hirnhälften gleichberechtigt benutzt werden. Viele Menschen haben für sich erkannt, dass rationales, logisches und analytisches Denken für sich genommen nicht ausreicht, um jene Frage zu beantworten: „Wer bin ich wirklich?" Es genügt nicht, dass ich mich nur als Tatsache neben anderen Tatsachen wahrnehme. Der Mensch ist mehr, als Biologie, Chemie, Physik, Anthropologie oder Medizin es erahnen lassen.

Über irrationales Denken finden wir einen Zugang zu uns selbst, zu unseren Gefühlen, unseren Wünschen und Hoffnungen, unserer Befindlichkeit. Nur so finden wir auch einen Zugang zu anderen und unserer Umwelt, einen Zugang, der uns womöglich bislang verschlossen blieb.

Unser ganzes Land spricht derzeit vom „indischen Software-Wunder". In der Zeitschrift „Der Spiegel" las ich kürzlich:

„Die Inder haben eine Reihe gewissermaßen natürlicher Vorteile im Geschäft mit der digitalen Welt ... seit Jahrhunderten hat in Indien ein Denken Tradition, das für das Programmieren programmiert: ‚Die doppelte Logik von Sanskrit und Mathematik´ ..."

Im Anschluss hieran wird festgestellt, dass sich die hoch komplizierte heilige Sprache des Sanskrit und die alte indische Perfektion in Astrologie und Astronomie als Vorteile im Konkurrenzkampf der Computersysteme erweisen. Geht es hier womöglich um mehr? Man sollte meinen: Ja! Es gibt keine digitale oder analoge Welt. Es gibt nur verschiedene Sichtweisen auf diese Welt. Die rationale Sichtweise erfährt nur dann einen Sinn, wenn sie mit dem Irrationalen vernünftig umgeht.

Wie kommen Erfahrungen und Bilder ins Gehirn?

Tieren sagt man mitunter wahre Höchstleistungen hinsichtlich ihrer „Wahrnehmungsfähigkeit" bzw. Sinnesleistungen nach: Hunde haben eine sprichwörtlich gute Nase, Katzen können Mäuse laufen hören und wir alle kennen die Redewendung vom „Adlerauge".

In der Kombination unserer fünf Sinne und im Einklang mit unserem Gehirn sind wir allerdings den Tieren haushoch überlegen. Es ist nicht das Ohr, das hört, die Nase, die riecht, das Auge, das sieht, die Zunge, die schmeckt und die Haut, die fühlt. Alle diese Informationen werden im menschlichen Gehirn „verarbeitet".

Ohren, Nase, Augen, Zunge und Haut sind unsere Sinnesorgane, die Informationen über die äußere Welt und den eigenen Körper empfangen und über das Nervensystem an das Gehirn weiterleiten, damit sie hier „gelesen" werden können. Doch was geschieht sozusagen im Vorfeld? Unser Ohr registriert Schallwellen und damit im Prinzip nichts anderes als Luftdruckveränderungen.

Zunächst treffen die Schallwellen auf das Trommelfell und bringen es zum Vibrieren. Über die Gehörknöchelchen im Mittelohr – Hammer, Amboss und Steigbügel – werden diese Schwingungen auf das so genannte „ovale Fenster" übertragen, welches das Mittel- vom Innenohr trennt. Das akustische Eingangssignal wird dabei nochmals verstärkt. Letzteres setzt sich aus Gehörschnecke, Vorhof und drei Botengängen zusammen, die mit einer gallertartigen Flüssigkeit gefüllt sind. Die Schwingungen des ovalen Fensters übertragen sich auf diese Flüssigkeit (Endolymphe) und setzen ihrerseits äußerst kleine, haarähnliche Gebilde (Haarzellen) in der Gehörschnecke in Bewegung. Diese Bewegungen, gleichsam Signale, werden von den Haarzellen direkt an die Gehörnerven (nervus vestibulocochlearis) weitergeleitet, die dann diese Informationen an das Gehirn weitergeben.

So wie das Ohr nicht hört, sieht auch das Auge nicht. Es hat die Aufgabe, Licht und damit elektromagnetische Wellen in Nervenimpulse umzuwandeln, die dann ans Gehirn weitergeleitet werden. Was passiert? Anatomische Feinheiten übergehen wir hier einmal und erinnern an jenen Vergleich, der als klassisches Beispiel in jedem Biologieunterricht vorkommt:

Die Augen ähneln einer einfachen Kamera, in der eine Linse ein Kopf stehendes „Bild" der äußeren Welt auf unserer Netzhaut erzeugt. Diese Netzhaut ist äußerst kompliziert aufgebaut, in etwa so groß wie ein Fünfmarkstück, dabei nur 1/5 mm stark, und setzt sich im Wesentlichen aus ca. 127 Millionen Nervenzellen (Stäbchen/Grautöne und Zäpfchen/Farben) zusammen. Vergegenwärtigen Sie sich einmal, dass in einem einzigen Augenblick 100 Millionen Empfindungen von Lichtquellen in der Außenwelt über die Netzhaut unserer Augen und weiter über den Sehnerv (nervus opticus) zum Gehirn, genauer gesagt, zu, einem bestimmten Gebiet der Großhirnrinde (cortex), weitergegeben werden.

Um zunächst ähnliche „Transportleistungen" handelt es sich beim Riechen, Schmecken und Tasten. So ist unsere Nase mit den so genannten olfaktorischen Haarzellen ausgestattet, von denen aus ein Geruchsreiz über Riechnerven (nervus olfactorius) ins Gehirn weitergeleitet wird. Die menschliche Zunge verfügt über ca. 10 000 Geschmacksknospen, wobei der eigentliche Geschmackssinn nur zwischen süß, sauer, salzig und bitter unterscheiden kann. Auch hier gelangen die entsprechenden Informationen über Nerven ins Gehirn. Unser Tastsinn schließlich registriert jede Berührung mit der Außenwelt über die Haut. Hier enden Nerven, die den jeweiligen Berührungsreiz über Nervenbahnen ins Gehirn weiterleiten.

Wie wir sehen, ist Wahrnehmung aus der Sicht des Physiologen zunächst nichts anderes als die Umwandlung unterschiedlicher physikalischer Energie in Nervenenergie oder Impulse. Was sich daran anschließt, verliert sich in den unterschiedlichsten Erklärungsmodellen, denen wir hier im Einzelnen nicht nachgehen wollen.

Doch Denken ist sicherlich mehr als nur die Aufnahme von Informationen durch die Sinnesorgane und ihre „Verarbeitung" durch das Gehirn. Auch hier finden wieder eine Vielzahl chemischer und physikalischer Vorgänge statt. Menschliches Denken ist aber auch weit mehr als nur Chemie und Physik. Es wäre für uns unverständlich, wenn jemand unser Denken auf diese Vorgänge reduzieren wollte.

Da muss noch etwas sein, was dafür verantwortlich ist, dass wir nicht nur einfache Schallwellen registrieren, sondern ein Klavierkonzert von Beethoven genießen. Wir sind auch nicht einer Flut willkürlicher elektromagnetischer Schwingungen ausgesetzt, sondern wir sehen unsere Umwelt, unsere Mitmenschen und uns selbst. Eines ist allerdings klar: Diese gesehenen, gehörten, gefühlten, gerochenen und geschmeckten Bilder in uns sind nie die Abbilder dieser Welt da draußen. Vielmehr nehme ich die Welt als **meine** subjektive Wirklichkeit wahr. Wie wäre sonst zu erklären, dass sich der eine an Beethoven erfreut, ein anderer bereits bei den ersten Tönen „graue Haare" bekommt?

Sie erinnern sich bestimmt an das, was wir über unseren SEPP geschrieben haben: Im Verlaufe unseres Lebens werden von ihm alle unsere Erfahrungen und Wahrnehmungen im Gehirn abgelegt. Mit diesen Erlebnissen verbinden sich für jeden von uns eigene Gefühlseindrücke. Ich werde im folgenden Abschnitt etwas näher auf sie eingehen.

Das limbische System

„Unser Gefühl selbst ist nichts anderes als eine innere Musik immer-
währender Schwingungen der Lebensnerven."

(Johann Jakob Wilhelm Heinse; 1746–1803)

Die beiden Wissenschaftler James Olds und Peter Milner haben im Jahre
1954 ein Aufsehen erregendes Experiment durchgeführt. Sie pflanzten
Ratten einen feinen Draht ins Gehirn. Das hört sich zunächst nicht sonderlich spektakulär an. Aufregend ist jedoch die Absicht, die beide mit diesem Eingriff verbanden: Sie waren auf der Suche nach jenem Ort im Gehirn, in dem die Gefühle „zu Hause" sind. Der Draht wurde mit einer Taste verbunden und die Ratten konnten sich selbst kleinste Stromstöße
versetzen. Das Ergebnis war erstaunlich, die Ratten legten ein völlig ver-
ändertes Verhalten an den Tag. Schlafen, Fressen und Saufen begannen
für die Tiere völlig in den Hintergrund zu treten. Ihre Hauptbeschäftigung
bestand nunmehr im Betätigen des Schalters, der einen Stromkreis
schloss. Was die Stromstöße in den Ratten bewirkten, wollen wir hier nicht
ausdiskutieren. Nur so viel soll gesagt sein: Es muss in ihnen so viel positive „Befindlichkeit" entstanden sein, dass eigentliche Vitalfunktionen in
den Hintergrund traten. Pflanzten Olds und Milner den Draht weiterer
Ratten nur wenige Millimeter entfernt an anderer Stelle im Gehirn ein, ge-
schah genau das Gegenteil, die Tiere mieden die Taste.

Für die beiden Forscher stand fest, dass es im Gehirn Regionen geben
muss, die für die Befindlichkeit verantwortlich sind. Einer Vielzahl weiterer
Experimente verdanken wir inzwischen die Einsicht, dass unsere emotionalen Regungen und Gefühle hauptsächlich vom limbischen System ausgehen. Diese Region liegt oberhalb von Zwischenhirn und Hypothalamus
und ist in seinem Aufbau ein System im System des Gehirns.

Limbisches System

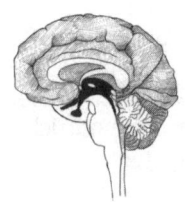

Dies ist das Steuerzentrum für unser Gedächtnis
und unsere Gefühle. Was wir eingangs zunächst
mit Fotoalben und Regalen, der Ablage und dem
wieder Herausnehmen umschrieben haben, ist
nichts anderes als Gedächtnis, Erinnerung. An keiner anderen Stelle des Gehirns finden wir eine eigene, bestimmte Region für unsere Gedächtnisleis-
tungen. Das Zurückgreifen auf Erinnerungen und
„abgelegte" Erfahrungen, also Bilder, ermöglicht
es uns überhaupt, im Leben zu bestehen.
Ohne Gedächtnis verbleiben alle unsere Sinnesleistungen im leeren Raum: Ich höre ohne zu wissen,
was ich höre und ich sehe ohne zu wissen, was
ich sehe.

Ein Beispiel soll diesen Sachverhalt verdeutlichen. Bereits im frühen 3. Jahrhundert v. Chr. war die Bibliothek von Alexandria in Ägypten mit einem Bestand von 500 000 Schriftstücken die größte Sammlung des antiken Wissens. Die Bibliothek galt als das Gedächtnis der Welt. Zwischen 48 und 47 v. Chr. führte der römische Imperator Caesar wieder einmal Krieg: um Ägypten und auch ein wenig um Cleopatra. Alexandria blieb von den Wirren des Krieges nicht verschont, seine Bibliothek wurde völlig zerstört. Das war ein unersetzlicher Verlust für die Menschheit, nur zu vergleichen mit einem Gedächtnisverlust. An was sollte man anknüpfen, an was sollte man sich orientieren, womit sollte man vergleichen?

Unser Gedächtnis sammelt also unsere Erfahrungen, wir können auf sie zurückgreifen, sie überarbeiten und überprüfen. Sie bestimmen unser Verhalten. Und das nicht nur, weil wir in der Vergangenheit diese oder jene Erfahrung gemacht haben, sondern auch, weil zukünftiges Handeln wesentlich von jenen Bildern geprägt sein wird, die im Gehirn abgelegt worden sind. Das ist die eine Seite. Die andere: Wir machen unsere Erfahrungen immer in einem bestimmten persönlichen oder sozialen Umfeld. Die Vielzahl unserer Wahrnehmungen bestimmen unsere inneren Gefühle.

Unternehmen Sie einige gedankliche Reisen mit Ihrem SEPP durch Ihr Leben!

Welche Gefühle tauchen in Ihnen bei den folgenden Fragen auf?

- Wie war Ihr erster, intensiver Kuss?

- Hatten Sie Liebeskummer in der Pubertät – wie erging es Ihnen in dieser Zeit?

- Die bestandene Führerscheinprüfung – wem haben Sie Ihre Freude als Erstem mitgeteilt?

- Die erste Nacht in Ihrer jetzigen Wohnung oder in den eigenen vier Wänden – welche Stimmung nahmen Sie wahr?

- Der Tod eines geliebten, nahe stehenden Menschen – welche Trauergefühle hatten Sie?

- Ihr bis heute größter persönlicher oder beruflicher Erfolg – wer oder was motivierte Sie dazu?

Alle diese Beispiele machen Ihnen deutlich, dass Erfahrungen mit negativen oder positiven Befindlichkeiten einhergehen. Erfahrungen bewirken in uns Gefühle. Unsere Gedanken sind immer mit Gefühlen verknüpft, z.B. mit Liebe, Hass, Freude, Zuneigung, Ärger, Leidenschaft oder Wut.

Unser gesamtes Erleben, unsere Wahrnehmungen über die Sinnesorgane, alles wird gefühlsmäßig im limbischen System eingefärbt. Die Bilder, die unser SEPP durch die fünf Sinne aufnimmt, alles, was wir erleben, „schleust" er durch das limbische System. Hier werden durch den SEPP die Bilder mit Gefühlsenergie versehen, positive Gefühlsenergie bei positiven Erlebnissen und negative Gefühlsenergie bei negativen Erfahrungen. Wobei positive wie negative Gefühlsenergie nochmals nach ihrer „Gewichtung", ihrer „Schwere" vom SEPP geprüft wird. Die Informationen „Gefühle plus/minus" und die „Gewichtung" werden vom SEPP mit dem jeweiligen Erlebnis verknüpft. Die Gefühlsenergie wandert nun durch das vegetative Nervensystem in den Körper, während der SEPP die gemachte Erfahrung mit der Gefühlsbewertung im Regal ablegt.

Holt unser SEPP die abgelegten Bilder oder Gedanken aus den Regalen für seinen Chef, den Menschen, wieder hervor, muss er diese als erstes ins limbische System geben. Hier werden die hervorgeholten Bilder mitsamt den gespeicherten Informationen „Gefühle plus/minus" und der „Gewichtung" wieder frei gegeben.

Gefühle sind Energie, Schwingungen, die unsere Befindlichkeit beeinflussen. Diese Energie wird über das vegetative Nervensystem an den Körper weitergeleitet und bestimmt unsere Empfindungen.

Wie viele Worte kennen Sie für positive Gefühle? Sie fühlen sich wohl, glücklich, beschwingt, heiter, ausgelassen, zufrieden, einfach gut, befriedigt, stolz, anerkannt, bestätigt. Damit sind Sie voller Energie, positiver Energie. Sie spüren sie in Ihrem Körper. Ausgelöst wurden sie durch Bilder aus der Erinnerung an eine Begebenheit, eine Situation, in der Sie sich genau so gefühlt haben, oder duch die gegenwärtige Situation. Wir erinnern uns sehr gerne an solche Begebenheiten oder Situationen.

Wie viele Worte kennen Sie für negative Gefühle? Sie fühlen sich matt, zerschlagen, unzufrieden, verlassen, traurig, einsam, leer. Auch hier sind Sie „voller" Energie, negativer Energie. Was hat diese Energien ausgelöst? Bilder aus der Erinnerung an eine Situation, in der Sie sich genau so gefühlt haben, oder Bilder, die in Ihrer gegenwärtigen Lebenssituation entstanden sind? Und Sie müssen alles TUN – hierauf komme ich an anderer Stelle zurück – um solche Bilder aus der Vergangenheit zu bewältigen oder wo möglich Lebenssituationen zu vermeiden, in denen die Gefahr besteht, dass Sie von negativer Energie vereinnahmt werden!

„ … Schmetterlinge im Bauch" oder der Körper spricht auch ohne Worte

Gefühle, ich will es noch einmal wiederholen, sind Energie, die unser Empfinden beeinflussen. Gefühle bestimmen unsere negative oder positive Befindlichkeit. Gefühle werden nicht erst in unserem Verhalten, z. B. Zustimmung oder Ablehnung, Enttäuschung oder Begeisterung, deutlich. Bereits unser Körper kann Gefühle und die sich damit verbindenden Energien „sichtbar" machen, für jeden Einzelnen von uns selbst, aber auch für andere. Diese Energien werden somatisiert. Stress – ich werde auf dieses Phänomen später noch zu sprechen kommen – kann sich z. B. körperlich auf die unterschiedlichste Art und Weise mitteilen: andauerndes Durstgefühl, trockener Mund, Verdauungsprobleme, fehlendes Hungergefühl, mangelnde Abwehrkräfte, Herzbeschwerden bis hin zu Problemen im Sexualleben.

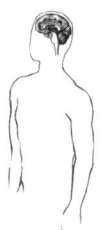

So gesehen kann Ihnen Ihr Körper bereits Befindlichkeiten signalisieren, noch ehe Sie sich ihrer bewusst geworden sind, Ihr „Körper spricht mit Ihnen". Diese Sprache sollten Sie ernst nehmen und reagieren, zumal ein Gefühlsstau (in diesem Falle: die Anhäufung negativer Energien) unangenehme Auswirkungen auf Ihr Verhalten haben kann. Diese Energieströme werden durch das vegetative Nervensystem übertragen.

Vielleicht haben Sie in Ihrem persönlichen Umfeld schon irgendwann einmal von einem Bekannten die Äußerung vernommen: „Gerne fahre ich nicht Auto". Was sich zunächst wie eine nebenbei gemachte Bemerkung anhört, hat oft einen tieferen Sinn. Es ist nämlich möglich, dass man hier jemanden vor sich hat, der Angst vor dem Autofahren hat. Im Vorfeld kann vieles passiert sein: zwei verpatzte Fahrprüfungen, Unsicherheiten im Umgang mit dem Fahrzeug, ein kleiner, aber selbst verschuldeter Unfall gleich nach der endlich bestandenen dritten Fahrprüfung.

Die Bilder vom Autofahren, die der SEPP im limbischen System mit negativer Energie lädt, bewirken bei Ihrem Bekannten unangenehme Gefühle, wenn er nur ans Autofahren denkt.

Die Folge: Schweiß auf der Stirn und nasse Hände. Die Beine reagieren wie unkontrolliert und die Füße rutschen von den Pedalen. Der Motor wird „abgewürgt", das Auto springt nach vorn und die Nachbarn am Fenster lächeln abfällig. Wieso, fragt sich Ihr Bekannter vielleicht noch, „hängen" die eigentlich immer dann am Fenster, wenn ich losfahren will?

Man kann bereits durch Worte im Partner oder anderen Mitmenschen Energien auslösen, die ähnliche Resultate erzeugen. Ein Beispiel: Sie erzählt ihm von ihrem erfolgreichen Vertragsabschluss und dem anschließenden Essen in einem für seine Küche berühmtem Restaurant, in dem alles stimmt: das Ambiente, die Bedienung, die Atmosphäre, eben alles.

Sie berichtet vom Hauptgang, sagen wir, Kalbsbries und Kalbsleber auf getrüffeltem Lauchgemüse, dazu der passende Wein. Als Vorspeise hatte sie sich für einen bunten Salat mit Jakobsmuscheln entschieden. Zum Dessert gab es Melone auf Nougatcreme.

Wenn sie nun die Gabe besitzt, ihm von ihrem Essen so zu erzählen, dass er meint, getrüffeltes Lauchgemüse auf der Zunge zu verspüren oder zumindest einen verstärkten Speichelfluss bemerkt, kann man sie eigentlich nur bewundern. Sie hat es vermocht, bei ihrem Partner nur auf Grund von Worten positive Energien auszulösen.

Für die meisten Menschen ist die erste große Liebe etwas ganz Besonderes. Man entdeckt in sich Gefühle, die einem bisher unbekannt waren sowie eine Befindlichkeit auslösen, die weit mehr bedeutet, als sich mit den Worten „Ich fühle mich gut" ausdrücken lässt.

Medizin und Psychologie haben einen Namen für diesen Zustand: Sie nennen ihn Eustress, wobei das „Eu" auf Euphorie verweist. Nun wird kaum jemand angesichts seiner ersten Liebe in einem Fremdwörterbuch nachschlagen, um zu erfahren, was in ihm vorgeht oder was ihm da widerfährt: Hochstimmung, Hochgefühl und Glückseligkeit!

Dieses Kribbeln, diese innere Unruhe und Ausgeglichenheit zugleich, das Gefühl zu schweben ohne je wieder landen zu wollen, alles das kann mit den Worten Hochstimmung oder Hochgefühl zwar „auf den Begriff" gebracht werden, spiegelt aber keinesfalls das wider, was tatsächlich in mir vorgeht.

Die Wissenschaft vermag es heute, die energetischen Vorgänge im Zusammenhang mit unserem Gefühlsleben weitestgehend zu erklären. Doch Gefühle sind mehr als nur komplizierte chemische, physikalische und biologische Abläufe. Wenn sich jemand an seine erste Liebe erinnert und die damit verbundenen Gefühle wieder aufsteigen, denkt er sicherlich nicht an Nervenzellen, Synapsen oder Neurotransmitter.

Diese Erinnerung lässt wieder die „Schmetterlinge im Bauch" lebendig werden, somatisierte Energie also, die in uns die angenehmsten Gefühle auslöst.

Die Geschichte der Literatur kennt Abertausende wunderschöne Gedichte, die häufig von der ersten Liebe erzählen. Und der Leser fragt sich, wie es möglich ist, dass sich jemand in einer so herrlichen, gleichnishaften und tiefen Sprache ausdrücken kann. Auch die „Schmetterlinge im Bauch" sind eine Metapher oder bildhafte Übertragung. Haben Sie schon einmal Schmetterlinge in der freien Natur beobachtet? Ihnen offenbart sich ein Farbenspiel, eine Lebendigkeit, eine Verspieltheit und Lebensfreude ohne gleichen. All das lässt uns Menschen dieses Auf und Ab, Hin und Her der Schmetterlinge an einem Sommertag als sinn- und wertvoll erscheinen, es bewirkt in uns Freude und Lust. Es kann daher nicht verwunden, wenn wir diesen Anblick mit jenen Gefühlen in Verbindung bringen, die Liebe in uns auslöst und die wir mit „Schmetterlingen im Bauch" umschreiben.

Diese analoge Sprache ist das Bemühen, anderen von unseren „Schmetterlingen im Bauch" zu erzählen, die junge Liebe zum Fliegen bringt. Und trotzdem bleibt es ein Bemühen, weil keiner die Gefühle des anderen wirklich fühlen kann. Dabei sind Gefühle so ungemein wichtig, denn sie begleiten alle unsere Wahrnehmungen, die von innen und von außen. Unsere Wahrnehmungen sind immer in Gefühle „eingetaucht". Erst so ergeben Wahrnehmungen ein Bild in uns, das bei der Erinnerung an eine vergangene Situation in unserem Leben, bei der Konfrontation mit einer gegenwärtigen oder in Vorfreude auf eine kommende abgerufen wird und positive oder negative Energien auslöst.

Diese Energien sind unsere „ureigenste Angelegenheit" und können von anderen nur an unserem Verhalten geahnt und abgelesen werden. Sie lassen unseren Körper sprechen, ohne dass auch nur ein Wort gesagt wurde. Die Befindlichkeit jedes Einzelnen und die sie auslösenden Gefühle bleiben im „Verborgenen". Und doch sind sie da oder waren es. Wie sonst könnte die Erinnerung an sie so angenehme Gefühle und damit Energien wecken, die wohltuend unseren ganzen Körper durchströmen?

Gefühle lassen sich nicht begrifflich übersetzen und vielleicht ist das auch gut so. Begnügen wir uns damit zu wissen, dass unsere Bilder mit Energie – positiver wie auch negativer – geladen und abgelegt werden. Über die analoge Sprache können wir uns ihnen nähern. Das ermöglicht es uns, sie gezielt anzufordern, um ein gutes Gefühl zu empfinden. Wir haben, wie ich in einem meiner früheren Bücher schrieb (*In sieben Tagen zum Spitzenverkäufer*), die Fähigkeit, uns selbst so zu „konditionieren", dass positives Denken zu unserer Lebenseinstellung wird.

Analoges Denken und Sprechen ermöglichen es auch, dass wir uns über Bilder dem anderen zumindest so weit annähern, dass wir ihn konditionieren und damit bei ihm positive Energien frei werden lassen. Diese können eine wohltuende Wirkung auf seine Befindlichkeit auslösen. Erst dann kann man wirklich von sich behaupten, den anderen verstanden zu haben. „Ich habe verstanden ..." meint daher im wahrsten Sinne des Wortes: „Ich habe Verständnis dafür entwickelt, was beim anderen innerlich vorgeht!"

Das geschieht selbstverständlich im wertfreien Raum – wie gesagt, ich kann die Gefühle meiner Mitmenschen nicht selbst fühlen. Verstehen meint keinesfalls manipulieren. Es macht keinen Sinn, wenn man dem anderen versucht einzureden, dass genau diese Rose im Garten schön sei. Er kann einer vollkommen gegenteiligen Ansicht sein. Sollte man aber bemerken, dass Blumen überhaupt beim anderen angenehme gefühlsmäßige Reaktionen auslösen und dass er beginnt, die entsprechenden Bilder abzurufen, ist man in der zwischenmenschlichen Kommunikation schon einen großen Schritt weitergekommen. Damit sind die besten Voraussetzungen geschaffen, um Menschen besser verstehen und erfolgreich mit ihnen umgehen zu können.

Was empfindet der Mensch als wichtig? – Woran erkennen Sie das?

Ähnlich erklärt sich übrigens die Wirkung großer Redner aus Vergangenheit und Gegenwart auf ihr Publikum. Was man auch immer unterstellt – Charisma (Ausstrahlung), Rhetorik oder Bekanntheit des Redners – entscheidend ist die Wahl der Worte, mit denen er bei anderen positive Energien auszulösen vermag.

Sie befinden sich in einem Gespräch, verfolgen seinen Inhalt sehr angespannt und bemerken auf einmal, wie sich Ihre Stirn ganz unwillkürlich in Falten legt.

Das Gespräch muss einen derartigen Verlauf angenommen haben, dass in Ihnen etwas ausgelöst wurde und sich entsprechende Energien auf Ihrer Stirn somatisieren. Die „Wichtigkeit" dieses Gesprächs und damit die Gewichtung Ihrer Gefühle haben diese Falten ausgelöst (zur genauen Deutung der Falten kommen wir noch an anderer Stelle).

Sie bemerken diesen Sachverhalt übrigens noch an anderen Stellen. Haben Sie schon einmal beobachtet, was mit Ihrer Zunge „geschieht", wenn Sie angestrengt körperlich oder geistig eine Arbeit verrichten, die für Sie von größter Wichtigkeit ist? Genau, ganz unwillkürlich gerät sie in Bewegung, stößt von innen an die Lippen und zeigt sich schließlich in der „Öffentlichkeit".

Ich sprach am Anfang dieses Kapitels mit Ihnen über Assoziation und Dissoziation. Jetzt werden Sie vielleicht besser verstehen, dass assoziierte Wahrnehmung und die Wichtigkeit des gesprochenen Wortes auch an Ihrer Körperhaltung sichtbar werden können.

Sie lehnen Ihren Körper ganz unwillkürlich nach vorne, weil Sie sich im assoziierten Zustand befinden. Es sieht aus, als wollten Sie in das entsprechende Ereignis nochmals „hineintreten".

Unser „Kampf- oder Fluchtverhalten" – das Reptiliengehirn

Das menschliche Gehirn hat einen langen Entwicklungs- und Anpassungsprozess hinter sich, der sich in seinem anatomischen Aufbau widerspiegelt. Eine äußerliche Betrachtung unseres Gehirns macht deutlich, dass es aus drei miteinander verbundenen Teilen besteht: dem Großhirn, dem Kleinhirn und dem Stammhirn (Zwischenhirn, Mittelhirn, Gehirnbrücke, verlängertes Mark).

Durch seine beachtliche Oberfläche und die hochkomplizierte Struktur seiner äußeren Schicht (Neokortex) unterscheidet sich das menschliche Gehirn anatomisch offenkundig vom tierischen.

Die Forschung geht davon aus, dass sich die Oberfläche des menschlichen Gehirns im Verlaufe von 4,5 Millionen Jahren seit dem Australopithecus („Urmenschen", die zwar noch nicht als echte Menschen gelten, aber den Menschenaffen nicht mehr zugerechnet werden), verdreifacht hat, in den zurückliegenden ca. 100 000 Jahren aber nicht mehr gewachsen ist. Ihre Struktur bedingt die „intellektuellen" Unterschiede zwischen Tier und Mensch. Für unsere Bewusstseinsleistungen haben wir inzwischen auch die Fähigkeit geltend gemacht, digital und analog zu denken.

An dieser Stelle will ich Sie darauf aufmerksam machen, dass große Denker in der Vergangenheit gerade die Fähigkeit, auch analog und damit irrational denken zu können, als das entscheidende Kriterium menschlichen Bewusstseins überhaupt ahnungsvoll herausstellten.

Arthur Schopenhauer (1788–1860), der es in einer herrlichen Sprache verstanden hat, Irrationales rational zu vermitteln, schrieb einmal:

„Den Menschen ausgenommen, wundert sich kein Wesen über sein eigenes Dasein; sondern ihnen allen versteht dasselbe sich so sehr von selbst, dass sie es nicht bemerken. Aus der Ruhe des Blickes der Tiere spricht noch die Weisheit der Natur ...".

Das Tier, so fährt Schopenhauer an anderer Stelle fort,

„lebt ohne eigentliche Kenntnis des Todes: Daher genießt das tierische Individuum unmittelbar die ganze Unvergänglichkeit der Gattung, indem es sich seiner nur als endlos bewusst wird ...".

Menschliche „Verwunderung" nimmt Schopenhauer deshalb so ernst, weil sie bewusste Konfrontation mit dem Tod ist und:

„Nur dem gedankenlosen Tiere scheint sich die Welt und das Dasein von selbst zu verstehen: dem Menschen hingegen ist sie ein Problem ...".

Schopenhauer nennt an vielen Stellen seines Werkes Mittel zur „Problembewältigung": neben den Philosophien Platons (427–347 v. Chr.) und Kants wird immer wieder die Bedeutung der Veden und der Upanischaden hervorgehoben.

Die Veden sind die heiligen Schriften des Vedismus, aus dem sich der Hinduismus (religiöse Hauptströmung in Indien) entwickelt hat. Ihre Entstehungszeit liegt zwischen 1500 und 1200 v. Chr. Sie gehören damit zu den ältesten Zeugnissen menschlicher Bemühungen, analog von der Welt Besitz zu ergreifen.

Sie werden sich fragen, warum ich an dieser Stelle nochmals auf die heute so aktuelle Beschäftigung mit der linken und rechten Gehirnhälfte, digitalem und analogem Denken zurückkomme? Ganz einfach deshalb, weil man hier und da gelegentlich ein „Denken" oder Verhalten bemerkt, von dem man nach dem Gelesenen meinen sollte, dass es sich nicht so ohne weiteres der linken oder rechten Hirnhälfte zuordnen lässt.

In unsere Umgangssprache hat die Formulierung Einzug gefunden, dass jemand „ohne Sinn und Verstand" gehandelt hat.

Wir stehen z. B. am frühen Morgen an der Bushaltestelle, bemerken, dass sämtliche Glasscheiben des Wartehäuschen zertrümmert sind und fragen uns, was „die sich wohl dabei gedacht haben". Oder nehmen wir die Raucher unter uns. Tagtäglich lesen sie auf ihren Zigarettenschachteln, dass Rauchen Herz- und Gefäßkrankheiten verursacht und die Gesundheit gefährdet. Sie ignorieren Signale aus dem Körper, obwohl sie um den Zusammenhang zwischen Rauchen und Lungenkrebs wissen. Trotzdem beginnt und endet der Tag mit einer Zigarette.

Die Nichtraucher treten an dieser Stelle an die Raucher mit dem Vorwurf heran, ihr Verhalten wäre irrational. Das genau ist ein falsches Verständnis von Irrationalität. Ist es nicht vielmehr so, dass wir in diesem Beispiel wie in vielen anderen Situationen unseres Lebens „wider alle Vernunft" handeln? Kann es sein, dass wir nicht nur bewussten, sondern auch unbewussten Steuerungen in unserem Verhalten unterliegen?

Wir haben inzwischen festgestellt, dass wir die bewusste Steuerung unseres Verhaltens dem Großhirn verdanken und hier u. a. jene Errungenschaften zu Hause sind, die uns von den Tieren unterscheiden: Sprache und Selbstbewusstsein, digitales und analoges Denken, Ratio und Irratio. Unser Gehirn als Ganzes ist aber viel älter als das. Als Träger der Urform des Gehirns kennt man inzwischen das Lanzettfischchen. Aus den einfachen Strukturen seines Gehirns hat sich im Laufe von Millionen Jahren schließlich das menschliche Gehirn entwickelt. In diese Entwicklungslinie gehören auch jene unserer tierischen Vorfahren, von denen man manchmal lächelnd meint, es würde drei Tage dauern, bis der Schmerz im Kopf angekommen ist, nachdem man ihnen auf den Schwanz getreten hat: die Saurier.

Ihr Gehirn war nur in der Lage, viele primitive Grundfunktionen zu steuern und hat sich im Laufe der Jahrmillionen weiterentwickelt. Auch der Mensch besitzt einen Gehirnteil, den wir Stammhirn oder Reptiliengehirn nennen. Es ist, evolutionsgeschichtlich betrachtet, der „älteste" Teil unseres Gehirns und steuert über das unwillkürliche Nervensystem nicht nur die Tätigkeit unserer inneren Organe und einen großen Teil der Hormonausschüttungen, sondern auch solche Körperfunktionen wie Schlafen, Essen, Trinken und Sexualverhalten. In einem Satz: Das Stamm- oder Reptiliengehirn ist für das Leben und somit auch für das Überleben verantwortlich.

Lesen wir noch einmal bei Arthur Schopenhauer nach:

„Daher ist jedem Tiere wie die Sorge für seine Erhaltung, so die Furcht vor seiner Zerstörung angeboren: Diese also und nicht das bloße Vermeiden des Schmerzes ist es, was sich in der ängstlichen Behutsamkeit zeigt, mit der das Tier sich und noch mehr seine Brut vor jedem, der gefährlich werden könnte, sicherzustellen sucht. Warum flieht das Tier, zittert und sucht sich zu verbergen? Weil es lauter Wille zum Leben, als solcher aber dem Tode verfallen ist und Zeit gewinnen möchte. Ebenso ist von Natur der Mensch ..."

Hier ist schon von dem die Rede, was später Charles Darwin (1809–1882) den „Kampf ums Dasein" nennen wird.

Hinter dieser Metapher verbirgt sich das sehr augenscheinliche Fressen oder gefressen Werden, dem man, seit es eine „Geschichte" des Gehirns gibt, mit Flucht oder Kampf begegnete.

Schopenhauer war ein ausgezeichneter Menschenkenner und wusste, dass es nicht genügt, den Menschen nur als Vernunftwesen anzusehen. Von hier aus nimmt seine Feststellung über die Natur des Menschen, die einen symbolischen Charakter hat, dann auch ganz andere Konturen an.

Er ist zwar weit davon entfernt, den Menschen auf eine Stufe mit dem Tier zu stellen. Er ahnte aber, das wir alle in uns so etwas wie ein „tierisches Mitbringsel" aus der Evolution haben. Heute sagen wir Reptiliengehirn dazu. Und wir sollten uns nicht darüber wundern, dass wir es haben.

Unsere Kenntnisse reichen inzwischen so weit, dass wir wissen, dass die Evolution auch auf der Weitergabe „erfolgreicher" Gene an die nachfolgenden Generationen beruht. Damit vererben sich jene Fähigkeiten, welche die Anpassungsfähigkeit an die unterschiedlichsten Bedingungen und ein Überleben garantieren. Auch wir haben diese Fähigkeiten noch, gesteuert werden sie vom Reptiliengehirn.

Es steuert allzu oft und sichtbar unser Verhalten, und das in vielerlei Hinsicht. Lossagen können wir uns von ihm nicht, denn es gehört zur Natur des Menschen. Im Unterschied zum Tier können wir es zum Gegenstand unseres Denkens machen, doch geschieht das in der Regel im Nachhinein und kommt dann manchmal eben zu spät. Das will ohne Wertung verstanden sein, denn es gibt, wie ich anhand folgender Beispiele zeigen werde, auch Situationen, in denen wir froh sein sollten, auch ein Reptiliengehirn zu haben.

Es gibt Momente im Leben, in denen es darauf ankommt, schnell und ohne Überlegen zu handeln. Wenn es irgendwo brennt und Sie sehen am Fenster des in Flammen stehenden Hauses ein Kind, ist Nachdenken über die Ursachen dieser Katastrophe genauso wenig hilfreich wie die Ergriffenheit von der Gewalt des Feuers.

Das Reptilienhirn hat sich für Kampf entschieden und löst in Ihrem Körper eine Kette von Reaktionen aus, an deren Ende Sie genau über die Energie verfügen, um das Kind zu retten, damit es überlebt (Kampf).

Es gibt Menschen, die Kritik überhaupt nicht vertragen können und selbst gut gemeinte Ratschläge nicht annehmen, weil sie alles, was andere an sie herantragen, sofort persönlich nehmen. Sie fühlen sich beleidigt, verletzt oder gar angegriffen. Schaltet sich in solchen Situationen das Großhirn „aus" und das Reptilienhirn „ein", kann es zu folgenden Reaktionen kommen: Man ist beleidigt, schweigt, nimmt hin oder geht ganz einfach (Flucht).

Man kann aber auch wütend werden, den „Spieß umdrehen" oder womöglich aggressives Verhalten an den Tag legen (Kampf).

Auch körperlich spürt man „Umschaltungen" auf das Reptiliengehirn. In Abhängigkeit von der jeweiligen Veranlagung bekommt der eine schon einen trockenen Mund und zittrige Hände, wenn er nur vor drei Menschen einige Sätze sagen soll (Flucht). Andere können selbst vor hundert Zuhörern ihren Gefühlen freien Lauf lassen und diese damit in ihren Bann ziehen (auch eine Form des Kampfes).

Sie gehen spät am Abend durch eine wie ausgestorben wirkende Straße. Plötzlich stehen sieben, acht junge Männer vor Ihnen, die Sie bestimmt nicht nach der Uhrzeit fragen wollen. Sie sollten nicht erst lange überlegen, ob Ihre drei Stunden Ausbildung in Selbstverteidigung ausreichen könnten, eine befriedigende Lösung zu finden. Vertrauen Sie auf Ihr Reptiliengehirn und rennen Sie, so schnell Sie können (Flucht).

In unserer hektischen Welt leiden viele Menschen unter Stress. Stress –
Druck, Anspannung oder Belastung – kann die unterschiedlichsten
Ursachen haben, die Spanne ist sehr weit gefächert. Bereits geringfügige
Veränderungen in der Umgebung eines Menschen können Stress auslö-
sen, z. B. Lärm oder grelles Licht. Andere Ursachen sind Probleme und
Ärger bei der Arbeit oder in der Familie, das Gefühl des Überfordertseins,
das Ausbleiben von Anerkennung oder die plötzliche Konfrontation mit
einer unheilbaren Krankheit.

So sehr sich nun auch Stress auf die Befindlichkeit eines Menschen aus-
wirken kann – ich möchte hier nochmals daran erinnern, dass es auch an-
genehmen Stress gibt –, er hat sehr viel mit dem Reptiliengehirn zu tun.
Von hier aus wird Stress als Reaktion des Menschen auf seine Umwelt „gesteuert", hier werden in kürzester Zeit Energien freigesetzt, um die als Be-
drohungen empfundenen Anspannungen und Belastungen auszuhalten
und auch in als gefährlich empfundenen Situationen bestehen zu können.
Entscheidend hierbei ist, dass dies alles ohne bewusste Vorbereitung geschieht.

Der Mensch wird also nicht nur von der Vernunft, sondern auch von einer Vielzahl anderer Einflüsse gesteuert. Diese Einflüsse müssen wir wahrnehmen und verstehen, um unsere Menschenkenntnis zu perfektionieren.

Ihre Aktivitäten – TUN

- Welche Erkenntnisse haben Sie nach dem Lesen dieses ersten Kapitels für sich gewinnen können?
- Wie würden Sie Ihr eigenes Denken beschreiben?
- Halten Sie sich für einen eher „rationalen" oder „irrationalen" Menschen?
- Lesen Sie noch heute gerne Märchen oder Sagen und warum?
- Haben Sie Ihr „Reptiliengehirn" schon in Aktion erlebt?
- Woran liegt es, dass einem häufig erst nach einem Streit die besseren Argumente einfallen?
- Was sind Ihrer Ansicht nach Gefühle? Versuchen Sie doch einmal, einige zu beschreiben!

Kapitel 2

Die sinnliche Wahrnehmung

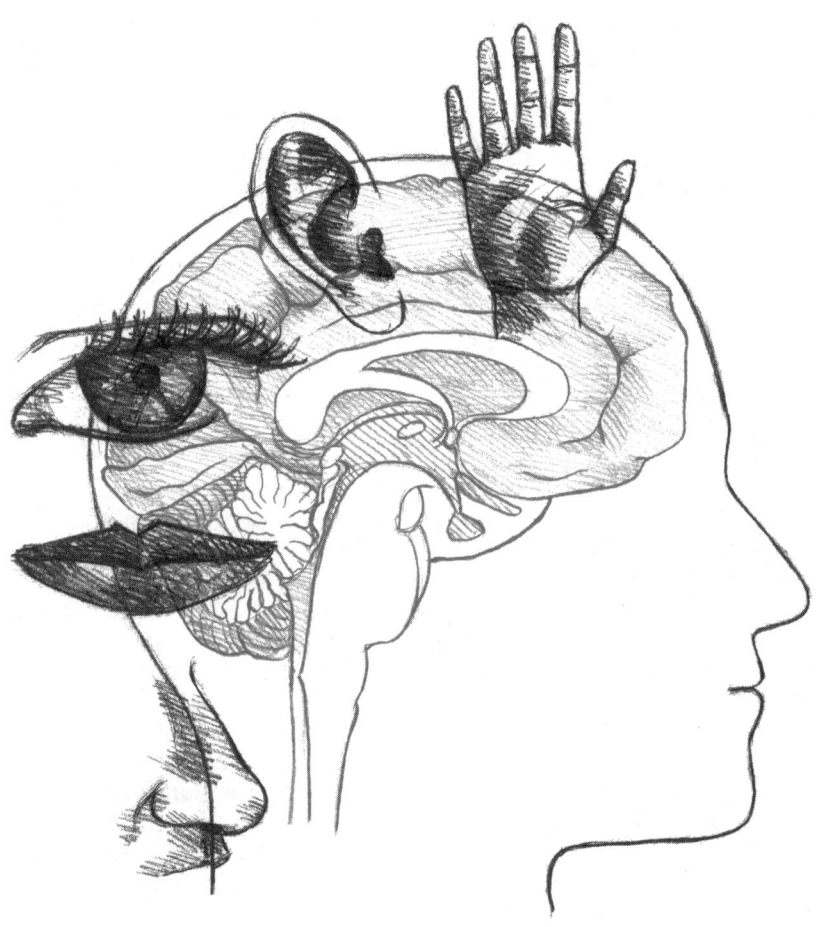

Wahrnehmung – Wahrheit – unsere Wirklichkeit

P.G. Zimbardo schreibt in seiner „Psychologie":

„Der naive Beobachter akzeptiert seine Sinneseindrücke, ohne sich darüber weiter Gedanken zu machen. Er glaubt, auf direkte, unmittelbare Weise Merkmale der sich in der Umwelt befindlichen Objekte wahrzunehmen. Er glaubt ferner, dass er direkten Kontakt mit diesen Objekten hat und ist von der Genauigkeit seiner Wahrnehmungen ‚lebhaft´ überzeugt."

Ich habe bereits im ersten Kapitel davon gesprochen, dass wir mit unseren Ohren und Augen, unserer Nase, unserer Zunge und unserer Haut Informationen aus der äußeren Welt empfangen. Vom Nervensystem werden sie an das Gehirn weitergeleitet und hier buchstabiert, gelesen, entziffert und entschlüsselt.

An dieser Stelle will ich etwas ganz deutlich machen, weil es mir sehr wichtig ist: Die weit verbreitete Ansicht, dass unsere fünf Sinne die Welt so abbilden, wie sie wirklich ist, kann so nicht aufrechterhalten werden.

Seit Menschengedenken ist in den verschiedenen Wissenschaften und der Philosophie über diese Frage ein heftiger Streit entbrannt. Wir wären schlecht beraten, wenn wir von den erhaltenen Informationen über das, was wir die reale Welt nennen, auch behaupten würden: Genau so ist die Welt da draußen. Sehen Sie, jeder von uns ist auf seine Art ein Künstler, ein Maler, der die Welt in seinen Bildern festhält. Was macht sein Bild eigentlich zu einem Bild? Die Farben, die dem Künstler zur Verfügung stehen, die Qualität der Pinsel und seiner Leinwand und, wenn Sie so wollen, auch noch sein technisches Geschick? Dann würden sich vermutlich alle Bilder dieser Welt irgendwie ähneln, es würde genügen, dass in jedem Museum oder jeder Galerie nur ein Bild hängt.

Vielleicht erinnern Sie sich noch an Ihren Zeichenunterricht aus den Schultagen. Ich kann mich noch sehr gut daran erinnern, dass es unserem Lehrer sehr viel Freude bereitete, seine Schüler mit Kunstwerken aus vergangenen Zeiten bekannt zu machen, um sie dann interpretieren zu lassen. Auffallend war für mich immer, dass 20 Schüler zu 20 verschiedenen Auffassungen kamen und unser Lehrer die abgegebenen Arbeiten niemals zensierte.

Interpretation kommt vom lateinischen „interpretatio" und bedeutet Erklärung, Auslegung, Deutung oder Übersetzung. Später wurde mir dann klar, das Deutungen oder Auslegungen sehr individuell geprägt sein können. Sie sind abhängig von momentanen Verfassungen oder Stimmungen, Erfahrungen in den unterschiedlichsten Lebenssituationen, der Stellung in der Gesellschaft oder den ganz persönlichen Beziehungen. Das gilt aber nicht nur für den Betrachter eines Bildes, sondern auch für den, der es gemalt hat. Jeder Künstler nimmt die Welt durch das Prisma seiner Subjektivität wahr. Er malt oder zeichnet nicht **die** Welt, sondern immer **seine** Welt.

Ich will Ihnen mit einem uralten Gleichnis verdeutlichen, was ich meine. Es geht auf den griechischen Philosophen Platon (427–347 v. Chr.) zurück und ist in der Form eines Dialogs geschrieben. In diesem „Höhlengleichnis" spricht Sokrates für Platon.

> „*Sokrates:* Stelle dir Menschen vor in einer ... Höhle; von Kind auf sind sie in dieser Höhle festgebannt mit Fesseln ...; von oben aus der Ferne von rückwärts leuchtet ihnen ein Feuerschein; zwischen dem Feuer aber und den Gefesselten läuft oben ein Weg hin, längs dessen eine niedrige Mauer errichtet ist ähnlich der Schranke, die die Gaukelkünstler vor den Zuschauern errichten, um über sie weg ihre Kunststücke zu zeigen.
> *Glaukon:* Das steht mir alles vor Augen.
> Sokrates: Längs dieser Mauer ... tragen Menschen allerlei Gerätschaften vorbei, die über die Mauer hinausragen ... wobei, wie begreiflich, die Vorrübergehenden teils reden, teils schweigen.
> *Glaukon:* Ein sonderbares Bild, das du da vorführst, und sonderbare Gestalten!
> *Sokrates:* Nichts weiter als unseresgleichen. Denn können denn erstlich solche Gefesselten von sich selbst sowohl wie gegenseitig voneinander etwas anderes gesehen haben als die Schatten, die durch die Wirkung des Feuers auf die ihnen gegenüberliegende Wand der Höhle geworfen werden? ... Gilt von den vorübergetragenen Gegenständen nicht dasselbe?
> *Glaukon:* Auch von ihnen haben sie nur Schatten gesehen.
> *Sokrates:* Wenn sie nun miteinander reden könnten, glaubst du nicht, dass sie der Meinung wären, die Benennungen, die sie dabei verwenden, kämen den Dingen zu, die sie unmittelbar vor sich sehen?
> *Glaukon:* Notwendig ...
> *Sokrates:* Durchweg also würden diese Gefangen nichts anderes für wahr gelten lassen als die Schatten der künstlichen Gegenstände?
> *Glaukon:* Notwendig."

Können wir denn dann die Wirklichkeit je so wahrnehmen, wie sie ist? Können wir die „Wahrheit" erkennen? Wahrheit und Wirklichkeit liegen in unserem Sprachgebrauch sehr dicht beieinander: „ist das auch wirklich wahr?" oder „Wirklichkeit ist noch keine Wahrheit, Wahrheit keine Wirklichkeit".

Es wäre verlockend und spannend, dem Verhältnis von Wahrheit und Wirklichkeit im Denken der Vergangenheit nachzuspüren. Ich will mich auf ein kurzes, aber dafür prägnantes Beispiel beschränken.

Im Jahre 1690 erschien in London ein Buch, dessen Titel in der Übersetzung „Versuch über den menschlichen Verstand" lautet. Sein Verfasser war der Philosoph und Pädagoge John Locke (1632–1704).

Für ihn ist die Seele des Menschen bei der Geburt eine leere, unbeschriebene Tafel, eine „tabula rasa", in welche die Sinneseindrücke eingegraben werden wie in Wachs. „Nichts ist im Verstand, was nicht vorher in den Sinnen gewesen wäre", lautete die berühmte Formulierung John Lockes. Das ist vollkommen richtig. Vor ca. 300 Jahren sah das der deutsche Philosoph, Physiker und Mathematiker Gottfried Wilhelm Leibniz genau so, fügte jedoch den kleinen, aber entscheidenden Satz hinzu, den ich Ihnen sinngemäß wiedergeben will: „Nichts ist im Verstand, was nicht vorher in den Sinnen war, außer dem Verstande selbst." Leibniz hatte sehr wohl die Schwächen des John Locke und seines Modells erkannt.

Sie lagen im Bild der Wachstafel selbst. Vollkommen zu Recht könnte Leibniz heute mit unseren Worten einwenden, dass jede Tafel ihre eigene und besondere Oberfläche hat, wovon letztlich ihre Verwendung abhängt. Und weiter, was nützt mir die beste Tafel, wenn ich keine Kreide, keinen Griffel habe? Schließlich: irgendwann ist auch die größte Tafel einmal vollgeschrieben. Der eine wischt sie mit dem Schwamm ab, dem anderen genügt ein Lappen.

Wenn also jeder von uns über seine Empfindungen mit der Welt da draußen in Kontakt tritt, bringt jeder seine eigene Tafel mit, in welche die Sinneseindrücke „eingegraben" werden, wie John Locke meinte.

Diese „eigene Tafel" ist es, die ich weiter oben zu umschreiben versuchte: Jeder von uns sieht die Welt gebrochen durch das Prisma oder, wenn Sie so wollen, durch die Brille der eigenen Subjektivität. Deswegen ist menschliche Wahrnehmung immer zugleich eine Interpretation, eine Deutung, eine Übersetzung unserer Außenwelt.

Schauen Sie sich dieses Bild ganz genau an! Was erblicken Sie? Eine alte oder eine junge Frau? Beide?

Man stößt in der einschlägigen Literatur oft auf die Formulierung von einer „Landkarte", die jeder Wanderer mitnimmt, um sich in der Fremde zurechtzufinden. Und trotzdem weiß er ganz genau, dass diese Landkarte nie der Wirklichkeit entspricht. Die Wirklichkeit will damit nicht geleugnet werden. Sie ist, um mit Kant zu sprechen, ein „Ding an sich". Sie existiert unabhängig vom erkennenden Subjekt. Jeder, der meint, „diese" Welt wahrzunehmen, nimmt immer nur „seine" Welt wahr.

Von den Menschen wissen wir, dass sie sich nur äußerst ungern in Schubkästen „ablegen" lassen, weil wir ganz einfach zu verschieden sind. Gott sei Dank sind nicht alle Menschen gleich. Jeder von uns ist eine Individualität, eine Einzigartigkeit. Jeder von uns hat seine ganz persönlichen Merkmale: vom Charakter über die Sprache, Mimik und Gestik bis hin zu den Fingerabdrücken. Und jeder von uns hat seine besondere Art wahrzunehmen.

Jedem Menschen stehen tagtäglich unzählige Informationen zur Verfügung. Wir fügen in Abhängigkeit von unserer Gesamtpersönlichkeit Informationen zusammen. Das gilt sowohl für unsere äußeren als auch inneren Wahrnehmungen.

Menschen haben die Fähigkeit, Objekte, Ereignisse oder Lebewesen wahrzunehmen, ohne dass sie ihnen „gegenüberstehen". Er kann sich sehr wohl im tiefsten Winter einen blühenden Kirschbaum vorstellen, während sie im Spätsommer weiß, wie herrlich die Tulpen im Vorgarten des Nachbarn blühten. So lehnt man sich entspannt zu Hause in seinem Sessel zurück und hört das Rauschen der Wellen, obwohl die See hunderte von Kilometern entfernt ist. Oder man hat noch den Duft ihres Parfüms in der Nase, obwohl seit dem ersten gemeinsamen Abend inzwischen Wochen ins Land gezogen sind. Und man spürt noch immer die vom Waschen rauen Hände der Mutter, wenn man an seine Kindheit zurück denkt.

Wichtig dabei ist, welche Bedeutung die Informationen für jeden Einzelnen haben. Nicht jeder erfreut sich an der Vorstellung eines blühenden Baumes, mag das Wellenrauschen oder liebt einen Duft. Die uns prägenden Bilder stehen in Abhängigkeit zu den Wahrnehmungskanälen, die jeder Einzelne von uns bevorzugt, um Informationen nach eigener Wahl aufzunehmen.

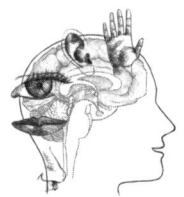

visuell – das Sehen betreffend

auditiv – das Hören betreffend

kinästhetisch – das Fühlen betreffend

olfaktorisch – das Riechen betreffend

gustatorisch – das Schmecken betreffend

Meine Erlebnisgeschichte

Ich will Sie an dieser Stelle zu einem Experiment auffordern! Nehmen Sie einmal Abstand vom Alltag und ziehen sich an einen ruhigen Ort in Ihrer Wohnung zurück. Versuchen Sie, sich an eine Begebenheit in Ihrem Leben zu erinnern, die für Sie von Bedeutung war. Es liegt ganz bei Ihnen, ob Sie hier an eine Situation zurückdenken, die Sie als positiv oder negativ, angenehm oder schmerzhaft empfunden haben. Und nun schreiben Sie diese Erlebnisgeschichte einfach auf!

Meine Erlebnisgeschichte:

_____

_____

_____

_____

_____

_____

_____

_____

_____

_____

_____

Lesen Sie sich Ihre Erlebnisgeschichte nun nochmals in aller Ruhe durch; nehmen Sie sich hierfür alle Zeit, die Sie brauchen. Achten Sie aber besonders auf jene Worte, die Ihr Verhalten, Ihren Zustand oder Ihre Befindlichkeit zum Ausdruck bringen.

Diese Worte zeigen den Sinneskanal an

Diese Worte machen sichtbar, welche Wahrnehmungskanäle von Ihnen bevorzugt wurden. Ich will Ihnen Beispiele solcher Worte geben:

visuell	kinästhetisch	auditiv	olfaktorisch	gustatorisch
sehen	fühlen	hören	riechen	schmecken
schauen	empfinden	abhören	duften	kosten
gucken	erleben	zuhören	schnuppern	munden
beobachten	hineinversetzen	mithören	stinken	verspeisen
hinsehen	tasten	überhören	Duft	essen
wegsehen	berühren	weg hören	Gestank	trinken
übersehen	anfassen	lauschen	Geruch	köstlich
ansehen	festhalten	verstehen	wohlriechend	deftig
blicken	einfühlen	vernehmen	übelriechend	fade
erblicken	durchleben	verhallen	ätherisch	salzig
erkennen	greifen	aufschnappen	geruchsaktiv	bitter
sichten	nacherleben	schweigen		süß
wahrnehmen	drücken	reden		scharf
durchschauen	anstoßen	singen		sauer
vorstellen	schieben	klingen		lieblich
hell	spüren	summen		abgestanden
dunkel	weich	flüstern		schal
farbig	fest	einstimmen		würzig
farblos	hart	zustimmen		herb
blass	kalt	überreden		
rot	warm	mitreden		
gelb	heiß	laut		
blau	glitschig	leise		
rund	leicht	schrill		
eckig	schwer	gedämpft		
gerade	porös	ruhig		
krumm	schmerzhaft	rauschend		
schief	angenehm	plätschernd		
klar	lustvoll	knisternd		
düster	fiebrig	„klick"		
neblig	beschwingt			
schummrig	langweilig			
leuchtend	unruhig			
grell	lebhaft			
glitzernd				

Sicherlich bemerken Sie inzwischen auch an der Wortwahl in Ihrer Erlebnisgeschichte, dass sie eine Zuordnung zu den von mir genannten Wahrnehmungskanälen gestattet.

Tragen Sie die von Ihnen verwendeten Worte in die folgende Tabelle ein!

visuell	kinästhetisch	auditiv	olfaktorisch	gustatorisch

Hinweise und Erläuterungen für Ihre persönliche Auswertung dieser Tabelle werde ich Ihnen später geben. Wir fahren an dieser Stelle in unserem Experiment einfach fort.

Wahrnehmung und Redewendungen

Redewendungen können die von Ihnen bevorzugten Wahrnehmungskanäle sichtbar werden lassen. Auch hier werde ich Ihnen zunächst wieder einige Beispiele geben.

visuell	kinästhetisch	auditiv	olfaktorisch	gustatorisch
jemanden vom Sehen her kennen, jemandem ähnlich sehen, jemandem auf die Finger sehen, er hat schon bessere Zeiten gesehen, alles grau in grau sehen, einem Menschen kann man nicht ins Herz sehen, Licht am Ende des Tunnels sehen, hinter die Kulissen schauen, dem Tod ins Auge schauen, lass dir nicht dauernd in die Karten gucken, seinen eigenen Augen nicht trauen.	seine Nähe fühlen, die Schamesröte im Gesicht verspüren, das Herz schlägt mir bis zum Halse, kalte Hände haben, das Blut zum Kochen bringen, in Schwung geraten, alle Fäden ziehen, in die Luft gehen, seinen warmen Atem spüren, eine schmerzhafte Erinnerung haben, ein feines Gespür für etwas haben, in Erinnerungen schwelgen, ein Schicksal durchleben, bange Minuten erleben, sich in seine Situation hineinversetzen.	himmlische Ruhe, höllischer Lärm, sich in Schweigen hüllen, Himmelsgeigen hören, in sich hinein hören, etwas von sich hören lassen, jemandem die Ohren voll jammern, ganz Ohr sein, ein feines Ohr für etwas haben, wie eine Katze schnurren, eine sanfte Stimme, ihr Schrei blieb mir noch lange im Ohr hängen, die Seele zum Klingen bringen.	ein Duft von frischem Heu, der Duft der großen, weiten Welt, in der Küche roch es nach Weihnachten, er konnte den kommenden Schnee schon riechen, ich kann ihn nicht riechen, ich mag ihr Parfüm, Geld stinkt nicht, seine Faulheit stank zum Himmel, sie hatte schon immer eine feine Nase, den Braten riechen können.	dem Gaumen schmeicheln, gallebitter, eine bittere Pille schlucken, das Essen war ein Hochgenuss, es schmeckt nach mehr, du bist das Salz in meiner Suppe, den bitteren Kelch bis auf den Grund leeren, das schmeckt mir wieder, sie ist feurig wie Paprika.

Haben Sie solche oder andere Redewendungen in Ihrer Erlebnisgeschichte verwendet? Tragen Sie diese entsprechend ihrer Zuordnung in die folgende Tabelle ein!

visuell	kinästhetisch	auditiv	olfaktorisch	gustatorisch

Ihnen wird sicherlich deutlich werden, dass Sie Ihre Worte und Redewendungen nicht nur in zwei oder gar nur eine Spalte eingetragen haben. Sie haben sich sozusagen während des Schreibens zwischen den Spalten „bewegt". Damit kann ich vorwegnehmend sagen, dass unser Experiment geglückt ist, denn es bestätigt Ihre Vielseitigkeit: Sie werden nie nur visuell oder kinästhetisch oder auditiv oder olfaktorisch oder auch gustatorisch wahrnehmen.

Die Wahl eines jeweiligen Wahrnehmungskanals ist immer situationsbedingt, geschieht aus den verschiedenen Lebenssituationen heraus. Dabei ist es vollkommen unwichtig, ob es sich um zeitlich begrenzte oder offene Lebenssituationen handelt. Ja, Sie werden eine ganz bestimmte Begebenheit in Ihrem Leben nie mit nur einem Wahrnehmungskanal reflektieren.

Zum anderen werden Sie an der von Ihnen ausgefüllten Tabelle bemerken, dass Sie vielleicht in der einen Spalte eine große Anzahl von Wörtern oder Redewendungen niedergeschrieben haben, in einer anderen nur wenige. Auch das sollte Sie nicht überraschen. Es bestätigt nur die Tatsache, dass wir im ständigen Wechsel der Wahrnehmungskanäle einen „Lieblingskanal" haben, über den wir uns die Welt erschließen.

Kein Mensch ist nur visuell, kinästhetisch oder auditiv eingestellt, er bevorzugt nur das eine vor dem anderen. Zu Hause, in Ihrem Privatleben oder in Ihrer Partnerschaftsbeziehung nehmen Sie Ihr Umfeld kinästhetisch wahr. In Ihrem Berufsleben hingegen „bewegen" Sie sich visuell oder auditiv.

Es ist nicht unwesentlich zu wissen, über welche Wahrnehmungskanäle man selbst oder andere um mich herum die unterschiedlichsten Lebenssituationen „verarbeiten". Ich will Ihnen ein Beispiel geben, das der eine oder andere von Ihnen bestimmt schon erlebt hat. Man erhält eine Einladung von Bekannten zu einem gemütlichen Abend, trifft sich wie verabredet, sitzt zusammen, plaudert und trinkt eine Flasche Rotwein. Und dann kommt er: der Dia-Vortrag zum Thema „Unser letzter Urlaub"! Mehr oder weniger wortlos wird Bild für Bild gezeigt und das Ganze zieht sich über eine Stunde hin. Die zu erwartende Frage folgt auf dem Fuß: „Na, war das nicht toll?" und es schließt sich ein höflich geantwortetes „Aber klar ..." an.

Wenn der Gastgeber hellhörig ist, wird er bemerken, dass der Abend irgendwie nicht so verlaufen ist, wie er sich das gedacht hat. Es hätte alles anders kommen können, wenn er seine Bilder (visuell) mit mehr Kommentaren versehen hätte (auditiv), nicht nur den Berg gezeigt (visuell), sondern von den Anstrengungen und Mühen erzählt hätte, mit denen er erklommen wurde (kinästhetisch). Manchmal genügen auch schon ein paar Mitbringsel aus fremden Länder, die man anfassen und berühren kann (kinästhetisch), die kleine Kostprobe einer landestypischen Spezialität (olfaktorisch) oder das Schnuppern an einem fremden Gewürz (gustatorisch), um ein wirkliches Gespräch über das Erlebte zu Stande kommen zu lassen.

Es heißt so schön: „Über Geschmack lässt sich nicht streiten". Das ist richtig. Es ließen sich aber in der zwischenmenschlichen Kommunikation viel Streit und Missverständnisse vermeiden, wenn man die Tatsache unterschiedlicher und vom anderen jeweils favorisierter Wahrnehmungskanäle respektiert. Um sie zu bemerken ist es ganz wichtig, aufmerksam auf die Sprache des anderen zu achten, um überhaupt verstanden zu werden oder auf den anderen eingehen zu können. Bevorzugt z. B. Ihr Gesprächspartner visuelle Wahrnehmungsstrategien und Sie auditive, laufen Sie Gefahr, dass er Ihnen nicht zuhört oder Sie nicht versteht. Kommunikation wird an dieser Stelle sinnlos, man redet zwar miteinander und doch aneinander vorbei.

Das Gedachte und Gefühlte an den Augenbewegungen erkennen

Wer kennt sie nicht? Jene bewegende Filmszene aus dem amerikanischen Streifen „Casablanca": Humphrey Bogart als Rick und Ingrid Bergman als Ilsa stehen dicht beieinander und es fällt jener berühmte Satz, der Kinogeschichte geschrieben hat: „Schau mir in die Augen, Kleines!"

Weniger Erfreuliches spricht zunächst dagegen aus anderen, gleichfalls oft gehörten Sätzen: „Schauen Sie mich an, wenn ich mit Ihnen rede!" (Richter – Angeklagter; Unteroffizier – Rekrut oder Lehrmeister – Auszubildender) oder „Sieh mir gefälligst in die Augen, wenn ich mit dir spreche!" (Vater/Mutter – Kind, Lehrer – Schüler, Partner – Partnerin).

Was immer der Hintergrund und konkrete Anlass für das Aussprechen dieser Sätze ist, eines haben sie ganz offensichtlich gemeinsam: Fehlender Blickkontakt lässt den einen im Zweifel darüber, was der andere denkt, fühlt, meint oder glaubt. Man weiß nicht, welche Bilder er von der Außenwelt hat, wie er sich selbst sieht oder wie diese Bilder zu Stande gekommen sind.

Ich werde an anderer Stelle noch darauf zu sprechen kommen, dass gerade die Augen eines Menschen ausgezeichnete Rückschlüsse auf sein Wesen und seinen Charakter gestatten. Hier geht es mir um etwas anderes. Bislang haben wir darüber gesprochen, wie Menschen verbal ihre jeweils bevorzugten Wahrnehmungskanäle zu erkennen geben. Das geschriebene oder gesprochene Wort verlangt in diesem Zusammenhang unsere größte Aufmerksamkeit. Sie werden bald feststellen, dass die Sprache die Art und Weise unseres Denkens widerspiegelt und somit ein Schlüssel zu unseren inneren Vorgängen ist.

Zugang zum anderen findet man jedoch nicht nur, indem man ihm aufmerksam zuhört, sondern auch, indem man ihn unvoreingenommen ansieht. Wenn man mit Menschen spricht, kann man beim anderen Augenbewegungen registrieren, die mitunter so rasch geschehen, dass es nicht immer leicht ist, ihnen zu folgen. Man sollte sich bemühen, sie nicht zu übersehen, denn auch Augenbewegungen geben uns wichtige, nonverbale Hinweise darauf, wie unsere Mitmenschen ihre Welt und sich selbst wahrnehmen.

Das Thema dieses Buches ist Menschenkenntnis. Jeder meint, er hat sie und doch wird sich bei näherer Betrachtung herausstellen, dass es ganz so einfach mit der Menschenkenntnis ja nun doch nicht ist. Dem gegenüber steht die tägliche Einsicht, dass gerade Menschenkenntnis im privaten wie beruflichen Bereich nicht wegzudenken ist. Man braucht sie, um andere Menschen zu verstehen, auf sie einzugehen und sie zu motivieren. Und schließlich kann Menschenkenntnis recht hilfreich für mich selbst sein, immer dann, wenn ich herausfinden will, wer ich denn eigentlich bin.

Hier gibt es die unterschiedlichsten Anstrengungen. Auf eine will ich Sie kurz aufmerksam machen, das „Neuro-Linguistische Programmieren", kurz NLP genannt. Es ist in den 70er Jahren des vergangenen Jahrhunderts in den USA entwickelt worden. Mit seinen Anfängen verbinden sich die Namen des Linguistikers John Grinder und des Informatikers Richard Bandler. Ihre wissenschaftlichen Bemühungen waren auf die Erforschung erfolgreichen menschlichen Kommunikationsverhaltens gerichtet. Es handelte sich für beide nicht darum, diese Forschungen um ihrer selbst willen durchzuführen. Ihnen kam es vielmehr darauf an, anderen ihre Methode als Grundlage erfolgreicher Kommunikation vorzustellen.

Das Wort „neuro" verweist auf seine Herkunft von dem griechischen Wort „neuron" (Nerv) und begegnet uns in solchen Zusammenhängen wie Neurochirurgie oder Neurologie (Wissenschaft vom Aufbau und der Funktion unseres Nervensystems). Im Gesamtzusammenhang NLP meint „neuro" insbesondere, dass wir über unsere Sinne äußere und innere Wahrnehmungen realisieren, sie im Gehirn verarbeiten, abspeichern und abrufbar machen.

Das Wort „linguistisch" leitet sich vom lateinischen Wort „lingua", Sprache ab. Seine Bedeutung im NLP haben Sie bereits kennen gelernt: Sie spiegelt auf ganz besondere Art und Weise die Art unseres Denkens wider (visuell, kinästhetisch usw.). Programmieren schließlich steht für die Tatsache, dass menschliches Verhalten durch Programme gesteuert wird. Hierauf komme ich noch an anderer Stelle zu sprechen.

Es waren Bandler und Grinder, die herausgefunden haben, dass unsere Augenbewegungen nicht nur Hinweise auf die in unserem Inneren ablaufende Informationsverarbeitung abgeben, sondern gleichzeitig erkennen lassen, über welche bevorzugten Wahrnehmungskanäle diese Informationen aufgenommen worden sind bzw. wie sie reflektiert werden.

Bewegen sich die Augen rein zufällig in diese Richtung oder folgen sie einem bestimmten Muster? Die Augenbewegungsmuster lassen Abweichungen in der Deutung zu. Im Allgemeinen sind folgende Zugangsmuster bei Rechtshändern möglich:

visuell erinnert

Diese nach links oben gehende Augenbewegung bemerkt man in der Regel dann, wenn der Befragte seine Antwort mithilfe solcher Bilder formuliert, die schon einmal gesehene Dinge, Situationen oder andere Menschen zum Inhalt haben. Fragen, die diese Augenbewegung auslösen, können z. B. die folgenden sein:

- „Wie sah eigentlich die Wohnung aus, ehe du umgebaut hast?"
- „Kannst du dir noch vorstellen, wie Herr Meyer damals ohne Bart ausgesehen hat?"
- „Kannst du dich erinnern, dass genau an dieser Stelle, an der jetzt der Supermarkt eröffnet hat, früher einmal unser Elternhaus stand?"
- „Was für eine Augenfarbe hatte eigentlich unsere Mutter?"
- „Kannst du dich noch an dein Hochzeitskleid erinnern?"

visuell konstruiert (sich etwas ausdenken)

Diese nach rechts oben gehende Augenbewegung bemerkt man oft dann, wenn der Befragte seine Antwort mithilfe solcher Bilder formuliert, die Dinge, Situationen oder andere Menschen zum Inhalt hat, die man noch nie in seinem Leben gesehen hat, sich aber durchaus vorstellen kann. Z. B.:

- „Was meinst du, wie werde ich wohl mit Brille aussehen?"
- „Kannst du dir eigentlich vorstellen, dass auch Napoleon auf die Toilette gegangen ist?"
- „Wie mag wohl mein Urgroßvater ausgesehen haben?"
- „Kannst du dir einen giftgrünen Elefanten mit vielen lila Pünktchen vorstellen?"
- „Was meinst du, wie wird unsere Welt in tausend Jahren aussehen?"

auditiv erinnert

Diese nach links gehende Augenbewegung bemerkt man sehr häufig, wenn der andere aufgefordert wird, sich an bereits gehörte Klänge, Stimmen, gesprochene Worte oder Geräusche zu erinnern. Z. B:

- „Sie hat gestern zu dir gesagt, dass sie am nächsten Wochenende kommen will. Hast du das schon vergessen?"
- „Weißt du noch, wie kläglich unsere Katze miaut hat, als sie nicht mehr vom Dach herunterkam?"
- „Kennst du den Schlager wirklich nicht mehr? Wir haben ihn doch früher so oft und gerne gehört?"
- „Kannst du dich noch daran erinnern, wie gespenstisch der Wind durchs Haus heulte, wenn Großvater mal wieder vergessen hatte, die Dachluke zu schließen?"

- „Weißt du noch wie es geklungen hat, wenn wir Weihnachten Tante Friede zuliebe vor der Bescherung immer singen mussten?"

auditiv konstruiert (sich etwas ausdenken)

Diese nach rechts gehende Augenbewegung bemerkt man in der Regel dann, wenn andere darum gebeten werden, sich Stimmen, Geräusche, gesprochene Worte oder Klänge vorzustellen, die sie noch nie in ihrem Leben gehört haben können. Z. B.:

- „Wie es wohl geklungen hat, als Händel die Aufführung seiner Feuerwerksmusik in London selbst dirigiert hat?"
- „Kannst du dir vorstellen, dass die Rolling Stones das Ave Maria singen?"
- „Ist dir klar, was für einen Krach unser Nachbar anschlagen wird, wenn er erfährt, dass wir sein Auto angefahren haben?"
- „Was hat er eigentlich gesagt?"
- „Glaubst du wirklich, dass er singen kann?"

innerer Dialog

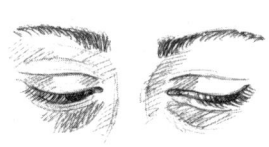

Diese nach links unten gehende Augenbewegung bemerkt man häufig dann bei anderen, wenn sie sich zurückgezogen haben, Zwiesprache mit sich selbst führen oder auf ihre „innere Stimme" hören. Den Dialog eines Menschen mit sich selbst sollte man durch Fragen nicht stören. Es steht zu vermuten, dass der Betreffende versucht, für sich Sinn- oder schwere Sachfragen zu beantworten.

kinästhetisch

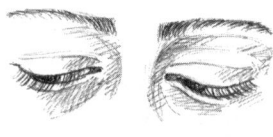

Diese nach rechts unten gehende Augenbewegung bemerkt man oft dann an anderen, wenn sie ihre inneren oder äußeren Wahrnehmungen gefühlsmäßig verarbeiten. Es ist hier unwesentlich, ob das erinnernd oder konstruktiv geschieht. Fragen und Aufforderungen, die diese Augenbewegung auslösen, können z. B. die folgenden sein:

- „Wie geht es dir?"
- „Wie hast du dich gefühlt, als du erfahren hast, dass deiner Partnerin bei ihrem Autounfall nichts weiter passiert ist?"
- „Verbinden sich mit deinem Urlaub angenehme Erinnerungen?"
- „Wie fühlt sich das Stück Metall in deiner Hand an?"
- „Fühlst du noch immer den warmen, weichen Sand zwischen den Zehen?"

Warum Sie die Wahrnehmungsstrategien kennen sollten

Im folgenden Abschnitt werde ich Ihnen anhand eines Beispiels zeigen, worin Sinn und Nutzen der Kenntnis bevorzugter Wahrnehmungssysteme und Zugangshinweise bestehen können. Hier und da habe ich es im bisherigen Text ja bereits angedeutet.

Der Sohn eines Bekannten brachte, solange er auf der Grundschule war, die denkbar besten Noten in den Fächern Chemie und Biologie mit nach Hause. Sein Chemielehrer förderte seinen begabten Schüler weit über den Unterricht hinaus und ermöglichte es ihm, auch gegen den anfänglichen Widerstand seiner Eltern zu Hause zu experimentieren, was zugegebenermaßen nicht immer ungefährlich war. Seine Experimentierfreudigkeit war unerschöpflich.

Er besuchte dann später das Gymnasium, weil es sein großer Wunsch war, nach dem Abitur Biochemiker zu werden. Auf einmal trat ein, womit niemand gerechnet hatte und was sich niemand erklären konnte: In einem Brief teilte der neue Chemielehrer unseren Bekannten mit, dass die Leistungen ihres Sohnes insbesondere in den naturwissenschaftlichen Fächern immer weiter absinken würden. Guter Rat war teuer und eine lebhafte Suche nach den Ursachen begann. Lag es am vielleicht überschätzten Auffassungsvermögen des Schülers, der den Anforderungen des Gymnasiums doch nicht so recht gewachsen war? War es vielleicht die neue Freundin, die seine Aufmerksamkeit zu sehr beeinträchtige? Dass er zu Hause nur noch selten experimentierte, war inzwischen schon aufgefallen. Eltern neigen gelegentlich dazu, dem betreffenden Lehrer schulische Probleme ihres Sprösslings anzulasten, und es passierte auch in diesem Falle. Dabei konnte man dem Lehrer mangelnde fachliche Kompetenz nicht unterstellen. Er galt als herausragender Fachvertreter. Irgendwann verliefen dann die vielen Gespräche, Aussprachen sowie „Ursachenforschungen" im Sande.

Eines wurde jedoch klar: Die Konturen eines lang gehegten Studienwunsches verblassten immer mehr und am Schluss fing der Sohn unserer Bekannten dann gar kein Studium an.

Das ist zunächst nichts Außergewöhnliches und schon gar nichts Ehren-rühriges. Viele Mütter und Väter können von ihren Kindern bestimmt Ähn-liches berichten. Und doch gibt es irgendwie zu denken.

Da ist zunächst ein junger Mensch: intelligent, interessiert und ganz of-fensichtlich auch begabt. Und da ist ein Lehrer, der seinen Schüler nicht nur unterrichtet und fördert, sondern auch begeistert. Unser junger Mann wurde im weiteren Verlauf der Schulzeit sicherlich nicht dümmer. Und sein neuer Lehrer, wie gesagt, galt als Kapazität.

Viel später erst stellte sich heraus, dass der Unterschied zwischen bei-den Fachlehrern ganz einfach in ihren jeweiligen Auffassungen von Un-terrichtsgestaltung bestand. Das hört sich simpel an, geschieht aber so oft und jeden Tag in jeder Schule.

Der eine Lehrer vermochte es, Chemie „nahe zu bringen", der andere „berichtete" über Chemie. Der eine experimentierte und ließ seine Schüler selbst experimentieren (kinästhetisch, ja sogar olfaktorisch und gustato-risch), um sie dann nach den theoretischen Hintergründe zu befragen und sie zu erklären (visuell, auditiv).

Für den einen ist Schwefel zunächst ein hellgelber, meistens pulverför-miger und stechend riechender Stoff, der mit einer herrlich blauen Flam-me verbrennt, um damit noch üblere Gerüche zu verbreiten, die irgend-wie an verfaulte Eier erinnern. Erzählt wird von chinesischen Kaisern vor langer, langer Zeit und ihrem Wunsch nach Unsterblichkeit sowie der er-folglosen Suche nach dem Elixier des Lebens. Alchimisten sollten diesen geheimnisvollen Stoff selbst herstellen und experimentierten zufälliger-weise auch mit Salpeter, Kohlenstoff und Schwefel. So wurde das Schieß-pulver „erfunden" (visuell, auditiv, kinästhetisch, olfaktorisch).

Für den anderen ist Schwefel ein chemisches Element mit dem Symbol S und der Ordnungszahl 16. Es hat eine relative Atommasse von 32,06 und ist ein Nichtmetall. Im Periodensystem der Elemente findet man Schwefel in der 6. Hauptgruppe, sein Schmelzpunkt liegt bei 114,6 °C.

Diese Mitteilungen enden meistens mit „Habt Ihr das verstanden? Gut, dann gehen wir weiter!" (ausschließlich auditiv).

Unser erster Lehrer verstand es, die Vielfalt der Wahrnehmungskanäle seiner Schüler „anzusprechen". Damit will nicht gesagt werden, dass er überhaupt solche Wahrnehmungskanäle kennt. Er TUT es ganz einfach und ist letztlich ein erfolgreicher Lehrer.

Unser zweiter Lehrer, der über ein großes fachliches Wissen verfügt, scheitert ganz offensichtlich daran, dieses Wissen auch zu vermitteln. Das nicht zuletzt, weil seine Vermittlung in den Bahnen seines bevorzugten Wahrnehmungskanals verläuft.

Hier wäre die Kenntnis anderer Wahrnehmungskanäle sicherlich sehr hilfreich. Und vielleicht wäre er dann auch in der Lage, die Augenbewe-gungen seiner Schüler zu deuten, um sich besser auf sie einstellen zu kön-nen. Es genügt schon zu bemerken, dass ein Viertel seiner Schüler mit den

Augen „links nach unten schaut". Eigentlich könnte er sie nach Hause schicken. Aber das ist ja wohl nicht der Sinn der Sache.

Die Wahrnehmungskanäle anderer wahrzunehmen und gezielt anzusprechen kann uns aber nicht nur im Unterricht weiterhelfen. Diese Fähigkeit ist genauso wichtig im Alltag, im Beruf und in der Partnerschaft.

Der visuelle und der kinästhetische Grundtyp

Während meiner langjährigen Trainertätigkeit ist mir immer klarer geworden, dass die Aneignung und Vermittlung von Menschenkenntnis, Körpersprache und Charakterkunde einsichtiger wird und wesentlich treffender ausfällt, wenn man sich an so genannten „Grundtypen" orientiert.

Für mich haben sich in diesem Zusammenhang der visuelle und der kinästhetische herauskristallisiert. Im Kontext kausalen Denkens kann und will ich diese „Festlegung" nicht begründen. Sie hat sich mir aber im Umgang mit anderen Menschen immer wieder bestätigt. Beschränkte sich dieser Umgang mit Menschen zunächst auf solche, die mir in meinen engsten persönlichen Beziehungen und im familiären Umfeld begegneten, so konnte ich bald feststellen, dass sich meine Beobachtungen im beruflichen und sozialen Alltag wiederholten. Die hierbei gewonnen Erkenntnisse nutzte ich dann entsprechend in meinen Seminaren.

Das bedeutet nicht, dass wir solchen Grundtypen in der Welt da draußen gegenüberstehen werden. Zuordnungen dürfen an dieser Stelle keinesfalls absolut vorgenommen werden, weil, wie inzwischen mehrfach betont wurde, jeder Mensch ein Individuum ist und in keine Schablone passt. Aus dieser individuellen Sichtweise auf andere Menschen heraus konnte ich feststellen, dass es eben möglich ist, Menschen sowohl als visuellen Typ als auch als kinästhetischen wahrzunehmen und zu charakterisieren. Diese Erfahrungen sind Gegenstand meiner Seminare und ich will sie Ihnen über dieses Buch vermitteln. Hierbei ist es wichtig, einzelne Lebenssituationen eines Menschen „herauszulösen" (wie Sie auf dem umseitigen Schaubild erkennen können) und diese während der Betrachtung auf die Ebene der Grundtypen zu übertragen.

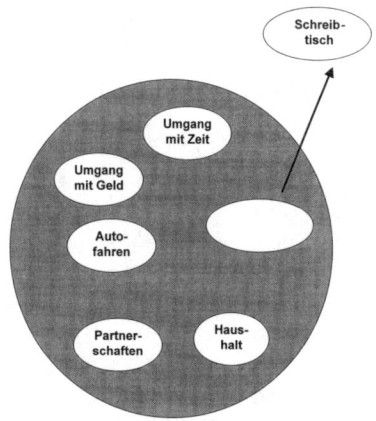

Um es noch einmal zu bekräftigen: Ich unterscheide zwischen dem visuellen und dem kinästhetischen Grundtyp. Sie werden besser verstehen, was ich hiermit meine, wenn Sie sich die folgenden Bilder genau anschauen!

visueller Mann   **kinästhetischer Mann**

   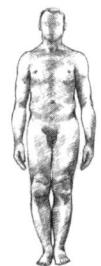

visuelle Frau   **kinästhetische Frau**

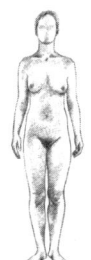   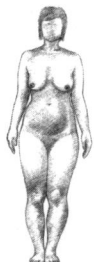

Was wir hier feststellen können, gilt analog für die menschliche Hand:

visuelle Männerhand   **kinästhetische Männerhand**

   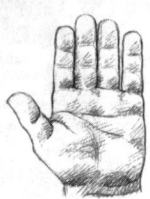

visuelle Frauenhand   **kinästhetische Frauenhand**

Schließlich will ich Ihnen noch das „visuelle" und „kinästhetische Gesicht"
vorstellen.

visuelles Gesicht   **kinästhetisches Gesicht**

Auf Begleittext werde ich an dieser Stelle bewusst verzichten, vielmehr geht es mir darum, dass Sie sich diese Bilder betrachten und meine Beobachtungen aktiv begleiten. Das wird am besten gelingen, wenn Sie anhand der folgenden Tabelle versuchen, sich selbst einzuschätzen und Ihre Häkchen in die freien Stellen setzen!

	visuell	**kinästhetisch**
Körperbau	lang, dünn	Bauch, rundlich, fleischig
Kopf	oval, lang	rund
Brust (weiblich)	klein	groß
Atmung	Brust	Bauch
Finger	lang, dünn	kurz, dick
Körperempfinden	wenig	mehr
Streicheln des Körpers	schnell	langsam
Sexualität	schauen	Bewegung
Essen	schnell	langsam
Lebensweise	Denker	Praktiker
Sprache	schnell	langsam
Gangart	rasant	verweilend
Motivation	schnell begeistert	muss begeistert werden und bleibt dabei
Ausdauer	wenig Geduld	geduldiger
Denken	in vielen Bildern	1,2,3,4, ... Detail
Strategie	Visionär	Macher
Aggressionsverhalten	Zähne, Fingernägel	wenig äußere Reaktion
Zeitwahrnehmung	wenig	Ruhe
Wortbenutzung	spontan	wohl überlegt
Geld	Ausgeber	Sparer
Kochen	rasch	gerne
Haushalt	oberflächlich sauber	im Detail sauber
Schreibweise	flott	blumig

Unterlagen	schnelle Ordnung	sehr ordentlich
Auto	sportlich	praktisch
Hausaufgaben	schnell fertig	braucht seine Zeit
Blumen	Grünpflanzen	Blühpflanzen
Urlaub	Rundreise	Wandern
Wohnungsgestaltung	Glas, Stein	Holz, sehr gemütliche Atmosphäre
Farben	bunte intensive Farben	dezente und gedeckte Farben
Trinken	schnell den Durst stillen	genießerisch
Schuhpflege	oberflächlich	reinliche Pflege
Rauchen	hastige, schnelle Züge	genussvoll
Kleidung	intensive Farben und Muster	unauffällig
Brille (Gestell)	farbig, modern	Hornbrille
Parfüm	leichte, luftige Düfte	schwere, intensive Düfte
Accessoire	ausgefallen	gediegen
Schreibtisch	geordnetes Chaos	wohl sortiert
Duschen	fertig	genüsslich
Zähneputzen	prüfender Blick in den Spiegel, schnell fertig	genaue Rotation der Zahnbürste nach medizinischen Gesichtspunkten

Auch hier gilt, was ich im Zusammenhang mit den Wahrnehmungskanälen bereits ausgeführt habe. Beim Überblicken Ihrer ausgefüllten Tabelle werden Sie feststellen, dass Sie Ihre Häkchen unterschiedlich „verteilt" haben, weil sie unterschiedliche Lebenssituationen, Konstellationen, Gegenstände und Handlungen betreffen.

Andererseits wird Ihnen auffallen, dass Sie mehr zum kinästhetischen oder visuellen Typ tendieren. Sprach ich oben von Menschen in meiner engeren und weiteren Umgebung, möchte ich mit dem Thema der visuellen und kinästhetischen Grundtypen Ihre Aufmerksamkeit noch stärker auf sich selbst richten. Damit sind Sie in der Lage, nicht nur anhand von offenbar werdenden verbalen und nonverbalen Wahrnehmungskanälen Rückschlüsse auf andere und sich selbst zu ziehen. Diese Schlussfolgerungen können noch viel deutlicher ausfallen, wenn Sie nicht nur bemerken, was Sie oder andere tun, sondern wie Sie oder andere es tun.

Lieber TUN und erfolgreich sein!

„Werde, der du bist."

(Friedrich Nietzsche; 184–1900)

Im Laufe der Jahre, bereits vor meiner heutigen Tätigkeit und dann vor allen Dingen als Trainer, bemerkte ich eine in den unterschiedlichsten Situationen und Orten wiederkehrende Tatsache, die ich Ihnen an einem kurzen Dialog verdeutlichen möchte, der so überall stattgefunden haben könnte:

Er: „Ich war dann gestern Abend doch noch im Kino."
Sie: „Das habe ich mir gedacht. Als ich versucht habe, dich telefonisch zu erreichen, ging nur dein Anrufbeantworter. Und, hast du dich gut unterhalten?"
Er: „Bestens. Du solltest dir diesen Film unbedingt ansehen! Du hast echt etwas verpasst, wenn du das nicht machst."
Sie: „Meinst du wirklich? In was für einem Film warst du eigentlich?
Er: „Na, in ... mit ..."
Sie: „Davon habe ich gehört. Ich kenne die Filmkritik, es muss ein wahnsinnig guter Film sein. Du hast recht, ich werde ihn mir noch heute ansehen ..."
Am nächsten Tag:
Er: „Na, wie war's?"
Sie: „Was?"
Er: „Na, der Film!"
Sie: „Ach so. Nein, ich konnte nicht ..."
Er: „Dumm gelaufen, denn heute ändert das Kino sein Programm!"
Sie: „Das ist ärgerlich, ich kann es aber auch nicht ändern."

Auf den ersten Blick erscheint eine solche Geschichte nicht der Rede wert. So etwas und Ähnliches geschieht wie gesagt tagtäglich zu jeder Zeit an jedem Ort. Genau das ließ mich aber dann irgendwie hellhörig werden. Mir fiel auf, dass Menschen vieles „kennen", es aber nicht können oder machen:

- Er kannte die Zielstellung seiner Firma, konnte sich aber nicht dazu durchringen, etwas einzubringen.
- Sie kannte die „Tücken" ihres Autos, konnte sich aber nicht entschließen, nun endlich mal in die Werkstatt zu fahren.
- Er kannte seine „Fehler", konnte sich aber nicht dazu durchringen, hier etwas zu ändern.

Immer wieder wird dieses „Kennen" und „Nicht-Können" sichtbar. Es ist an der Tatsache abzulesen, dass sie einen womöglich einzigartigen Film verpasst hat, er sich in zunehmendem Maße in seiner Firma unwohl fühlt, sie immer noch mit ihrem kaputten Auto durch die Gegend fährt, er immer deutlicher die Abneigung seiner Partnerin zu spüren bekommt und sie inzwischen regelrecht tablettensüchtig ist.

Im Laufe meiner weiteren Überlegungen kam ich dahin, „Kennen" durch „Wissen" und später durch GEIST zu ersetzen sowie „Können" durch TUN. Dass es sich nicht um eine einfache veränderte Wortwahl handelt, will ich betonen. Wissen ist mehr als nur Kennen. Kennt jemand etwas und macht es dennoch nicht, wird es passieren, dass er sich auf einmal in einer unerwarteten Situation wiederfindet, die ihm zum Schaden gereicht.

Weiß jemand etwas und macht es dennoch nicht, nimmt er bewusst in Kauf, dass sich an seiner jetzigen Situation und damit für ihn nichts ändern wird. Eigentlich ist das nur allzu verständlich, denn Kennen und Wissen allein hat noch niemals etwas am Hier und Jetzt verändert!

Neidvoll und bewundernd bestaunt man die Erfolgsstorys heute berühmter Persönlichkeiten wie Bill Gates, liest begierig die Biografien jener, die es „vom Tellerwäscher zum Millionär" gebracht haben oder nimmt mit einer Zeitschrift zur Kenntnis, dass es da jemanden gibt, der in den 90er Jahren von einer steilen politischen Karriere träumte.

> „Er brauchte gerade mal 17 Monate, um vom zweitrangigen Beamten in der Moskauer Präsidialverwaltung zum Präsidenten aller Russen aufzusteigen ... Anfang 1999 kannte ihn erst eine verschwindende Minderheit der Russen, Ende März 2000 wählten ihn 52,2 % ins höchste Staatsamt: Wladimir Putin, ‚Wolodja´ genannt, Liebling der Götter ...“

Es ist symbolisch gemeint, wenn die gleiche Zeitschrift vorher noch schreibt:

> „Wer sagt denn, Märchen würden nie wahr: Eine gütige Fee hat diesem Knaben ... ganz und gar nicht gewöhnliche Wünsche erfüllt.“

Bill Gates, die „Millionäre" und auch der derzeitige russische Präsident sind keine Lieblinge der Götter und keine gütige Fee hat ihnen zu ihren Erfolgen verholfen. Gemeinsam ist ihnen, dass sie einen Traum hatten, den Traum vom Erfolg.

Er hat mich schon lange beschäftigt und ich kam zu dem Ergebnis, dass dieser Traum keine Einzelerscheinung ist: Die überwiegende Zahl der Menschen träumt ihn. Das wäre nicht weiter schlimm, nur: Die meisten Menschen verbleiben in ihren Träumen.

Wir Menschen verfügen über Wissen, wir können uns Bilder machen, wir haben Ideen und können Gedanken aussprechen. Kurz: Wir haben

GEIST und damit etwas, „was nicht von dieser Welt ist". Wir können den GEIST nicht „riechen, schmecken, sehen, hören oder fühlen". Mit dem Geist ist uns Menschen aber die riesige und gewaltige Möglichkeit gegeben, unser TUN ideell vorwegzunehmen, es zu „träumen". Doch man sollte sich nochmals die Frage gefallen lassen, was die besten Ideen bewirken, die vornehmsten Absichten nützen und wozu die besten Reden führen, wenn sich ihnen kein TUN anschließt, um unseren GEIST zu MATERIE werden zu lassen.

„Handeln, handeln, das ist es, wozu wir da sind ...", schrieb einmal der deutsche Philosoph Johann Gottlieb Fichte (1762–1814). Und man sollte meinen: Genau darum geht es. Die Gegenüberstellung von faul und fleißig, aktiv und passiv interessiert hier nicht. Würden wir nur träumen, wären das Rad heute noch viereckig und Windpocken unser Todesurteil.

Ich habe diesem Abschnitt ein Nietzsche-Wort vorangestellt: Werde, der du bist. Ich will hier ergänzen: Träume nicht von dem, der du sein könntest!

TUN hat etwas „Heiliges" an sich: TUN ist „heilig", wenn es getan wird, im Hier, Jetzt und Heute!

Man sieht die Bilder (visuell) einer gescheiterten Beziehung, sie kehren immer wieder, sie verlassen einen nicht, sie wirken erdrückend. Man sieht seine Zukunft im Lichte dieser Bilder aus der Vergangenheit (visuell), die damit gleichsam bedrückend erscheint.

Verbleibt man in diesem Wechselspiel der Bilder, nimmt man sich lediglich vor, dieser Beziehung ein Ende zu machen. Man malt sich aus, wie es dann sein könnte.

Sie sitzen sozusagen auf einer Wolke und tauchen (kinästhetisch) nicht in diese Wolke ein, um sich schließlich auf einer anderen wiederzufinden. Sie verbleiben im GEIST!

Ich habe das nur allzu oft bemerken müssen. Ein ehemaliger Kollege von mir war in seiner gelernten und dann ausgeübten Tätigkeit sehr unglücklich. Er hat viel darüber gesprochen und, soviel ich weiß, auch häufig darüber nachgedacht, sich beruflich zu verändern. Kürzlich sah ich ihn zufällig von weitem, als ich mich besuchsweise in meiner Heimatstadt aufhielt. Er bringt den Leuten immer noch Tag für Tag die Post.

Eine Bekannte erzählte, dass ihr Mann sie schon seit Jahren hintergeht und betrügt. Ich kann mich erinnern, dass sie schon oft die Absicht geäußert hat, sich von ihrem Partner zu trennen. Sie leben zwar noch zusammen, aber nebeneinander her.

Diese Beispiele könnte ich fortführen. Sie würden mir nur immer und immer wieder bestätigen: Die meisten Menschen gehen nur selten den Schritt „aus dieser Welt" (GEIST) „in diese Welt" (MATERIE), sie wachen, indem sie träumen, und nehmen sich damit Stück für Stück etwas von ihrem Selbstwertgefühl.

Und spätestens hier habe ich mich immer wieder gefragt, warum das so ist? Warum nutzen viele Menschen so selten ihre Fähigkeit, Machbares, Erreichbares, Wertvolles, Erfüllendes nicht nur geistig vorwegzunehmen, sondern es in die Wirklichkeit zu entlassen? Was veranlasst nur wenige Menschen, über ihr bisheriges Sein und Handeln hinauszugelangen und dabei selbst „Schmerz" auf sich zu nehmen, bis an die „Schmerzgrenze" vorzustoßen?

Und genau dieser Schmerz ist es – hier meine ich nicht nur den körperlichen Schmerz im engeren Sinne –, den ich dafür verantwortlich mache, dass wir so häufig   „NICHTS-TUN": Traditionen, Konventionen, Weltanschauungen, überkommene ethische Anschauungen, soziale und familiäre Bindungen, Normen und Vorschriften.

Wir haben Angst davor, mit diesen Traditionen zu brechen, Normen aufzubrechen und Vorschriften zu verletzen. Das meint Schmerz und man will ihn vermeiden. Deshalb fühlen sich viele Menschen in der Welt des Geistigen wohl, denn sie tut nicht weh. Hier wird es nicht „stachelig" und hier kennt man eigentlich keine Probleme. Widerstände sind nicht zu erwarten, Veränderungen oder vorübergehende Einschnitte nicht zu befürchten.

Stecken Sie einmal Ihre Faust ins Wasser, sei es in der Badewanne, im Freibad oder am Meer. Natürlich verspüren Sie dabei keinen körperlichen Schmerz. Und dennoch stoßen Sie auf Widerstand. Ihre Energie verdrängt eine andere, viel größere. Sie erzeugen diese Verdrängung, es kostet Ihre Energie.

Genauso verhält es sich mit Ihren Gedanken, Ihrem GEIST. Der GEIST ist eine gewaltige Energie und wir wissen, dass es tote Energie nicht gibt. Mit dieser Energie muss etwas „geschehen"! Nur durch das TUN entlasse ich meine Energie aus ihrem geistigen „Gefängnis", befreie sie von ihrer Geistigkeit. Sie tritt mir als greifbares Selbstwertgefühl, Selbstbestätigung und Erfolg (MATERIE) gegenüber. Nur hier erfährt man optimale Zufriedenheit, Glück, nur hier kommt man zu einer fast grenzenlosen

Einsatzbereitschaft und erfährt Höhepunktserlebnisse. Das sind Momente höchsten Glücks und höchster Erfüllung, schreibt Zimbardo und fährt fort:

> „Sie können mit unterschiedlichster Intensität und in den verschiedensten Erfahrungsbereichen des Lebens auftreten: in der Erotik, beim Erlebnis der Gesellschaft, bei schöpferischen Tätigkeiten, ästhetischen Wahrnehmungen, Naturerlebnissen und sogar bei intensiv sportlicher Betätigung."

Träumt der Leistungssportler fortwährend von dem, der er sein könnte, wird er zwar schwimmen, laufen oder springen, aber nie schneller und höher als andere. Träumt der Vertreter einer Firma jeden Freitag ab 13.00 Uhr nur von dem, der er sein könnte, und nutzt diese Zeit nicht zum Akquirieren, wird er Mittelmaß bleiben.

Der Mitarbeiter, der von seiner Karriere nur träumt, kann sie eigentlich jetzt schon vergessen. Der, der nur meint, dass früher alles besser war, sollte nicht damit rechnen, dass morgen nun alles anders wird.

Zeitschiene

ERFAHRUNGEN DER VERGANGENHEIT   ZUKUNFT

TUN IM JETZT

Vielleicht bemerken Sie schon, worauf ich hinauswill. TUN kann nur in den Dimensionen von hier, jetzt und heute stattfinden. In der Vergangenheit und in der Zukunft leben Sie nur im GEIST und da bemerken Sie dann auch den eigentlich tiefen Sinn jenes schnell dahin gesagten Sprichwortes „Was Du heute kannst besorgen, das verschiebe nicht auf morgen!"

Sehen Sie, viele Menschen fragen sich manchmal, was gewesen wäre, wenn sie dieses oder jenes getan hätten. Sie kennen das. Ihr Bekannter bedauert fortwährend, dass er seinerzeit nicht doch diese oder jene Investition getätigt hat. Andere meinen dauernd, dass es vielleicht doch besser gewesen wäre, wenn sie … Ich frage sie ganz offen: „Wenn Sie was?" Ganz offensichtlich alles, nur eines nicht: Sie haben nichts getan, sonst wäre diese Frage überflüssig.

Sie kennen noch eine andere oft getroffene Feststellung: „Tja, hätte ich gewusst, dass das so und so kommt, na dann hätte ich aber ..." Auch dieser Mensch muss sich eine Frage gefallen lassen: „Was hätte er dann?"

Auch hier ganz offensichtlich alles, nur eines nicht: Er hat es nicht getan. Er hat womöglich geplant, vorausberechnet, sich etwas vorgenommen und Ziele gesteckt: GEIST!

Und dann kommen die vielen Entschuldigungen dafür, dass man es eben nicht getan hat. „Wer konnte denn wissen, was die Zukunft bringt?" oder „Bei günstigeren Voraussetzungen hätte ich damals schon etwas für meine berufliche Weiterbildung getan." Immer wieder Vergangenheit und Zukunft. Erfahrungen und Visionen, immer wieder Bilder (visuell). Natürlich können Sie Vergangenheit und Zukunft kinästhetisch reflektieren, aber es bleiben Bilder und damit GEIST. Und immer werden Sie Ihre Zukunft im Lichte der Vergangenheit sehen, wiederum Bilder und damit GEIST: „Hätte ich damals nicht Paula, sondern Pauline geheiratet, ginge es mit vielleicht besser ...". Und somit habe ich damals (Vergangenheit) nichts getan und tue ganz offensichtlich im Jetzt, Hier und Heute auch nichts, denn die andauernde Strapazierung der Möglichkeitsform (Zukunft) bringt deutlich zum Ausdruck, dass ich auch weiterhin nichts zu tun gedenke.

Eine verpasste Gelegenheit in der Vergangenheit kann man entschuldigen. Sie kann sogar die innere Befindlichkeit aufbessern, denn TUN ist ja jetzt unmöglich! Es gibt weder „die Vergangenheit" noch „die Zukunft". Es gibt nur Ihre Vergangenheit und Ihre Zukunft! Die sich fortlaufend bewegende „Schnittstelle" zwischen beiden sind Sie und diese Bewegung nenne ich TUN. Sie müssen Sie fühlen, spüren, in sie eintauchen und ergreifen (kinästhetisch).

Ich will Ihnen das Gesagte verdeutlichen. Vielleicht kennen Sie noch die Prometheus-Sage? Um Prometheus ranken sich uralte Mythen und Geschichten, die Künstler, Dichter und Philosophen bis weit in unsere Gegenwart hinein inspirierten. Sie gehen alle auf Hesiod zurück (um 700 v. Chr.), einen bereits zu Lebzeiten bekannten griechischen Dichter. In seinen Werken taucht erstmalig die Prometheussage auf.

Worum geht es hier? Prometheus (griech. der „Vorausdenkende") hatte der Legende nach offensichtlich immer Probleme mit dem Göttervater Zeus. Es wird berichtet, Prometheus hätte die Menschen aus Lehm geformt, andere Stellen schreiben davon, dass die Asche der Stoff ist, aus denen er die Menschen gemacht haben soll. Wie auch immer, man sagt, dass Prometheus seine Schöpfungen Zeus zur Begutachtung vorzulegen pflegte. Eines Tages formte er einen besonders schönen Jungen und verschwieg Zeus seine Schöpfung. Ihm war nur allzu gut bekannt, dass Zeus einer Vielzahl seiner Liebschaften in Tiergestalt begegnete und er wusste auch um die Vorliebe des Herrschers des Olymp für ganz junge Männer.

Der erste Konflikt nahm seinen Lauf. Zeus entführte diesen einen in den „Himmel", wo er von nun an als Planet seine Bahnen zog. Wir kennen ihn unter dem Namen Jupiter.

Das verstärkte nur die Zuneigung des Prometheus zu den Menschen und seinen Zorn auf Zeus. Man muss wissen, dass man den antiken Göttern unter anderem durch Opfergaben huldigte. Prometheus brachte den Menschen bei, wie man diese Opfer umgehen kann, und betrog damit die Götter. Zeus nahm ihm dies übel und rächte sich zunächst bitter an den Menschen, indem er ihnen das Feuer vorenthielt und ausschließlich als Privileg der Götter betrachtete. Prometheus stahl das Feuer und brachte es zu den Menschen auf der Erde.

Die Bestrafung durch Zeus fiel fürchterlich aus: Er ließ von Hephaistos, dem Gott des Feuers und der Schmiedekunst, eine Frau erschaffen und schickte sie als „schönes Übel" zu den Menschen. Man nannte sie Pandora. Geblendet von ihrer Schönheit, nahm Epimetheus, Bruder des Prometheus, sie zur Frau und schlug damit alle seine Warnungen in den Wind, keine Geschenke des Göttervaters anzunehmen.

Denn Pandora hatte ein Fass mit auf die Erde gebracht, welches ihr Gatte nächtens öffnete. Ungewollt ließ er damit die darin eingeschlossenen Übel über die Menschheit kommen, die sie von nun an plagen sollten.

Zeus ließ Prometheus an einen Felsen im Kaukasus schmieden. Doch damit nicht genug. Am Tag schickte er ihm einen Adler, der seine Leber heraushackte, die in der Nacht wieder nachwuchs. Erst Herakles (Herkules) befreite Prometheus.

An dieser Geschichte muss auffallen, dass Prometheus seiner Schöpfung nicht betrachtend gegenüber trat oder sie als einmaligen Akt verstand. Er nahm sich der Menschen an, indem er etwas für sie tat und forderte damit göttlichen Zorn heraus. Ja, er hat trotz des zu erwartenden Leidens etwas getan. Er hat nicht irgendetwas getan. Sie erinnern sich, das Feuer war göttliches Privileg. Indem er es den Menschen brachte, schenkte er ihnen nicht nur Licht und Wärme. Er erhob sie vielmehr aus dem Staub, aus dem er sie geschaffen hatte, und gab ihnen damit etwas, was wir heute Selbstwertgefühl nennen. Damit verband sich eine Aufgabe an die Menschen. Von nun an lag es an ihnen selber, sich durch ihr eigenes TUN ihr Selbstwertgefühl zu erhalten, ihre Bestimmung zu erfüllen.

Nehmen wir Christoph Kolumbus (1451–1506) als zweites Beispiel. Er hatte eine Vision: die Entdeckung des Seewegs nach Indien in westlicher Richtung. Trotz widrigster Umstände unternahm er vier riskante Fahrten, um sein Ziel zu erreichen. Andere an seiner Stelle wären erst gar nicht losgesegelt. Und das, obwohl sich mit dem Seeweg nach Indien sehr handfeste Interessen verbanden: Gewürze, Seide, Edelsteine und Gold.

Ungeachtet dieser in Aussicht gestellten Reichtümer hatte Kolumbus Schwierigkeiten, seine Schiffsmannschaften zusammenzustellen. Selbst Sträflinge, denen man bei Beteiligung an seinem Vorhaben nicht nur Reichtum, sondern die Freiheit in Aussicht stellte, zogen einen Verbleib in spanischen Verließen vor. Diejenigen, die nichts mehr zu verlieren hatten

– Räuber, Mörder und Meuterer – sagten zu. Er scheute sich nicht, sie in seine Mannschaft aufzunehmen, wenngleich er um die Gefahren wusste, die von ihnen ausgingen, ein mitunter tödliches Risiko.

Kolumbus, der Genuese in spanischen Diensten, war schon zu Lebzeiten eine umstrittene und unbequeme Persönlichkeit. Aber gerade solche Menschen machen deutlich, dass es sicherlich nicht genügt, ein Leben lang über den kürzesten Seeweg nach Indien nur nachzudenken, das vorhandene Kartenmaterial zu studieren und Routen zu berechnen.

Wir wissen heute, dass diese Berechnungen sowieso falsch waren. Kolumbus wusste das nicht und fuhr trotzdem los, entdeckte zwar nicht die gewünschte Seeroute, aber den amerikanischen Kontinent. Ich bezweifle, dass Kolumbus zu seinen Taten fähig gewesen wäre, hätte er auf Befehl gehandelt. Dann wären ihm seine Fahrten zur Last geworden und er wäre sehr rasch im ersten Sturm an die Grenzen seiner Leistungsfähigkeit geraten. Statt dessen überzeugte er die königliche Familie davon, ihm diesen Auftrag zu geben. Er führte ihn aus, weil er in der Umsetzung seines Vorhabens seine Erfüllung suchte und schließlich seine Bestimmung fand.

Der träumende Mensch wird nie seine Bestimmung erfahren oder: Eine Hummel wiegt ca. 1,2 g und hat eine Flügelfläche von 0, 7 cm^2. Ein Flugzeug käme nicht einen Zentimeter von der Startbahn weg, ständen Masse und Tragflächen analog in einem solchen Verhältnis zueinander. Das widerspräche allen Gesetzen der Physik. Das Verblüffende an dieser Angelegenheit ist, dass die Hummel keine physikalischen Gesetze kennt und dennoch fliegt, sie TUT es einfach.

Was für einem Grundtyp Sie also auch immer entsprechen, oder welche Veranlagung Sie haben – Sie können im Endeffekt immer selbst entscheiden, was Sie TUN werden. Verstecken Sie sich also nicht hinter Ausreden – TUN Sie es!

Ihre Aktivitäten – TUN

- Worauf werden Sie nach dem Durcharbeiten dieses Kapitels besonders achten?
- Welche Erkenntnisse wollen Sie für sich persönlich nutzen?
- Wie schätzen Sie sich nach dem Kennerlernen dieses Kapitels selbst ein?
- Wenden Sie Ihre Erkenntnisse auf Ihren Partner, Ihre Bekannten und Arbeitskollegen an!

Kapitel 3

Programme, die unser Leben steuern

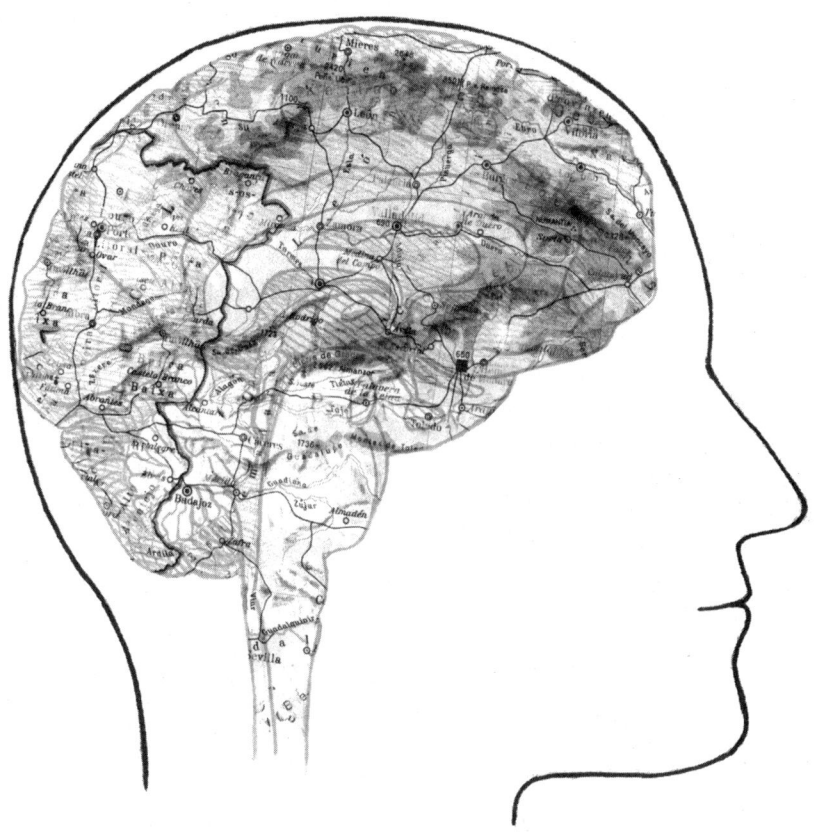

Wir leben in Programmen: die 14 Verhaltensprogramme

Die Programme, von denen ich nun reden werde, laufen unbewusst in uns ab. Es ist durchaus möglich, dass wir handeln, ohne zu wissen warum, oder ohne dass uns die wahre Ursache direkt einsichtig wäre. Die Kunst besteht darin zu verstehen, dass es solche Programme gibt und dass es darauf ankommt, mit ihnen umzugehen. Es sind sozusagen „Schalterstellungen" im Gehirn, mit denen man unbewusst den Umgang mit sich selbst, anderen und der Umwelt gestalten kann oder bestimmen kann, wie man auf sich selbst, andere und auf die Umwelt reagiert. Im Umgang eines Menschen mit anderen oder angesichts menschlicher Reaktionen auf Situationen und Gegebenheiten werden sie sichtbar.

Woher sie kommen, vermag ich Ihnen nicht zu sagen. Diese Programme sagen nichts über Wahrheit oder Falschheit aus und bestimmen nicht über Gut oder Böse im Zusammenhang mit menschlichem Verhalten. Verzweifeln Sie also nicht an der womöglichen Sturheit Ihres Partners, Nachbarn oder Arbeitskollegen, um es ganz deutlich zu machen. Er ist so oder: Er kann nichts dafür!

Die Sache wird vielleicht einsichtiger, wenn wir an dieser Stelle mal wieder unseren SEPP bemühen. Im Laufe Ihres bisherigen Lebens hat er sich eine Vielzahl bestimmter Programme angeeignet. Wir können „Programm" einfach mit „Handlungsmuster" übersetzen. Sind sie einmal von unserem SEPP gespeichert – weil ihr Ergebnis uns vorteilhaft erschien –, werden sie von uns immer wieder nachvollzogen.

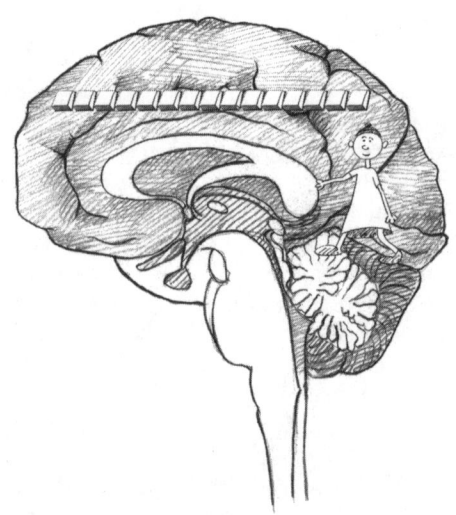

Mit anderen Worten: es handelt sich um Gewohnheiten, irgendetwas in einer bestimmten Art und Weise immer wieder so zu tun oder auch wahrzunehmen.

Nehmen wir ein Beispiel. Hört unser SEPP irgendwelche Vor- oder Nachnamen, verbindet er sie sofort mit bestimmten Personen, er holt Ihnen Bilder von Menschen hervor und verknüpft sie mit einer gegebenen Situation. Analog zu diesen Bilder verhält es sich mit unseren Programmen. Jeder von uns hat seine eigenen Programme im Gehirn abgespeichert. In ähnlichen Situationen wird Ihr SEPP sie immer wieder hervorholen. Ihr Denken und Handeln vollzieht sich so gesehen immer wieder nach einem Programm. Störungen in ihrem Ablauf können zu Stress führen.

Vielleicht fahren Sie schon seit Jahren mit Ihrem Auto von zu Hause ein- und dieselbe Strecke zu Ihrer Arbeitsstelle. Sie kennen jede Straße, jede Kreuzung und wissen um mögliche Gefahrenstellen. Über Nacht und urplötzlich wird an irgendeiner Stelle Ihrer Fahrstrecke gebaut: Umleitungen, Stau und andere Dinge treten ein. Ich denke, ich brauche hier nicht weiter auszuholen, damit Sie mich verstehen. Sie kennen die Reaktionen, die eine solche Störung in Ihrem Programmablauf hervorrufen, am besten.

Unsere Programme steuern unser Leben und es fällt bestimmt nicht schwer zu verstehen, dass das auch so sein muss. Diese Programme erleichtern Ihnen Ihr Denken und Handeln, das Zusammenleben mit anderen, Ihr Privat- und Berufsleben. Sie reichen bis in die Intimsphäre hinein.

In meinem Buch *In Sieben Tagen zum Spitzenverkäufer* schrieb ich davon, dass es natürlich auch Programme gibt, die uns daran hindern, unser Leben erfolgreich zu gestalten. Ich nannte dies damals die „Aufschieberitis". Menschen, die von diesem Programm gesteuert werden, werden an ihrem Schreibtisch andauernd in Bergen von Papier versinken. Ihr SEPP wird Ihnen genau an dieser Stelle vorgaukeln, dass es noch wichtigere Aufgaben als das Abarbeiten liegen gebliebener Aufgaben gibt und sucht die herrlichsten Begründungen. Nur, ist es vielleicht nicht eher so, dass Sie sich innerlich so gar nicht damit anfreunden können, etwas Neues zu beginnen, weil es zu Änderungen in Ihrem bisherigen und gewohnten Lebensablauf führen und Umdenken nach sich ziehen könnte? Man verbleibt mit seinem Denken nur allzu gerne in gewohnten Bahnen und wird hierbei von seinem SEPP noch tatkräftig unterstützt. Man kann den Wald voller Warn- und Verbotsschilder regelrecht sehen, den Ihr SEPP aufbaut: „Ja nicht, um Gottes Willen, fang es erst gar nicht an, lass alles, so wie es ist ...!"

Vor was „warnt" uns unser SEPP eigentlich? Genau: Umdenken heißt nichts anderes als ein Denken jenseits gewohnter Bahnen, oder ein Programm zu verlassen.

Wir haben im Verlaufe dieses Buches bereits die Wahrnehmungstrategien als bevorzugte Möglichkeiten einer programmierten Strategie kennen gelernt. Nun möchte ich Sie in den nächsten Abschnitten mit den 14 Verhaltensprogrammen vertraut machen.

Ergreifen Menschen die Initiative?

Zunächst können wir Menschen danach unterscheiden, ob sie eher die Initiative ergreifen oder ob sie darauf warten, dass andere dies für sie tun.

aktiv/extrovertiert

Menschen mit einem aktiven/extrovertierten (nach außen gerichteten) Verhaltensprogramm versuchen, in vielen Lebensbereichen die Initiative zu ergreifen und an sich zu nehmen. Sie zögern nicht lange, wenn es darum geht, Aufgaben und damit Verantwortung zu übernehmen.

Mitunter haben sie die mögliche Tragweite ihrer raschen Entschlüsse nicht voll durchdacht und können sich damit in Situationen wiederfinden, in denen es auch für sie keine 100 %igen Ergebnisse gibt.

Ihr Tatendrang und Unternehmungsgeist im privaten Bereich ist mitunter grenzenlos, kann aber gerade hier bei anderen auf Unverständnis, wenn nicht gar Ablehnung stoßen.

Menschen mit einem aktiven/extrovertierten Verhaltensmuster fällt es leicht, sich veränderten Gegebenheiten rasch anzupassen und auf neue Anforderungen flexibel zu reagieren. Sie sind gesellig, aus sich herausgehend, aktiv, mitunter impulsiv und „hart im Nehmen".

Beispiele:

Der Ehemann, der am Wochenende seine Familie mit einer Vielzahl von Vorschlägen zur gemeinsamen Freizeitgestaltung regelrecht überhäuft und sie zur aktiven Teilnahme drängt, gehört sicherlich zu jenen Menschen, die ein aktives/extrovertiertes Verhaltensprogramm aufweisen. Das wird noch deutlicher, wenn er hierbei Ansprüche seiner Familienmitglieder auf Ruhe, „Nichtstun" oder einfache Entspannung (Lesen, Fernsehen) übergeht.

Wir haben in unserer Firma auf Teneriffa eine Mitarbeiterin, die in Meetings rasch bereit ist, neue Aufgabenstellungen zu übernehmen. Es kam in der Vergangenheit allerdings schon vor, dass ihr das nicht immer zum Vorteil gereichte, weil sie hier und da das Pro und Contra einer neuen Herausforderung in ihren Überlegungen ausblendete.

Mit diesem Verhaltensmuster ist sicherlich auch jener Partygast ausgestattet, der im Verlauf des Abends die ganze Gesellschaft unterhält, gelegentlich zuhört, um dann aber sofort wieder das Wort zu ergreifen.

Das scheint auch auf unseren Nachbarn zuzutreffen, der viele Dinge auf einmal beginnen kann, aber angesichts neuer Herausforderungen auch vieles unerledigt liegen lässt.

Für Menschen mit diesem Verhaltensprogramm können solche Formulierungen typisch sein:

- „Sagen Sie mir, was zu tun ist und ich werde Ihnen in der kommenden Woche die ersten Ergebnisse vorlegen!"
- „Ich kann mir nicht vorstellen, dass etwas dagegen spricht, noch heute mit den Arbeiten an dem neuen Projekt zu beginnen."
- „Hier brauch' ich nicht lange zu überlegen. Ich bin dabei!"
- „Liebling, warum willst du die Angelegenheit noch ewig überschlafen? Wir kaufen das Grundstück, es ist ein einmaliges Angebot."

passiv/introvertiert

Menschen mit einem passiven/introvertierten (nach innen gewandten) Verhaltensprogramm sind meistens daran interessiert, von ihrem Leben so wenig wie möglich an die Öffentlichkeit dringen zu lassen.

Ihre Lebensäußerungen und Aktivitäten orientieren sich hauptsächlich an einem intensiven Seelenleben. Die psychische Befindlichkeit dieser Menschen, die vielerorts sehr nachdenklich und vorsichtig auftreten, ist der Ausgangspunkt für ihren gesamten Umgang mit der Außenwelt, in der sie die Initiative gerne anderen überlassen.

Menschen mit einem passiven/introvertierten Verhaltensmuster bringen daher in die Gestaltung ihrer menschlichen wie auch sachlichen Bindungen meistens persönliche Sichtweisen ein.

Für sie spielen beim Aufbau ihrer zwischenmenschlichen Beziehungen auch die Wertvorstellungen, der Charakter und die Persönlichkeit des anderen eine wichtige Rolle.

Beispiele:

Ein Mensch, der seinem Partner/seiner Partnerin gut zuzuhören vermag und auch die geringste seelische Unstimmigkeit registriert, besitzt offensichtlich ein passives/introvertiertes Verhaltensmuster. Es kann passieren, dass eigene Gedanken und Ansichten unausgesprochen bleiben.

Es gibt Mitarbeiter, die sich im Zusammenhang mit beabsichtigten Unternehmensumstellungen häufig Gedanken auch um deren Folgen für die Persönlichkeit der Beteiligten machen.

Menschen mit diesem Verhaltensmuster laufen unter Umständen Gefahr, dass sie sich nach ersten, gescheiterten Kontaktversuchen zu ihren Kolleginnen und Kollegen abkapseln oder völlig in sich zurückziehen und zu Einzelgängern werden.

Typische Formulierungen für Menschen mit diesem Verhaltensprogramm sind z. B.:

- „Meine innere Stimme sagt mir, dass er Recht hat."
- „Ich glaube nicht, dass meine Ansicht noch etwas zur Entscheidungsfindung beitragen kann."
- „Ich denke, dass ich heute nicht gut genug drauf bin, um diese Aufgabe noch zu erledigen."
- „Mir wäre es eigentlich recht angenehm, in dieser Angelegenheit nicht das letzte Wort haben zu müssen."

Körperliche und emotionale Reaktionen

Worte, Sie erinnern sich, haben eine magische, zauberhafte Wirkung. Das gesprochene Wort vermag es, bei Ihren Mitmenschen emotionale und/oder körperliche Reaktionen auszulösen. Diese können sowohl positiv als auch negativ sein. Mit Worten können Sie andere, aber auch sich selbst, auf ein bestimmtes Verhalten festlegen, Einfluss auf die Befindlichkeit des anderen wie auf die eigene nehmen. Durch die Wahl meiner Worte habe ich die Möglichkeit, in jemandem verwandte Saiten aufklingen zu lassen, aber auch die Möglichkeit, Ablehnung hervorzurufen. Was in diesem Fall für mich gilt, gilt selbstverständlich auch für den anderen neben mir, wobei diese Worte bewusst eingesetzt werden können, oder auch unbewusst eine Rolle spielen.

Bewusst eingesetzt

Beispiele:

Als Schüler wussten wir um die heimliche Leidenschaft unseres Kunstgeschichtelehrers für romantische Malerei. Erkundigten wir uns angesichts eines für uns uninteressanten Themas nach Einzelheiten aus dem Leben des Malers Spitzweg, geriet er ins Schwärmen und wir empfanden den Unterricht als weniger langweilig.

Unser neuer Mitarbeiter war wenig mitteilsam und es war für alle schwierig, mit ihm ins Gespräch zu kommen. Zufällig erfuhren wir, dass er passionierter Angler ist. Brachten wir unsere bislang stockenden Dialoge auf seine Erfolge oder auch Misserfolge beim Angeln, kam endlich ein richtiges Gespräch zu Stande, das dann auch andere Themen berührte.

Als unsere Großmutter infolge schwerer Erkrankung zum Pflegefall wurde, gestaltete sich der Umgang mit ihr mitunter nicht einfach. Sie war mit sich und der Welt verständlicherweise unzufrieden. Wir bemerkten immer dann ein Lächeln in ihrem Gesicht, wenn wir unsere Gespräche mit ihr auf die Vergangenheit lenkten.

Ein Freund erzählte mir von einer neuen Bekanntschaft und damit von einer Beziehung, die so gar nicht recht über das Stadium anfänglicher Belanglosigkeiten hinauskommen wollte. Seine Befindlichkeit war dementsprechend. Er wurde das Gefühl nicht los, sie mit seinen Unterhaltungen zu langweilen. Eines Tages traf ich ihn strahlend wieder und erfuhr, das er eine geplante Wochenendverabredung eigentlich mit einer Ausrede platzen lassen wollte. Er hatte ihr von einem notwendigen Besuch bei seinen Großeltern auf dem Lande erzählt und u. a. erwähnt, dass sie neben Kühen und Schweinen auch ein paar Pferde hätten. Sie war begeistert und bat, mitkommen zu dürfen. Nun wusste er endlich auch von ihren Interessen, ihre Kommunikation verlief von nun an gleichberechtigt.

Will ich jemanden, von dem ich weiß, dass er sich seit mehreren Jahren vergeblich um eine feste Partnerschaft bemüht, in eine negative Befindlichkeit versetzen, so frage ich ihn ganz einfach: „Na, was macht die Liebe?"

Das Gleiche gilt für folgende Situation: Mein Nachbar ist zum wiederholten Male durch die Führerscheinprüfung gefallen. Erkundige ich mich permanent nach dem Stand der Dinge und beziehe sein bereits gekauftes und ungenutzt vor der Türe stehendes Auto in die Betrachtungen mit ein, wird seine Befindlichkeit ins Negative abrutschen.

Dem Gerichtsmediziner, der um die Empfindlichkeit der Partnerin um Einzelheiten seines Berufs weiß und dennoch zum Abendbrot seinen Tagesablauf schildert, kann es passieren, dass sie die Mahlzeit abbricht und das Zimmer verlässt.

unbewusst

Oft sind wir den Worten anderer und den Gefühlen, die sie bei uns auslösen, hilflos ausgeliefert. Eine unbedachte Bemerkung kann bei anderen starke Gefühle auslösen. Menschenkenntnis hilft, solche Situationen zu vermeiden.

Beispiele:

In allen nur möglichen Details schilderte ein neuer Kollege morgens von dem schlimmen Unfall, dessen Zeuge er auf dem Weg zur Arbeit geworden ist. Er bemerkte gar nicht, dass eine unserer Kolleginnen zunehmend schweigsamer wurde und gleichzeitig innerlich aufgewühlt erschien. Er konnte nicht wissen, dass sie ihren Partner im vergangenen Jahr bei einem Autounfall verloren hatte.

Eigentlich konnte es mein Nachbar nicht verstehen, dass sich seine Frau so wahnsinnig darüber aufgeregt hat, als er etwas angetrunken von einer Männerrunde nach Hause gekommen ist. Das kommt bei ihm nun wirklich selten vor. Das stimmt und das hat er ihr auch gesagt und den Nachsatz angehängt: „Nun hab' dich nicht so wegen dem kleinen Schluck zuviel!" Sie hatte ihm nie erzählt, dass ihr Vater alkoholkrank war.

Mein Freund erzählte mir von der ersten Einladung zu den Eltern seiner neuen Partnerin. Der Abend muss wohl irgendwie nicht so richtig gelaufen sein. Er hatte dort von der Notwendigkeit einschneidender Veränderungen in nur allen möglichen Bereichen der Gesellschaft gesprochen und nicht bedacht, dass seine „Schwiegereltern" im Grunde ihres Herzens konservative Menschen sind. Ich nenne das auch den „Fettnäpfcheneffekt".

Wie gestalten Menschen ihr Handeln?

Ein weiteres Verhaltensprogramm erkennen wir daran, wie Menschen ihr Handeln gestalten. Werden sie durch Ziele oder Probleme motiviert?

Ziele erreichen

Menschen mit einem zielorientierten Verhaltensprogramm fühlen sich dann motiviert, wenn sie ihrem Handeln einen „Endpunkt" setzen können, den sie gleichzeitig als persönlichen Erfolg empfinden. Dieser Erfolg kann materieller (z. B. Karriere im Berufsleben, höheres Einkommen usw.), ideeller (Selbstbestätigung und Anerkennung durch andere) sowie persönlicher Art (harmonische Partnerschaftsbeziehung) sein.

Diese Menschen setzen sich nicht nur ein Ziel, sie benötigen für ihr Handeln eine Aufgabenstellung, an der sie sich direkt orientieren können.

Ihre zielbewusste, direkte Handlungsweise kann dazu führen, dass es ihnen mitunter schwer fallen wird, Einzelprobleme zu erkennen. Sie haben für alles meistens eine Lösung parat und sind bemüht, mögliche Schwierigkeiten erst gar nicht zur Sprache zu bringen. Dadurch wirken sie auf andere durchaus begeisterungsfähig und anspornend.

Beispiele:

Der Ehemann, der zu seiner Frau beim Verlassen der Wohnung sagt, er sei pünktlich um 17.00 Uhr wieder zu Hause, hat sicherlich ein zielorientiertes Verhaltensprogramm.

Das gilt auch für den Vorgesetzten, der die Vergabe von Arbeitsaufgaben terminlich exakt fixiert. Hierunter kann das so genannte Betriebsklima leiden, weil mitunter Mitarbeiter sich nur noch als Mittel zum Zweck begreifen. Wir kennen einen jungen Mann, der im öffentlichen wie im privaten Bereich seine gesamten Lebensinhalte einer sich selbst gestellten oder angenommenen Zielstellung unterordnet.

Für Menschen mit diesem Verhaltensprogramm können solche Formulierungen typisch sein:

- „Ich darf Sie bitten, diese Angelegenheit bis spätestens morgen Früh erledigt zu haben!"

- „Ziel/Problem erkannt? Na dann los!"
- „Für mich ist nicht entscheidend, wie etwas gemacht wird. Entscheidend ist, was bei der ganzen Sache herauskommt."
- „Ich frage mich manchmal schon, was werden wird, wenn ich das Rentenalter erreicht habe. Keine Aufgaben, keine Ziele mehr!"

Probleme lösen

Menschen mit einem problemorientierten Verhaltensprogramm handeln alles andere als ziellos. Nur werden sie weniger durch eine direkte Aufgabenstellung und mehr durch das Ausprobieren unterschiedlichster Lösungswege hin zum Erfolg motiviert.

Sie sind in Diskussionen und Besprechungen von Zielvorgaben immer daran zu erkennen, dass sie das Für und Wider ihrer Verwirklichung auf die Tagesordnung heben und mögliche Widerstände zur Sprache bringen.

Menschen mit einem problemorientierten Verhaltensmuster treffen auch im Privaten ungern Entscheidungen für sich allein und sind offen für Argumentationen und Einwände ihres Partners.

Sie sollten allerdings in allen Lebensbereichen darauf achten, dass ihr Problembewusstsein nicht die alleinige Richtlinie ihres Handelns wird, sonst kann es passieren, dass sie sich eines Tages womöglich selbst zum Problem werden.

Beispiele:

Ein problemorientiertes Verhaltensprogramm demonstriert der Mitarbeiter, der die schlichte Frage in den Raum stellt: „Habt Ihr euch eigentlich mal überlegt, wie wir das in so kurzer Zeit schaffen wollen?"

Im Kontext dieses Verhaltensmusters bewegt sich auch jener Kunde, der vor Abschluss einer Lebensversicherung alle möglichen beruflichen wie privaten Situationen in Erwägung zieht, die ihm womöglich die Finanzierung seiner Beiträge unmöglich machen könnten.

Es gibt viele Ehefrauen, die ihre Partner angesichts einer verfahrenen Situation mit dem Satz aufmuntern, sie sollen nicht gleich den Kopf hängen lassen. Denn es gibt noch andere Wege und Möglichkeiten, um eine Lösung zu finden.

Menschen mit diesem Verhaltensprogramm benutzen häufig Formulierungen wie:

- „Ich habe dir doch gleich gesagt, dass hier noch etwas schief geht!"
- „Hast du dir überhaupt überlegt, was du da gesagt hast?"
- „Meinst du nicht auch, dass wir uns mit dem Kauf dieses Autos doch etwas übernehmen?"
- „Sie gestatten, dass ich Ihrem Vorschlag gegenüber gewisse Bedenken anmelde?"

Wodurch werden Menschen motiviert?

Menschen unterscheiden sich auch darin, woher sie die Motivation für ihr Handeln nehmen. Finden sie ihre Motivation in sich selbst oder brauchen sie äußere Anstöße?

In sich selbst

Menschen mit diesem Verhaltensprogramm bringen sich entsprechend der eigenen Wert- und Zielvorstellungen in ihre private wie auch öffentliche Umwelt ein. Sie werden durch ihr eigenes Selbstwertgefühl motiviert.

Sie haben die Beweggründe ihres Handelns fast immer in sich selbst, was bei anderen nicht immer auf Zustimmung stoßen muss.

Diese Menschen werden oft versuchen, äußere Zwänge, Verhaltensmaßstäbe und andere externe Regelungen von sich zu weisen, was das Zusammenleben mit ihnen nicht immer einfach gestaltet. Das wird besonders in Partnerschaftsbeziehungen dann sichtbar, wenn der eine seine Maßstäbe und Kriterien an das Verhalten des anderen anlegt.

Im Berufsleben haben Menschen mit diesem Verhaltensmuster mitunter ein Problem damit, Anweisungen von Vorgesetzen zu akzeptieren. Haben sie sich hingegen mit einer Aufgabenstellung identifiziert, ist es in der Regel unnötig, sich dauernd nach dem Stand der Dinge zu erkundigen, zumal sie viele Handlungen von selbst beginnen. Sie benötigen kein Feedback. Allerdings geben sie es auch selten an andere weiter.

Beispiele:

Begegnet man im Berufsleben Menschen, die eindeutig zu verstehen geben, dass sie nicht dauernd auf Anweisungen „von oben" warten wollen, bewegen sie sich offensichtlich im Verhaltensprogramm der inneren Motivation.

Antwortet jemand auf die Frage nach dem Warum einer Entscheidung mit: „Ich weiß einfach, dass sie richtig ist …", gilt für ihn dieses Verhaltensmuster.

Es ist auch typisch für einen Stellenbewerber, der in seinem Bewerbungsschreiben unter anderem formuliert: „Ich fand Ihre Ausschreibung nicht zuletzt deshalb so interessant, weil ich glaube, in die Umsetzung der von Ihnen genannten Aufgaben meine Erfahrungen einbringen zu können … ."

Der Ehemann, der seiner Partnerin zu verstehen gibt, dass er es auf Dauer nicht einsieht, sich immer nach ihr richten zu müssen, lebt eigentlich nach diesem Verhaltensprogramm.

Typische Formulierungen:

- „Ich weiß es eben!"
- „Wollen Sie wirklich warten, bis die da oben eine Entscheidung getroffen haben?"

- „Soll ich mal ganz ehrlich zu Ihnen sein? Mir ist es egal, was der Chef von meiner Arbeit hält."
- „Und wenn du tausend Mal Recht haben solltest. Ich mache es so, wie ich es für richtig halte."

von außen

Menschen mit diesem Verhaltensprogramm benötigen äußere Anstöße, ehe sie eine Handlung beginnen. Klare und von anderen abgesteckte Ziele sind für sie wichtig.

Sie bewerten eigene Handlungen nicht selbst, sondern orientieren sich an den Meinungen, Stellungnahmen oder Einschätzungen anderer. Hier finden sie ihre Motivation, die durch häufiges Feedback aufrechterhalten werden muss. Wenn das geschieht, bringen sie sich als wertvolle Mitarbeiter ins Berufsleben ein.

Im Privaten fehlt diesen Menschen häufig der innere Schwung, um eine Beziehung lebendig zu gestalten. Sie verlassen sich in diesem Fall lieber auf ihren jeweiligen Partner.

Beispiele:

Ruft ein Dienstvorgesetzter seinen Mitarbeiter mehrmals in der Woche an, um sich nach der Umsetzung einer Aufgabenstellung zu erkundigen, hat er ganz offensichtlich erkannt, dass sich dieser Mitarbeiter in einem Verhaltensmuster bewegt, das unter anderem von äußeren Motivationen bestimmt wird.

Der Lehrer, der in einem Brief Eltern bittet, Einfluss auf die Anfertigung der Hausaufgaben ihres Sohnes zu nehmen, schreibt damit über einen Schüler, der auf Motivation von außen angewiesen ist.

Lesen Menschen mit diesem Verhaltensmuster z. B. in einer Abschlussbeurteilung, dass es ihnen stellenweise schwer gefallen ist, dieser oder jener Anforderung zu entsprechen, kann das bei ihnen unter Umständen bis zum Selbstzweifel führen.

Ist jemand für Aufmunterungen empfänglich oder sogar dankbar, wenn ihm Entscheidungen abgenommen werden, bewegt er sich im Kontext dieses Verhaltensprogramms.

Typische Formulierungen für Menschen mit diesem Verhaltensmuster sind z. B.:

- „Nun sag mir doch endlich, ob mir die neue Frisur steht!"
- „Wenn er mir nicht gleich klipp und klar sagt, was zu tun ist, werfe ich das Handtuch!"
- „Wenn du meinst, Liebling...".
- „Wenn da nicht die leidigen Termine wären, würde ich die Angelegenheit geruhsamer angehen."

Alte Bahnen – neue Wege

Ein weiterer Unterschied zwischen Menschen mit verschiedenen Verhaltensprogrammen ist, ob sie bereit sind, neue Wege einzuschlagen, oder ob sie lieber traditionellen Regeln folgen. Manche Menschen sind mutiger, während andere ein größeres Bedürfnis nach Sicherheit und Komfort haben.

Mut und Risikobereitschaft

Menschen mit diesem Verhaltensprogramm sind in ihren Handlungsweisen neuen Zielen und Strategien gegenüber aufgeschlossen und nehmen auch Risiken gern in Kauf. Innovationen üben auf diese Menschen eine ungeheure Anziehungskraft aus, der sie sich nur schwer entziehen können.

Ihren privaten Bereich versuchen Menschen mit diesem Verhaltensmuster erfahrungsgemäß so einzurichten, dass er sich links und rechts von ausgefahrenen Gleisen bewegt. Wer mit diesen Menschen engere zwischenmenschliche Beziehungen eingeht, hat damit zu rechnen, häufig von spontanen Entschlüssen oder Vorhaben überrascht zu werden.

Die Gelegenheit, überkommene und auch bewährte Normen und Regeln zu verabschieden, stellt für diese Menschen eine Herausforderung und wichtiges Moment ihrer Selbstverwirklichung dar.

Allerdings besteht für Menschen mit diesem Verhaltensprogramm gleichzeitig die Gefahr der Selbstüberschätzung. Ihre Unvoreingenommenheit sowie ihr Mut zum Risiko lassen sie manchmal verantwortungslos erscheinen, da sie beides ohne Umschweife auf andere übertragen.

Beispiele:

Wenn sich die seit Jahrzehnten in einem kleineren Unternehmen bewährte und unersetzliche Sekretärin ohne Umschweife dazu bereit erklärt, einen PC-Lehrgang zu besuchen, gehört sie zu den Menschen mit diesem Verhaltensprogramm.

Menschen, die sich auf den unterschiedlichsten Gebieten für Reformen stark machen, zählen ebenfalls dazu. Mut und Risikobereitschaft sprechen für die Eltern, die ihren Kindern nicht jeden Tag die Mahnung vor Augen führen, dass früher eigentlich alles anders und besser gewesen sei.

Der Ehemann, der seiner Partnerin zum Hochzeitstag, anstatt der obligatorischen Blumen eine gemeinsame Last-Minute-Flugreise irgendwohin schenkt, ist ohne Zweifel ein Mensch mit diesem Verhaltensprogramm.

Es ist allerdings auch bei jenen Menschen zu finden, die sich z. B. im Wintersport jenseits der zugelassenen Pisten bewegen oder ständig bei Rot die Straße überqueren.

Für Menschen mit diesem Verhaltensprogramm können solche Formulie-rungen typisch sein:

- „Wenn sich hier nicht bald etwas ändert, war ich den letzten Tag hier."
- „Los, mach mit, was soll denn schon passieren!"
- „Du langweilst mich!"
- „Ein bisschen Mut zum Risiko wäre hier schon vonnöten!"

Sicherheit und Komfort

Menschen mit diesem Verhaltensprogramm bevorzugen in ihren Handlun-gen bewährte Regeln, Normen und Ablaufpläne. Sie fühlen sich motiviert, wenn sie den genauen Ablauf einer Handlung kennen, diese in bewährter Weise zum Erfolg führt und die Aufrechterhaltung eines gewissen Kom-forts garantiert.

Sie sehen ihr Selbstwertgefühl dann in Gefahr, wenn sich in ihren pri-vaten wie öffentlichen Lebensbereichen plötzlich Veränderungen abzu-zeichnen beginnen. Durch solche Abweichungen von ihrer bisherigen Le-bensführung können diese Menschen verunsichert werden.

Menschen mit diesem Verhaltensmuster legen großen Wert auf ihren Komfort, soziale Sicherheit und stabile zwischenmenschliche Beziehungen. Da sie sicherlich zu Recht meinen, das Niveau des Erreichten ihren bishe-rigen Handlungsweisen zu verdanken, wird es ihnen schwer fallen, hier Veränderungen zuzulassen.

Beispiele:

Mitarbeiter, die sich innerhalb ihrer Firma geplanten Strukturveränderun-gen gegenüber sperren, weil sie Gefahren für ihren eigenen Status be-fürchten, sind Menschen mit einem solchen Verhaltensprogramm.

Vorgesetzten wird es schwer fallen, solche Mitarbeiter z.B. arbeitsbe-dingt an einen anderen Wohnort zu versetzen, auch wenn sich hiermit per-spektivisch eventuell ein Karrieresprung verbinden könnte.

Wenn es in Partnerschaftsbeziehungen zu kriseln beginnt, liegt es nicht selten daran, dass der eine Partner es dem anderen auf Grund dieses Ver-haltensprogramms nicht gestatten will, den bisherigen Charakter seiner Le-bensführung aufgeben, um „vollkommen neu anzufangen". Mit Neuan-fängen verbindet sich bei diesen Menschen immer ein gewisses Risiko.

Eltern, Lehrer oder Erzieher, die in ihren jeweiligen pädagogischen Bemühungen häufig Autoritäten bemühen, haben ein derartiges Verhal-tensmuster.

Es ist auch für jene Menschen typisch, die ein ausgeprägtes Traditions-bewusstsein haben. Menschen mit diesem Verhaltensprogramm verwen-den häufig solche Formulierungen:

- „Ich kann nicht begreifen, was das jetzt soll. Bisher hat es doch auch funktioniert."

- „Und wenn sich die anderen vor Lachen ausschütten. Ich werde es weiterhin so machen, wie ich es gewöhnt bin!"
- „Liebling, meine Großmutter kam ohne Mikrowelle aus, meine Mutter brauchte auch keine. Ich kann mir nicht erklären, wieso du auf einmal eine brauchst."
- „Solange ich weiterhin mein Geld so verdiene, sehe ich doch nicht ein, Wochenendseminare zu besuchen!"
- „Ich will es ohne Umschweife sagen: Ich lege doch einen gewissen Wert auf Komfort und Lebensniveau!"

Private und berufliche Veränderungen

Ein weiteres Verhaltensprogramm zeigt sich darin, wie oft im privaten oder beruflichen Leben eines Menschen entscheidende Veränderungen stattfinden.

Gleichheit (Veränderungen ca. alle 15 bis 20 Jahre)

Menschen, die von diesem Verhaltensprogramm gesteuert werden, sind kaum daran interessiert, dass in ihrem privaten wie beruflichen Umfeld auch über einen großen Zeitraum hinweg gravierende Veränderungen stattfinden.

Für diese Menschen ist die Welt, so wie sie ist, in Ordnung und sie haben sich in ihr eingerichtet und mit ihr arrangiert. Auf andere wirken diese Menschen auf Grund ihres Verhaltensmusters zuverlässig, beständig und in ihren Reaktionen berechenbar.

Beispiele:

Ein Mensch, der nur schwer zu bewegen ist, sich in kurzen Zeiträumen beruflich zu verändern, wird von diesem Verhaltensprogramm gesteuert und ist bei entsprechender Qualifikation für jeden Arbeitgeber interessant.

Wir haben einen Bekannten, der seit 15 Jahren in die Toscana in den Urlaub fährt. Es steht nicht zu erwarten, dass sich hier etwas ändern wird.

Eine junge Frau wird es schwer haben, ihren langjährigen Lebensgefährten nun doch für eine Eheschließung zu begeistern, wenn er von diesem Verhaltensprogramm geprägt wird.

Eltern sollten an irgendeiner Stelle ihre Hoffnungen begraben, Großeltern zu werden, wenn ihre Kinder/Schwiegerkinder im Verlauf einer nun auch schon langjährigen Ehe bewusst den Gedanken an Nachwuchs zur Seite geschoben haben. Beide bewegen sich im Verhaltensmuster der Gleichheit.

Es kann durchaus sein, dass ein Mensch mit diesem Verhaltensprogramm seine inzwischen als gescheitert zu betrachtende Ehe aufrechterhält, nur weil er gravierende Veränderungen für sich angesichts einer Scheidung befürchtet.

Für den jungen Mann, dessen Mutter ihm bald zwei Jahrzehnte und länger alle Dinge des Lebens abgenommen hat, bricht dann eine Welt zusammen, wenn man ihn in die Selbständigkeit des Lebens entlässt und er von diesem Verhaltensmuster geprägt ist.

Typische Formulierungen für solche Menschen sind z. B.:

- „Ich darf gar nicht daran denken, was passiert, wenn ... !"
- „Ich kann es mir eigentlich gar nicht vorstellen, eine andere berufliche Tätigkeit auszuüben!"
- „Mit dem, was ich bisher erreicht habe, bin ich doch recht zufrieden. Ich kann mir nicht vorstellen, dass hier noch Verbesserungen möglich sind."
- „Von mir aus könnte die Zeit jetzt stehen bleiben."

Unterschiedlichkeit (Veränderungen ca. alle 3 bis 7 Jahre)

Menschen mit diesem Verhaltensmuster werden für sich, aber auch für ihren jeweiligen Partner, keine langfristige Lebensplanung anstellen. Gravierende Veränderungen innerhalb ihrer eigenen Lebensverhältnisse können, wenn sie als positiv empfunden werden, eine unwahrscheinlich motivierend Wirkung haben.

Diese Menschen wollen unerträgliche Lebenssituationen nicht weiter aushalten und sind dazu bereit, einen radikalen Schlussstrich zu ziehen. Für sie ist die Welt, wie sie ist, eigentlich nie so richtig in Ordnung und sie sind ständig auf der Suche nach Freiräumen, um Veränderungen vorzunehmen.

Beispiele:

Der Nachbar, der sich alle fünf Jahre einen neuen Wagen kauft, auch wenn es ihn finanziell ganz offensichtlich überfordert, bewegt sich in diesem Verhaltensmuster.

Der Personalchef einer Firma, der im Lebenslauf eines Bewerbers liest, dass dieser bereits sechs verschiedene Arbeitgeber hatte, sollte wissen, dass er einen Menschen vor sich hat, für den das Verhaltensprogramm der Unterschiedlichkeit prägend ist.

Von einer Bekannten, über die man weiß, dass sie in ihrem bisherigen Leben schon neun Mal umgezogen ist, sollte man annehmen, dass sie nach dem Unterschiedlichkeitsmuster lebt. Das gilt ebenfalls, zugespitzt formuliert, für den Freund, der bislang als Informatiker sehr erfolgreich war und nun urplötzlich seine Sachen packt, um in Südafrika Hühner zu züchten.

Es muss nicht immer Gefühlskälte sein, die eine zwischenmenschliche Beziehung auseinander bringt. Wenn einer der Partner die Ansicht äußert, dass der andere ihn mit seiner Gefühlswärme „einengt und erdrückt", lebt er offensichtlich in diesem Verhaltensmuster.
Typische Formulierungen sind hier:

- „Damit werde ich mich nie abfinden können!"
- „Für mich ist unbegreiflich, wie du das aushältst. Ich an deiner Stelle hätte hier aber schon lange die Segel gestrichen."
- „Es wird langsam Zeit, mal wieder einen Tapetenwechsel vorzunehmen."
- „Ich kann dir nicht mit Sicherheit sagen, was ich in fünf Jahren machen werde. Aber eins weiß ich mit Sicherheit: das hier nicht!"

Welche Wege gehen Gedanken?

Richten Menschen ihren Blick auf das Ganze oder gehen sie ins Detail, denken Schritt für Schritt?

Blick auf das Ganze

Menschen mit diesem Verhaltensprogramm sind in der Lage, sich rasch in die unterschiedlichsten Lebenssituationen hineinzuversetzen, sie zu verstehen und entsprechend zu handeln. Aufgabenstellungen können sie dank ihrer guten Auffassungsgabe ohne größere Vorreden umsetzen, sie benötigen keine „Schritt-für-Schritt-Anleitungen" und gehen schnell zur Tagesordnung über.
Auch angesichts unerwarteter Ereignisse in ihrem Leben verschaffen sich Menschen mit diesem Verhaltensmuster sofort einen Überblick. Sie sind für die Lösung kurzfristig entstandener Probleme bestens geeignet. Sie favorisieren konzeptionelle Handlungsweisen.

Beispiele:

Der Vorgesetzte, der sich in einer Arbeitsbesprechung nicht lange mit detaillierten Angaben zu einem neuen Produkt aufhält, sonders es sofort in den Zusammenhang mit dem Betriebsprofil stellt, bewegt sich in diesem Verhaltensprogramm.
Teilnehmer eines Seminars, die bei dem fast schon obligatorischen Satz „Hat noch jemand eine Frage?" innerlich aufstöhnen, sind gleichfalls von diesem Verhaltensmuster geprägt.
Das gilt auch für die Ehefrau, die ihrem Partner angesichts seiner minutiösen Ausführungen zum Verlauf des gestrigen Abends im Freundes-

kreis klipp und klar ins Gesicht sagt: „Ich habe dich schon verstanden, du kannst Paul und Paula einfach nicht leiden!"

Menschen mit diesem Verhaltensmuster sind gern gesehene Gäste auf Grillpartys. Sie lassen diese nicht in eine Arbeitsbesprechung umschlagen und werden sofort fragen, wo der Grill steht.

Wird ein Vater ungehalten, wenn er seiner Tochter zum wiederholten Male den Lösungsweg einer Mathematikaufgabe erklären muss, können wir davon ausgehen, dass er nach diesem Verhaltensprogramm lebt.

Um es deutlich zu machen: Menschen mit diesem Verhaltensmuster sind nicht für den Beruf des Fahrlehrers geeignet.

Typische Formulierungen:

- „Bitte konzentrieren Sie sich auf das Wesentliche!"
- „Halten wir uns nicht länger mit Kleinigkeiten auf!"
- „Irgendwann werden Sie es auch noch lernen, die Spreu vom Weizen zu trennen."
- „Ich frage mich nun schon die ganze Zeit, wann du endlich mal zum Kern der Sache kommst?"

Schritt für Schritt

Menschen mit diesem Verhaltensprogramm sind analytische Denker, richten ihren Blick vornehmlich auf Einzelheiten und zeichnen sich durch Liebe zum Detail aus.

Ihre manchmal auf andere ermüdend wirkenden Situationsschilderungen sprechen andererseits davon, dass sie große Geduld aufbringen, ihren Mitmenschen etwas verständlich zu machen.

Sie werden sich nicht mit Gesamtdarstellungen abfinden können, sondern immer wieder, auch kritisch, hinterfragen. Sie benötigen einfach eine Vielzahl von Einzelinformationen, um sich ein Bild zu machen.

Diese Menschen sind hervorragend für logistische und organisatorische Aufgaben geeignet.

Beispiele:

Ein Zuhörer, der den Redner dauernd mit der Frage „Einen Moment bitte, wie war das jetzt?" unterbricht, hat ganz offensichtlich dieses Verhaltensprogramm. Das gilt auch für jenen ehemaligen Mitschüler, dem man unbesehen die Vorbereitung eines Klassentreffens anvertraut.

Jedem Autohändler wird einiges abverlangt, trifft er im Verkaufsgespräch auf einen Kunden, der sich im „Schritt für Schritt-Programm" bewegt. Ihm werden knappe Anmerkungen zu Hubraum und Höchstgeschwindigkeit sicherlich nicht genügen.

Mitarbeiter, die sich nicht mit der Bekanntgabe einer neuen Aufgabenstellung zufrieden geben, sondern hier eine Vielzahl von Erläuterungen und Erklärungen wünschen und auch benötigen, werden von diesem Programm gesteuert. Das gilt auch für Menschen, die eine Vorliebe für genaue und gründliche Betriebsanweisungen haben.

Typische Formulierungen:

- „Das musst du mir noch mal erklären!"
- „Das muss ich mir erst noch mal genau durch den Kopf gehen lassen."
- „Diesen Vertrag kann ich erst dann unterschreiben, wenn ich ihn Punkt für Punkt durchgegangen bin."
- „Liebling, du hättest erst das Kleingedruckte lesen sollen!"

Wie gehen Menschen mit Erfahrungen um?

Dieses Verhaltensmuster zeigt sich darin, ob Menschen auf die Erfahrungen anderer achten oder ob sie ihre eigenen Erfahrungen benutzen.

Die Erfahrungen anderer

Menschen mit diesem Verhaltensprogramm erleben ihre Welt häufig mit den Augen anderer und greifen in ihren Handlungen vielerorts auf Vorbilder zurück. Sie setzen ein großes Vertrauen in die Lebenserfahrungen anderer Menschen und sind bestrebt, sie im eigenen Leben, privat wie öffentlich, nutzbringend umzusetzen.

Bei Menschen mit diesem Verhaltensmuster wird man es nie erleben, dass sie einsame Entscheidungen treffen. Sie sind offen für die Urteilskraft ihrer Mitmenschen oder ihres Partners und ziehen deren Stellungnahmen, Meinungen und Ansichten in eigene Überlegungen unbedingt mit ein.

Diese Menschen können die positiven und negativen Erfahrungen, die andere in ihrem Leben gemacht haben, übernehmen.

Beispiele:

Der junge Mann in der Straßenbahn, der in einem Buch mit etwa dem Titel „100 Tipps, um reich zu werden" liest, bewegt sich im Kontext dieses Verhaltensprogramms.

Menschen, die sich andauernd fragen, wie sich wohl andere in der gleichen Situation verhalten würden, die sie derzeit durchleben, zeigen dieses Verhaltensmuster. Das trifft auch auf den Mitarbeiter zu, der sich angesichts einer für ihn neuen Aufgabe ausschließlich Ratschläge bei den Kollegen holen wird, die in der Vergangenheit mit genau dieser Aufgabe schon beschäftigt und hier erfolgreich waren.

Der Ehemann, der sich von seiner Partnerin sagen lassen muss, dass er seinem Vater immer ähnlicher werde, ist wesentlich von diesem Programm geprägt.

Typische Formulierungen:

* „Am besten wird es sein, ich frage den Kollegen Müller, was er an meiner Stelle tun würde."
* „Hören Sie auf den Rat von Herrn Meier. Er ist schon länger in der Firma als Sie!"
* „Liebling, mein Vater hat es mit dieser Einstellung weit gebracht und ich werde es genauso machen!"
* „Meine sehr verehrten Damen und Herren, ich kann nur hoffen, dass unser scheidender Vereinsvorsitzende uns weiterhin mit seinem reichen Erfahrungsschatz zur Seite stehen wird!"

eigene Erfahrungen

Menschen mit diesem Verhaltensprogramm durchleben ständig das Gefühl, die Welt neu „erfinden" zu müssen. Sie werden immer bestrebt sein, in allen Lebensbereichen ihre eigenen Erfahrungen zu machen, um sich selbst zu verwirklichen.

Menschen mit diesem Verhaltensmuster verlassen sich in letzter Instanz nur auf sich selbst und ihre Sicht der Dinge. Sie werden sich sicher die Meinungen, Ansichten und das Wissen anderer anhören, aber häufig genau das Gegenteil von dem tun, was ihnen gesagt wurde.

Beispiele:

Menschen, die häufig in Gesprächen die Ansicht vertreten, dass man dies oder jenes selbst erst erlebt haben müsste, um mitreden zu können, bewegen sich in diesem Verhaltensprogramm.

Gleiches gilt für die, die einerseits problembeladen durch die Welt gehen, sich aber andererseits von ihren Mitmenschen nicht helfen lassen wollen.

Typische Formulierungen:

* „Ich bin dir dankbar, dass du mir helfen willst. Aber hier muss ich selber durch!"
* „Das ist ja alles ganz schön und gut, was du da sagst. Aber ich muss das erst selbst gemacht haben, ehe ich mir hier ein Urteil erlaube."
* „Du kannst nicht von mir verlangen, die Angelegenheit unbesehen weiterzuleiten!"
* „Ich akzeptiere Ihren Standpunkt zu dem Problem. Aber Sie werden vielleicht verstehen, dass ich die Angelegenheit ganz anders durchführen würde, denn auch ich habe mich eingehend mit ihr beschäftigt!"

Der Umgang mit Stress

Wie reagieren Menschen auf Stress? Manche tun dies emotional, andere wertfrei oder sachlich.

emotional

Menschen mit diesem Verhaltensprogramm reagieren auf Stress, also Druck, Anspannung und Belastung, mit gravierenden Veränderungen ihrer inneren Befindlichkeit, die sich mitunter einer rationalen Kontrolle entzieht und bis zur seelischen Erregung steigern kann.

Im schlimmsten Falle kann diese Art von „Stressbewältigung" zu Handlungen im Affekt führen.

Beispiele:

Menschen, die in Stresssituationen mitunter „ausrasten", haben ein emotionales Verhaltensmuster.

Das betrifft auch Menschen, die sich an einer Stress auslösenden Situation gefühlsmäßig so stark beteiligen, dass sie sich und ihre Umwelt am Ende selbst in Frage stellen. Sie werden erfahrungsgemäß über den Tod eines geliebten Mitmenschen, die Konfrontation mit einer unheilbaren Erkrankung, den Verlust der Arbeit oder das Ausbleiben von Anerkennung und Erfolg kaum hinwegkommen.

Typische Formulierungen:

- „Ich halte das hier einfach nicht mehr aus!"
- „Ich könnte wahnsinnig werden, wenn ich nur an morgen denke!"
- „Wenn sie mich verlässt, hat alles keinen Sinn mehr."
- „Wenn er mir das antut, kann ich für nichts garantieren!"

wertfrei

Menschen, die in Stresssituationen überwiegend gefühlsmäßig reagieren und dennoch nicht sofort in Endzeitstimmung verfallen, haben dieses Verhaltensmuster.

Sie reagieren auf Druck oder Anspannung durchaus sensibel und zeigen veränderte seelische Befindlichkeiten, leben aber auch von der Hoffnung, dass die momentane Situation eine vorübergehende ist und andere ebenso treffen kann.

Menschen mit diesem Verhaltensmuster werden sich deshalb den Problemen und Sorgen anderer gegenüber sehr aufmerksam und teilnahmsvoll verhalten.

Beispiele:

Der Nachbar, von dem ich weiß, dass ihn der Verlust seines Arbeitsplatzes hart getroffen hat und der dennoch mit der jetzigen Situation umzugehen versteht, hat ein solches Verhaltensmuster. Das gilt auch für den Ehemann, dessen Partnerin sich einem anderen zugewandt hat und der weiterhin freundschaftliche Kontakte zu ihr unterhält.

Menschen, die innerlich sehr erregt sind und ungeachtet dessen Beherrschung an den Tag legen, leben nach diesem Verhaltensprogramm. Das betrifft auch den Bekannten, der zur Zeit viel Ärger in der Arbeit hat, ihn aber keinesfalls an anderen auslassen würde.

Typische Formulierungen:

- „Was du nur hast. Andere hat es in diesem Falle schon viel härter getroffen."
- „Glaube mir, das Leben wird irgendwie weitergehen!"
- „Lass mal, das Leben hat auch seine schönen Seiten."
- „Sie wissen genau, dass mir dieser Vorwurf sehr nahe geht. Und trotzdem werden Sie mich nicht aus der Reserve locken!"

sachlich

Menschen mit diesem Verhaltensprogramm zeigen auch in Stresssituationen meistens eine ausgeglichene Gefühlslage und begegnen Konflikten, Druck und Spannungen mit dem Verstand und handeln dementsprechend.

Für diese Menschen hat Stress etwas ganz Normales an sich und gehört einfach zum Leben: Er hat Ursachen, also können sie dagegen angehen und wollen es auch.

Menschen mit diesem Verhaltensmuster empfinden, zugespitzt formuliert, Stress nicht als Stress. Sie wären höchstwahrscheinlich unglücklich und genau dann gestresst, wenn ihr Leben nur in Harmonie verlaufen würde.

Beispiele:

Mein Freund, den ich dafür bewundere, wie gelassen er mit der Tatsache umgeht, dass man drei Mal hintereinander in sein Wochenendhaus eingebrochen hat, lebt nach diesem Verhaltensprogramm.

Der Bekannte, der nach einem schweren Unfall seiner Partnerin zu verstehen gab, froh darüber zu sein, dass nicht mehr passiert ist, hat dieses Verhaltensmuster. Das trifft auch auf den Mitarbeiter zu, der selbst in Zeiten größter betrieblicher Hektik einen klaren Kopf behält.

Typische Formulierungen:

- „Statt jetzt zu verzweifeln, sollten wir lieber überlegen, wie wir aus dieser verfahrenen Situation wieder herauskommen."

- „Betrachten wir die Angelegenheit doch einfach mal ganz nüchtern!"
- „Was du dich nur dauernd aufregst. Es können nicht alle Erwartungen erfüllt werden."
- „Nimm die Sache so, wie sie ist, und mach' was draus!"

Teamgeist – „Einzelkämpfer"

Ein weiteres Verhaltensprogramm bestimmt, in welchem Umfeld Menschen besonders effizient sind: wenn sie etwas alleine tun, mit anderen zusammenarbeiten oder mit anderen ihre Verantwortung teilen können.

alleine

Menschen mit diesem Verhaltensprogramm werden Handlungen bevorzugen, in denen sie sich ihre Unabhängigkeit von anderen bewahren können. Ihr Selbstwertgefühl bekommt häufig dann einen „Dämpfer", wenn sie sich die Erledigung einer Aufgabenstellung plötzlich mit einem anderen teilen müssen.

Menschen mit diesem Verhaltensmuster erledigen den größten Teil anstehender Arbeiten lieber selbst und haben manchmal ein Problem damit, sich anderen über den Stand der Dinge mitzuteilen.

Beispiele:

Die Mutter, die mit ihrer Tochter keinen Kuchen gemeinsam backen kann, lebt in diesem Verhaltensprogramm.

Es ist auch für den Mitarbeiter typisch, den andere als „Einzelkämpfer" bezeichnen und der eigentlich nur dann motiviert ist, wenn er seine Aufgaben für sich alleine erledigen kann. Er wird darüber hinaus bemüht sein nur solche Aufträge anzunehmen, von denen er genau weiß, dass sie sich ohne die Mitwirkung anderer erledigen lassen.

Menschen, die Hilfeleistungen anderer selbst bei schweren körperlichen Arbeiten ablehnen, haben dieses Verhaltensmuster.

Typische Formulierungen:

- „Lass mich das mal lieber alleine machen."
- „Ehe hier etwas schief läuft, mache ich das mal lieber selber!"
- „Ich weiß schon, was ich zu tun habe. Bitte rede mir nicht dauernd dazwischen!"
- „Ich schaffe das durchaus alleine!"

zusammenarbeiten

Menschen mit diesem Verhaltensprogramm fühlen sich eigentlich nur dann wohl, wenn sie im weitesten Sinne des Wortes mit anderen kommunizieren, zusammenarbeiten und sich Erfolge, aber auch Niederlagen teilen können.

Ihr Privatleben findet häufig in einem großen Freundeskreis statt, mit dem viel gemeinsam unternommen wird.

Menschen mit diesem Verhaltensmuster bevorzugen Partnerschaften, in denen man keine Geheimnisse voreinander hat sowie den Alltag wirklich gemeinsam erlebt und gestaltet.

Beispiele:

Stellenausschreibungen, aus denen hervorgeht, dass den betreffenden Bewerber ein starkes und motiviertes Team erwartet, wollen besonders Menschen mit diesem Verhaltensprogramm ansprechen.

Dieses Verhaltensmuster trifft auch auf Herrn Meier zu, der einer Beförderung sehr skeptisch entgegensah, weil er vermutete, von nun an allein arbeiten zu müssen.

Die junge Medizinerin, die auf die Übernahme der Praxis ihres Vaters verzichtet und die weniger lukrative Stelle einer Assistenzärztin in einem kleinen Krankenhaus antritt, wird ganz offensichtlich von diesem Verhaltensprogramm bestimmt.

Typische Formulierungen:

- „Ich bin dir für deine Mitarbeit wirklich dankbar!"
- „Es würde mich freuen, wenn sich alle Mitarbeiter an der Lösung dieser Aufgabenstellung beteiligen würden!"
- „Ist es wirklich notwendig, dass ich ein Büro für mich alleine habe?"
- „Weißt du eigentlich was ich an unserer Beziehung so schätze? Wir haben in unserem bisherigen Zusammensein alle Schwierigkeiten gemeinsam lösen können."

Verantwortung teilen

Menschen mit diesem Verhaltensprogramm haben in der Regel keine Schwierigkeiten, Verantwortung zu übernehmen. Einsame und womöglich selbstherrliche Entscheidungen sind ihnen aber fremd. Sie hören nicht nur auf den Rat ihrer Mitmenschen, sondern akzeptieren ihn auch und bringen ihn in die eigenen Überlegungen mit ein.

Diese Menschen kennen keine Schuldzuweisungen im eigentlichen Sinne des Wortes, da sie ihr Handeln stets als von gemeinsamer Verantwortung getragen verstehen. Das bedeutet nicht, dass sie zu jenen gehören, die die Verantwortung gerne auf andere schieben.

Beispiele:

Der junge Mann von nebenan, der zusammen mit zwei Studienkollegen ein kleines Softwareunternehmen gegründet hat, lebt höchstwahrscheinlich nach diesem Verhaltensprogramm.

Eltern, die sich darin einig sind, für die Erziehung ihres Kindes gemeinsam die Verantwortung zu tragen, bewegen sich in diesem Verhaltensmuster. Diese Menschen werden es sicherlich nie verstehen, dass jemand davon überzeugt ist, aus alleiniger Verantwortung heraus für seine Mitmenschen sprechen zu können.

Typische Formulierungen:

- „Ich wäre aufrichtig daran interessiert, dass wir die Verantwortung für das Gelingen unseres Vorhabens zu gleichen Teilen tragen."
- „Ich kann und will Ihnen die Verantwortung für Ihren Tätigkeitsbereich nicht abnehmen!"
- „Was wir gemeinsam angefangen haben, bringen wir auch gemeinsam zu Ende."

Die Sach- und Beziehungsebene

Menschen unterscheiden sich auch darin, ob sie in ihrem Handeln eher an Personen und deren Gefühle oder an Dinge/Gegenstände denken.

personenbezogen

Menschen mit diesem Verhaltensprogramm machen einen großen Teil ihrer Lebensäußerungen von der Qualität ihrer zwischenmenschlichen Beziehungen abhängig. Das betrifft ihr Privat- wie Berufsleben.

Sie sind nicht nur daran interessiert, mit ihren Mitmenschen oder ihrem Partner „gut auszukommen", sondern fühlen sich häufig erst dann richtig motiviert, wenn sie ihren eigenen Beitrag zur Verbesserung und Ausgestaltung zwischenmenschlicher Beziehungen leisten können.

Beispiele:

Unser Nachbar, der seiner Frau fast täglich Blumen schenkt und das wirklich mit der Absicht tut, ihr eine Freude zu machen, hat dieses Verhaltensprogramm.

Dieses Verhaltensmuster hat der Vorgesetzte, an den sich Mitarbeiter vertrauensvoll auch dann wenden können, wenn sie ein persönliches Problem haben. Hier können wir auch den Bekannten einordnen, der von der Polizei über einen Autounfall seiner Partnerin informiert wurde und sich als erstes nach ihrem Befinden erkundigte.

Von diesem Verhaltensprogramm sind die Mitarbeiter wesentlich bestimmt, die an der Aufrechterhaltung eines guten „Betriebsklimas" interessiert sind. Auch wer sich trotz der interessantesten und gut dotierten Tätigkeit in seinem Team unwohl fühlt, hat ganz offensichtlich dieses Verhaltensmuster.

Für Menschen mit diesem Verhaltensprogramm können solche Formulierungen typisch sein:

- „Trotz der momentanen Verstimmung bin ich an der Aufrechterhaltung unserer Freundschaft interessiert."
- „Ich würde gerne wissen, was du von mir hältst. Vielleicht kann ich dann in meinem Verhalten dir gegenüber wirklich etwas ändern!"
- „Es tut mir Leid, dich gekränkt zu haben!"
- „Ich möchte nicht, dass unsere Beziehung unter diesem Vorfall leidet!"

sachbezogen

Menschen mit diesem Verhaltensprogramm akzeptieren ihre zwischenmenschlichen Beziehungen in der Regel so wie sie sind und können sich ohne größere innere Anteilnahme in ihnen recht gut bewegen.

Sie lehnen in einer Vielzahl von Lebenssituationen persönliche Betrachtungsweisen oder die Einbeziehung von Gefühlen ab und sind mehr an der materiellen Ausgestaltung einer Beziehung interessiert.

Menschen, für die Verbesserungen in ihrer Arbeitswelt vorzugsweise von der Neuanschaffung technischer Geräte abhängen, leben ganz offensichtlich in diesem Verhaltensmuster.

Beispiele:

Der Ehemann, der von der Polizei über den Autounfall seiner Partnerin informiert wird und als erstes fragt, ob das Auto schlimm beschädigt sei, lebt zum großen Teil in diesem Verhaltensprogramm.

Eine Vielzahl von Ehen, die z. B. unter dem Gesichtspunkt der Vermögensvermehrung geschlossen wurden, sind nur dann von Dauer, wenn beide Partner sich in diesem Verhaltensmuster bewegen.

Der Vorgesetzte, der der Meinung ist, seine Mitarbeiter ausschließlich über Sonderzuwendungen motivieren zu müssen, lebt in diesem Verhaltensprogramm.

Das betrifft auch jenen Mitarbeiter, der zwar sofort bemerkt, dass mal wieder ein anderer seinen Computer benutzt hat, aber das durch Krankheit bedingte Fehlen einer Kollegin erst nach drei Wochen registriert. Diesem Mitarbeiter kann man bedenkenlos die anstehende Jahresinventur anvertrauen, aber nicht die Vorbereitung einer Betriebsfeier. Sie wird garantiert zur Arbeitsbesprechung.

Menschen mit diesem Verhaltensprogramm verwenden oft solche Formulierungen:

- „Jeder ist zu ersetzen!"
- „Das Betriebsklima ist mir eigentlich egal. Die Mittel sind entscheidend,
  um meine Aufgaben erfüllen zu können."
- „Ich habe mich im Urlaub mit meiner Partnerin laufend gestritten. Mir
  tut jetzt noch das Geld Leid, das ich für diese Reise bezahlt habe!"
- „Ob ich nun einen guten Draht zu meinen Mitarbeitern habe oder nicht,
  Hauptsache, die materiellen Rahmenbedingungen sind in Ordnung!"

Unsere Denkmuster und das der anderen

Unsere Verhaltensprogramme zeigen sich auch darin, welche Denkmuster
wir für uns und für andere anwenden. Dabei gibt es fünf Möglichkeiten:
Manche Menschen denken, ihr Denkmuster gelte für sie und für andere. Andere meinen, ihr Muster gelte nur für sie; die Denkmuster anderer sind ihnen egal. Wieder andere finden, sie bräuchten zwar keine Denkmuster, andere aber schon. Dann gibt es Menschen, die denken, dass ihr Denken nur
für sie gelte, für andere gelte ihr eigenes Denken. Schließlich verhalten sich
manche Menschen in einer Weise, die zeigt, dass sie zuerst an den anderen
denken und dann erst an sich selbst.

mein Denkmuster gilt für mich und für andere

Menschen mit diesem Verhaltensprogramm haben ein mitunter überzogenes Selbstwertgefühl und -vertrauen. Sie machen anderen gerne Vorschriften, sei es im privaten oder öffentlichen Bereich.
   Ihnen liegt viel daran, anderen ihre Lebenseinstellung zu vermitteln,
weil sie meinen, dass sich die ihrige bisher erfolgreich bewährt hat.

Beispiele:

Großväter, die ihren Enkeln gerne Geschichten erzählen, in denen sie
selbst vorkommen und die Lebenserfahrungen vermitteln sollen, haben
erfahrungsgemäß dieses Verhaltensprogramm. Das betrifft auch jenen erfolgreichen Mitarbeiter, der aus seinem Lebenslauf kein Geheimnis macht.
   Typische Formulierungen:

- „Mache es wie ich und denke ganz einfach positiv!"
- „Also ich an deiner Stelle würde das so und so machen ..."
- „Ich will dir deine Illusionen nicht nehmen. Nur, mit dieser Lebenseinstellung wirst du im Berufsleben nicht weit kommen. Siehst du, als ich
  meine erste Stelle angetreten habe, da ..."

- „Ich war schon mal in einer ähnlichen Situation wie du. Willst du wissen, was ich damals gemacht habe?"
- „Glaube mir, es kommt manchmal nur auf die richtige Lebenseinstellung an! Oder willst du meine Erfolge bestreiten?"

mein Denkmuster gilt für mich, die Gedanken der anderen sind mir egal

Menschen mit diesem Verhaltensprogramm haben mitunter Probleme zu akzeptieren, dass ihre Mitmenschen andere Denkmuster aufweisen können als sie.

Oft werden sie das tun, von dem sie meinen, dass sie es ganz einfach tun müssen. Positive oder negative Reaktionen anderer auf ihr Handeln spielen für sie dann keine Rolle.

Beispiele:

Mitbewohner eines Mietshauses, die es nicht verstehen können, dass häufig Beschwerden anderer über Ruhe störenden Lärm beim Hausverwalter eingehen, haben sicherlich dieses Denkmuster. Das trifft auch auf jenen Grundstücksnachbar zu, der immer sonntags zwischen 13.00 Uhr und 15.00 Uhr seinen Rasen mäht.

Der Kollege, an dem Vorwürfe hinsichtlich seiner Unzuverlässigkeit regelrecht abprallen, lebt in diesem Verhaltensmuster. Hier sind auch jene Autofahrer einzuordnen, die zwar Bußgelder und Fahrverbote als schmerzlich empfinden und dennoch andere Verkehrsteilnehmer ignorieren.

Typische Formulierungen:

- „Mir ist egal, was du von mir denkst!"
- „Du kannst dich ruhig beschweren. Ich werde es trotzdem wieder machen!"
- „Was du dich nur aufregst, das ist doch mein Problem!"
- „Ich kann einfach nicht verstehen, wieso dich das stört!"

ich brauche keine Denkmuster, aber die anderen

Menschen mit diesem Verhaltensprogramm betrachten Denkmuster in der Regel als Beeinträchtigungen ihrer Persönlichkeitsentfaltung, sehen sie aber für ihre Mitmenschen als durchaus notwendig an.

Sie lehnen Vorschriften für sich persönlich ab und leiten sie gerne an andere weiter.

Beispiele:

Das Lebensmotto eines meiner Bekannten lautet: „Was Hans darf, darf Hänschen noch lange nicht!" Er hat ganz offensichtlich dieses Verhaltensmuster. Das gilt auch für jenen Mitarbeiter, der zwar ständig die Hausordnung umgeht, sie für seine Auszubildenden aber verbindlich macht. Typische Formulierungen:

- „Es kann schon sein, dass er Recht hat und ich empfehle dir zu machen, was er gesagt hat. Für mich betrachte ich es als nicht verbindlich."
- „Sicherlich gibt es so etwas wie eine allgemeine Meinung. Ich schließe mich hier aber gerne aus."

mein Denken gilt nur für mich, dein Denken gilt für dich

Menschen mit diesem Verhaltensprogramm sind in der Verfolgung eigener Prinzipien und Normen sehr konsequent, betrachten sie aber als nur für sich geltend.

Sie teilen ihre Richtlinien mit niemandem, reden anderen in ihre Art der Lebensführung niemals hinein und tolerieren unvoreingenommen deren Lebenseinstellung.

Beispiele:

Dieses Verhaltensprogramm ist für den Inhaber eines kleinen Unternehmens maßgebend, der es akzeptiert, dass seine Kinder trotz der Erwartungen der ganzen Familie nicht den elterlichen Betrieb übernehmen, sondern meinen, im Lehrerberuf ihre Erfüllung zu finden.

Menschen, die kein Problem damit haben, mit Menschen anderer Hautfarbe, anderer Religion, ethischer Auffassungen usw. zusammenzuarbeiten, können erfahrungsgemäß hier eingeordnet werden. Dieses Verhaltensmuster hat auch der Tourist, der an fremde Kulturen nicht den Maßstab seiner eigenen anlegt.

Der Chef, der für sich auf Pünktlichkeit, Ordnung und Genauigkeit in der Arbeit achtet und dennoch seinen Mitarbeitern gegenüber nicht als Pedant auftritt, hat es höchstwahrscheinlich auch.

Menschen mit diesem Verhaltensprogramm benutzen häufig Formulierungen wie:

- „Ich könnte zwar nicht so wie er leben, wenn er aber meint, es ist gut für ihn, dann bitte!"
- „Ich für mich kann es nicht nachvollziehen, dass jemand so sein kann wie sie. Aber es stört mich nicht."
- „Rede mir bitte nicht dauern rein. Ich sage doch auch nichts, wenn du ..."
- „Auch wenn ich es nicht verstehe, ich muss es akzeptieren."

ich denke an dich, dann erst an mich

Menschen mit diesem Verhaltensmuster sind häufig geneigt, ihre eigene Persönlichkeit zu Gunsten anderer in den Schatten zu stellen, wenn nicht gar aufzugeben.

Sie geben allzu gerne nach und bemerken dabei viel zu spät, dass sie oft der in jeder Beziehung Benachteiligte sind. Für diese Menschen ist das Bedürfnis kennzeichnend, es anderen um jeden Preis Recht zu machen.

Beispiele:

Eine gute Freundin unserer Familie wird seit Jahren von ihrem Ehemann betrogen und vernachlässigt. Sie will jedoch das Thema „Scheidung" nicht zur Kenntnis nehmen, weil sie glaubt, ihr Mann wäre ohne sie „verloren".
Unser Nachbar wirkt manchmal schon lächerlich in seinen Bemühungen, seiner Partnerin jeden Wunsch von den Augen abzulesen.
Wir haben einen Mitarbeiter, der jeden Auftrag ohne Widerspruch annimmt. Er lebt ganz offensichtlich in diesem Verhaltensmuster.
Solche Menschen gebrauchen häufig Formulierungen wie:

- „Ich kann zu dem zweitägigen Betriebsausflug mitkommen. Was soll mein Mann denn ohne mich anfangen?"
- „Das kannst du nicht machen. Was sollen denn die Nachbarn sagen?"
- „Gehen Sie ruhig schon nach Hause. Ich werde die paar Akten noch abarbeiten!"
- „Mir ist der Lärm egal, Kinder. Aber nehmt bitte Rücksicht auf Euren Vater!"

Wie kommen Informationen in unser Gehirn?

Wie wir bereits besprochen haben, sind manche Menschen eher durch das Sehen bestimmt (**visuell**), andere durch das Hören (**auditiv**), andere wieder durch das Fühlen und Tun (**kinästhetisch**), durch das Schmecken (**gustatorisch**) oder das Riechen (**olfaktorisch**).
Diese Wahrnehmungskanäle bestimmen, wie wir Informationen aufnehmen, und beeinflussen dadurch auch unser Verhalten.

Wie entscheidungsfreudig sind Menschen?

Unterschiede zwischen Menschen ergeben sich auch daraus, wie sie Entscheidungen treffen. Manche brauchen zahlreiche Informationen, andere eher wenig. Manche bleiben lange skeptisch, andere wieder brauchen eine gewisse Zeit, um Entscheidungen treffen zu können

zahlreiche Informationen

Menschen mit diesem Verhaltensprogramm benötigen eine Vielzahl der unterschiedlichsten Informationen, um eine Situation beurteilen zu können. Dabei sind sie in der Lage, die für sie notwendigen Informationsmengen auch in kürzester Zeit zu verarbeiten.

Entscheidungen treffen sie in der Regel erst dann, wenn sie meinen, auch wirklich genügend erfahren zu haben, um verantwortungsvoll handeln zu können.

Beispiele:

Der Mitarbeiter, der mehr als nur einen Hinweis benötigt, um den Sinn der Produktionsumstellung einzusehen, hat höchstwahrscheinlich dieses Verhaltensprogramm. Das betrifft auch den Personalchef, dem die kargen Antworten eines Stellenwerbers nicht ausreichen, um ihn einschätzen zu können.

Auch der Schüler, der bei der Anfertigung seiner Hausaufgaben nicht nur in das entsprechende Schulbuch schaut, sondern ein Lexikon zur Hand nimmt, hat dieses Verhaltensmuster. Es ist auch für Menschen typisch, die mit einer großen Informationsflut umgehen können.

Typische Formulierungen für Menschen mit diesem Verhaltensprogramm sind z. B.:

- „Mir genügt es nicht, eine These in den Raum zu stellen. Ich werde sie durch eine Vielzahl von Informationen belegen."
- „Je mehr Informationen ich erhalten kann, desto besser!"
- „Ich verstehe es nicht, wie du dich in der heutigen Welt ohne Informationen zurechtfinden willst!"
- „Diese knappe Auskunft kann mich nicht von den Vorteilen des neuen Produkts überzeugen!"

wenig Informationen

Menschen mit diesem Verhaltensprogramm benötigen nur knappe und wenig Informationen, um sich von einer gegebenen Situation ein Bild zu machen.Es fällt ihnen leicht, mit wenig Informationen Entscheidungen zu treffen.

Beispiele:

Ich bewundere einen Freund von mir, bei dem ein bis zwei Informationen ausreichen, und er kann sich ein Bild von der Lage machen. Er lebt höchstwahrscheinlich nach diesem Verhaltensprogramm.

Das gilt ganz offensichtlich auch für meinen Vorgesetzten, der auf ein umfängliches Berichtswesen verzichtet und trotzdem über alles und jeden in seiner Abteilung gut Bescheid weiß.

Der Prüfer, der einen Kandidaten unterbricht um festzustellen, dass ihm das Gesagte genügt um zu einer Note zu kommen, hat dieses Verhaltensmuster.

Für Menschen mit diesem Verhaltensprogramm können solche Formulierungen typisch sein:

- „Danke. Mir genügt die eine Vorführung, um mich von der Qualität des Produkts zu überzeugen!"
- „Ich benötige hier keine weiteren Fakten. Ich glaube dir auch so!"
- „Mir reicht es aus, wenn ich die Schlagzeilen meiner Tageszeitung zur Kenntnis nehme."
- „Tragen Sie Ihr Anliegen kurz und knapp vor! Ich werde dann sofort eine Entscheidung treffen."

Skepsis

Für Menschen mit diesem Verhaltensprogramm ist es in der Regel unwesentlich, ob im Vorfeld ihrer Entscheidungen wenig oder viele Informationen stehen: Ein Rest Selbstzweifel ist für diese Menschen immer gegeben – Skepsis am Inhalt ihrer Informationen wie auch Skepsis gegenüber den eigenen Entscheidungen.

Menschen mit diesem Verhaltensmuster sind, wenn überhaupt, nur schwer von etwas zu überzeugen.

Beispiele:

Im Grunde genommen war seine Partnerin auch nach stundenlangen Gesprächen von den Vorteilen der Anschaffung eines Zweitwagens nicht überzeugt. Ihr Ehemann hat es nicht immer leicht, seine Frau bewegt sich in diesem Verhaltensprogramm.

Das betrifft auch den Mitarbeiter, der trotz einer Vielzahl von Gesprächen die getroffene Entscheidung nur mit halbem Herzen trägt.

Wenn irgendwo die Ansicht laut wird, dass man übereinstimmend zu der und der Ansicht gekommen sei, wird es garantiert jemanden geben, für den das nicht zutrifft – einen Menschen mit diesem Verhaltensmuster.

Typische Formulierungen für Menschen mit diesem Verhaltensprogramm:

- „Es spricht vieles dafür. Trotzdem habe ich irgendwie Bedenken bei dieser Entscheidung!"

- „Tut mir Leid, aber das kann mich nicht restlos überzeugen!"
- „Und wenn du tausend Schwüre leistest, ich kann dir einfach nicht glauben!"
- „Glaubst du etwa, dass die Informationen in unserem Urlaubsprospekt so stimmen?"

Zeitschienen

Menschen mit diesem Verhaltensprogramm genügen aneinandergereihte Informationen nicht. Vielmehr wollen sie ihre gewonnen Kenntnisse miteinander vergleichen, sie gegeneinander abwägen und überprüfen, ehe sie eine Entscheidung treffen. Das verlangt mitunter viel Zeit.

Es ist fast immer sinnlos, von diesen Menschen spontane Entscheidungen erwarten zu wollen.

Beispiele:

Ich bat einen Bekannten am Montag sich zu überlegen, ob wir am Samstag in aller Frühe zum Angeln fahren wollen. Er sagte mir am Freitag Abend zu. Es steht zu erwarten, dass dieses Verhaltensprogramm für ihn prägend ist. Das trifft auch höchstwahrscheinlich für den Mitarbeiter zu, dem man von vornherein Bedenkzeiten einräumt, wenn Entscheidungen zu fällen sind.

Der Ehemann, dessen Stimmung umkippt, wenn seine Partnerin verkündet, dass man sich heute noch für den Kauf des neuen Kühlschranks entscheiden müsse, bewegt sich in diesem Verhaltensmuster.

Das betrifft auch den Kunden eines Reisebüros, der mit festen Zielvorstellungen den Laden betritt, ein zweistündiges Gespräch mit einem Angestellten führt und dann doch lediglich mit einem dicken Packen Prospekten nach Hause geht.

Typische Formulierungen:

- „Lass mir bitte Zeit, Liebling!"
- „Ich kann mich nun einmal nicht von heute auf morgen entscheiden!"
- „Es ist sinnvoller, die Besprechung heute abzubrechen und in der kommenden Woche fortzusetzen. Wir kommen sonst zu keinem Resultat."
- „Rechnen Sie mit einem Gutachten nicht vor Ablauf des Monats!"

Wie können Programme geändert werden? Welchen Nutzen bringt die Kenntnis der 14 Verhaltensprogramme?

An den Anfang dieses Abschnitts setze ich die Behauptung, dass Programme geändert werden können. Die Betonung in diesem Satz liegt auf „ändern" und meint keinesfalls die Änderung, die beispielsweise ein Schneider an Ihrer soeben gekauften Hose vornimmt.

Sie erinnern sich, ich formulierte zu Beginn dieses Abschnittes, dass die Programme, die unser Leben steuern, unbewusst verlaufen. Wenn ich hier also von „ändern" spreche, ist klar, dass ich natürlich diese Programme zuerst kennen muss. Es ist hier wie mit Newton und dem Apfel: er fiel auch vom Baum, noch ehe das Gravitationsgesetz aufgestellt wurde.

Auf einmal weiß ich von mir, dass es alles andere als zufällig ist, wenn ich plötzliche Veränderungen in meinem beruflichen Leben eigentlich gar nicht mag. Das geschieht nicht aus einer vorrübergehenden Stimmungslage oder momentanen seelischen Befindlichkeit heraus und trifft nicht nur auf das Heute zu, sondern auch auf das Gestern sowie das Morgen. Berechtigterweise werden Sie dann fragen: Gut, ich weiß jetzt, dass für mein Verhalten ein bestimmtes Programm zuständig ist, doch ich kann fatalerweise nichts an seinen Auswirkungen ändern. Das ist sowohl richtig als auch falsch. Richtig ist, dass diese Programme „in Ihnen sind" und sie von Ihnen nicht gelöscht werden können, endgültig und unwiderruflich.

Falsch ist aber die Annahme, nur von einem Programm „gesteuert" zu werden. Sie werden beim Durchlesen der 14 Verhaltensprogramme in ihren jeweiligen und unterschiedlichen Varianten festgestellt haben, dass eigentlich dieses und jenes Programm für Sie zutrifft. Damit sind wir schon einen großen Schritt weiter gekommen, den Schritt vom einfachen Kennen hin zu der Tatsache, dass Ihnen etwas bewusst geworden ist. Sie haben mit anderen Worten die eigentlich in Ihrem Unterbewusstsein verankerten Programme in Ihr Bewusstsein gehoben. Damit aber haben Sie die große Möglichkeit gewonnen, nicht mehr vom SEPP gesteuert zu werden, sondern selbst zu steuern.

Ich möchte Sie dazu aufrufen, mit Ihrem SEPP eine Abmachung zu treffen. Wann immer er beginnt, ein Programm anzuwerfen, dem Sie nicht mehr folgen möchten, dann befehlen Sie ihm durch ein einfaches Codewort, das Programm abzubrechen. Die 14 Verhaltenprogramme laufen unbewusst ab, und es ist schwierig, sie sich abzugewöhnen. Wie die Crew eines Schiffs muss Ihr SEPP die neuen Befehle erst mühsam erlernen, während die alten ihm in Fleisch und Blut übergegangen sind. Tun Sie also die neuen Befehle immer wieder kund, so dass Ihre Mannschaft sie verinnerlicht.

Damit wir uns auch wirklich verstehen: ein Programm zu verwerfen meint nicht es zu löschen. Gemeint ist vielmehr, dass das Bewusstwerden dieser Programme es uns ermöglicht, zwischen ihnen zu entscheiden. Wir entscheiden uns für die Programme, von denen wir meinen, dass sie unser Verhalten so beeinflussen, dass wir letztlich erfolgreich sind.

Befragt nach dem Nutzen dieser Programme für jeden Einzelnen von uns antworte ich immer, dass sie zunächst einmal „Bestandteil" menschlichen Selbstbewusstseins sein müssen. Unter dieser Voraussetzung können Sie sich und Ihre Mitmenschen motivieren. Damit besteht die echte Chance, private und berufliche Erfolge zu erreichen. Sie befähigt Sie, richtig mit Ihren Mitmenschen umzugehen. Sie können für sich und andere Berufsprofile erstellen, sind in der Lage, Ihre Neigungen und Talente zu entdecken sowie auf die Fähigkeiten anderer aufmerksam zu werden. Für sich und andere können Sie Ziele vereinbaren und wissen den Weg, wie sie zu erreichen sind. Und schließlich: Von nun an können Sie die unterschiedlichsten Lebenssituationen richtig erfassen und meistern.

Ihre Aktivitäten – TUN

Analysieren Sie sich, Ihren Partner und andere Mitmenschen, indem Sie für die jeweilige Person folgende Fragen beantworten.

1. **Ergreift sie die Initiative oder wartet sie darauf, dass andere die Initiative für sie ergreifen?**

   aktiv, extrovertiert ○   reaktiv, introvertiert ○

2. **Welche Gedanken oder Worte lösen körperliche und/oder emotionale Reaktionen bei ihr aus? Werden diese Worte**

   bewusst eingesetzt ○   unbewusst eingesetzt ○

3. **Wie gestaltet dieser Mensch sein Handeln? Wird er durch Ziele oder Probleme motiviert?**

   Ziele erreichen ○   Probleme lösen ○

4. Woher nimmt er seine Motivation? Findet er seine Motivation in sich selbst oder braucht er äußere Anstöße?

In sich selbst ○   von außen ○

5. Betritt er neue Wege oder folgt er traditionellen Regeln?

Mut und Risikobereitschaft ○   Sicherheit und Komfort ○

6. Wie oft fanden im privaten oder beruflichen Leben dieses Menschen entscheidende Veränderungen statt?

Gleichheit ○   Unterschiedlichkeit ○
ca. alle 15 bis 20 Jahre   ca. alle 3 bis 7 Jahre

7. Richtet er seinen Blick auf das Ganze oder geht er ins Detail?

Blick auf das Ganze ○   Schritt für Schritt ○

8. Achtet er auf die Erfahrungen anderer oder benutzt er seine eigenen Erfahrungen?

die Erfahrungen anderer ○   eigene Erfahrungen ○

9. Wie reagiert er auf Stress?

                                    emotional ○

                                    wertfrei ○

                                    sachlich ○

10. In welchem Umfeld ist dieser Mensch besonders effizient? Wenn er etwas alleine tun, mit anderen zusammen arbeitet oder wenn Menschen die Verantwortung teilen können?

                                    alleine ○

                                    zusammenarbeiten ○

                                    Verantwortung teilen ○

11. Denkt er an Personen und deren Gefühle oder an logische Dinge/Gegenstände?

Personen und Gefühle ○   Dinge/Gegenstände ○

12. Welche Denkmuster wendet er für sich und andere an?

Mein Denkmuster gilt für mich und für andere ○

Mein Denkmuster gilt für mich,
die Gedanken der anderen sind mir egal ○

Ich brauche keine Denkmuster, aber die anderen ○

Mein Denken gilt für mich, dein Denken gilt für dich ○

Ich denke an dich, dann erst an mich ○

13. Wie nimmt er Informationen auf?

sehen ○   riechen ○

hören ○   schmecken ○

tun – fühlen ○

14. Wie trifft er Entscheidungen?

Zahlreiche Informationen ○   Skepsis ○

Wenig Informationen ○   Zeitschienen ○

Kapitel 4

Menschen sehen und verstehen

„Der Körper, der Übersetzer der Seele ins Sichtbare ..."

(Christian Morgenstern)

Die Körpertypologie

Unter dem Titel „Körperbau und Charakter" stellte 1921 zum ersten Mal der Tübinger Psychiater Ernst Kretschmer (1888–1964) seine bis dahin gemachten Beobachtungen zum Zusammenhang von Körperbau und seelischer Struktur eines Menschen der Öffentlichkeit in Buchform vor. Seine Lehre von den „Konstitutionstypen" (lat. constitutio: Beschaffenheit) war das Ergebnis jahrelanger klinischer Beobachtungen. Eine seiner wohl wichtigsten Schlussfolgerungen ist, dass das äußere Erscheinungsbild meiner Mitmenschen wie auch mein eigenes Aussehen in einem Zusammenhang mit unseren individuellen Eigenschaften stehen und nicht zufällig sind. Kretschmer macht für diese Tatsache die Vererbung von Veranlagungen verantwortlich.

Eine weitere Betrachtungsweise ist die so genannte Lehre von den Temperamenten, die auf den griechischen Arzt Hippokrates (um 460 – um 377 v. Chr.) zurückgeht. Die Idee dieser Lehre besteht darin, dass das Temperament eines Menschen körperlich bedingt ist. Aristoteles (384–322 v. Chr.), auch Grieche und Philosoph, hat sie übernommen und ergänzt. Für ihn kommt der Beschaffenheit des Blutes eine besondere Bedeutung bei der Bildung des Charakters zu. Er unterschied den Sanguiniker (den Leichtblütigen), den Choleriker (den Heißblütigen), den Phlegmatiker (den Kaltblütigen) und den Melancholiker (den Schwerblütigen). Wenngleich die diesen Ideen zu Grunde liegende Lehre von den „Körpersäften" heute keine Rolle mehr spielt, hat die Einteilung in die genannten vier Typen noch Geltung.

Der Schweizer Psychologe Carl Gustav Jung (1875–1961) fand bei seinen umfangreichen Forschungen zwei äußerst gegensätzliche Menschentypen: den Extrovertierten (der nach außen gewendete Mensch) und den Introvertierten (der nach innen gewendete Mensch) und bemerkte hierzu sinngemäß, dass jeder Mensch beide Mechanismen besitzt, sowohl das der Extroversion als das der Introversion und nur das relative Überwiegen des einen oder des anderen den Typus ausmacht. Der extrovertierte Mensch zeichnet sich u. a. durch erfolgsorientiertes Denken und Handeln, Zielstrebigkeit und Kontaktfreudigkeit aus. Der Introvertierte hingegen bevorzugt die Einsamkeit, die Stille, mag keine größeren Veränderungen in seinem Leben und gestaltet es sehr selbstbezogen.

Neben dieser Zweiteilung stammt von Jung noch die Einteilung nach so genannten Funktionstypen. Hier kennt Jung den Gefühlstyp (sein Denken und Handeln nimmt seinen Anfang ausschließlich beim Gefühl), den intuitiven Typ (sein Handeln ist nicht das Ergebnis eines vorangegangenen systematischen Denkens, sondern vollzieht sich aus einem situationsgebundenen Erfassen der Wirklichkeit heraus), den Denkertyp (sein Handlungsmuster wird von sachlichem und logischem Denken beherrscht) und den Empfindungstyp (er lehnt die verstandesmäßige Durchdringung der Welt für sich ab und baut auf seine Sinnlichkeit). Im Einzelnen soll auf diese unterschiedlichen Typenlehren – von denen es noch mehr gibt – hier nicht eingegangen werden. Wir beschränken uns auf die Lehre von den Körpertypologien und die der Temperamente, aus denen wir viele wichtige Einsichten darüber gewinnen können, wie wir am besten mit uns selbst und anderen umgehen.

Die drei Körpertypologien

oder „ ... von der Art, das Innere des Menschen am Äußeren zu erkennen."

(Immanuel Kant)

Der schlankwüchsige oder leptosome Körperbautyp

 Schlankwüchsige Menschen bewegen sich in der Regel in einem Gefühlsmuster, das zwischen den Polen Überempfindlichkeit und emotionaler Kühle festgemacht werden kann. Wir sollten uns daher nicht wundern, wenn diese Menschen auf eine Reihe von Ereignissen in ihrem Leben äußerst sensibel reagieren, während sie andererseits Problemen ihrer Mitmenschen manchmal fassungslos gegenüberstehen.

Hinter diesen Tatsachen lässt sich ein unausgeglichenes und unruhiges Seelenleben vermuten. Das Problem hierbei ist, dass diese Menschen ihr Gefühlsleben meistens verschlossen halten. Damit wirken sie auf andere introvertiert und unzugänglich. Sie führen oft ein „Leben in sich hinein". Es kann lange dauern, bis sie auf äußere Ereignisse sichtbar reagieren. Vielmehr ist es häufig so, dass sie das Geschehen in ihrer Umgebung nicht sofort verarbeiten und es zu Gefühlsanstauungen kommen kann. Hier besteht die Möglichkeit der Entstehung von Frustrationen, was zu explosionsartigen Gefühlsentladungen führen kann. Beides gestaltet den Umgang mit ihnen problematisch, zumal ihr Erscheinungsbild nicht immer ihre innere Verfassung widerspiegelt und sie in ihren Handlungen vielerorts ein Verhalten an den Tag legen, das für andere völlig unerwartet kommt. Sie besitzen die Fähigkeit zum logischen Denken und verfügen über ein gutes Gedächtnis. Es fällt schwer, sie in ihren Überlegungen zu beeinflussen. Mitunter gehen sie hier sehr eigenwillige Wege und neigen zu Gedankensprüngen. Das wirkt sich auf ihre Kreativität mitunter positiv aus.

Der rundwüchsige oder pyknische Körperbautyp

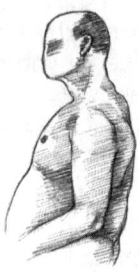

Das Gefühlsleben der Pykniker ist ebenfalls schwer festzumachen und schwankt zwischen den Polen heiter und traurig. Fest gehalten werden kann, dass ihr Denken intensiv von ihrem Gefühlsleben beeinflusst wird. Sie verstecken es vor niemandem und halten mit ihren Ansichten nicht hinter dem Berg.

Diese Menschen strahlen eine unkomplizierte Lebensphilosophie aus, die nicht zuletzt von einer gewissen Zufriedenheit mit sich und ihrer Umwelt spricht. Sie beherrschen die Kunst, sich das Leben leichtzureden und sich veränderten Situationen problemlos anzupassen. Den Sorgen und Leiden anderer gegenüber zeigen sie sich aufgeschlossen und können sie gut nachvollziehen. Geraten sie dabei selbst in Schwermut, spricht das für ihre Neigung, zunächst alles tragisch zu nehmen, ohne in andauernde Melancholie zu versinken. Pykniker blasen gerne Trübsal und fühlen sich in Mitleid und Selbstmitleid mitunter durchaus wohl. Beides gehört ganz einfach zu ihrem Leben. In ihren Überlegungen sind sie vielseitig, manchmal weitschweifig und umständlich. Das beeinträchtigt ihre Fantasie und Fähigkeit zum bildhaften Denken nicht. Ihr Handeln ist leicht zu beeinflussen und zeigt manchmal mangelnde Selbstbeherrschung. Handlungen aus dieser Gefühlslage heraus werden von ihnen schnell bereut, was nicht zuletzt für ihr eigentlich geselliges Wesen spricht. Sie mögen den Umgang mit anderen Menschen, sind zugänglich und sehr gesellig.

Der athletische oder kraftwüchsige Körperbautyp

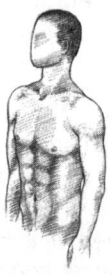

An diesen Menschen ist eine unerschütterliche Gelassenheit auffallend. Wenn andere schon längst das Handtuch geschmissen haben, beginnen sie sich für das anstehende Problem zu interessieren. Sie strahlen eine geradezu bewundernswerte Ruhe und große körperliche wie seelische Belastbarkeit aus.

In ihrer Anwesenheit fühlen sich andere sicher, geborgen und beschützt. Mit Worten gehen sie äußerst sparsam um. Sie sind mehr Tatmenschen. Ihr Denken ist daher aufs Praktische gerichtet. Sie besitzen einen kühlen sowie sachlichen Verstand und zeigen kein Übermaß an Fantasie.

Die vier Temperamente

oder: „Wir spielen unsere Gedanken gegeneinander aus, in Wirklichkeit unsere Temperamente ..."

(Christian Morgenstern)

Das „leichtblütige Temperament" – der Sanguiniker

Sanguiniker sind heitere, temperamentvolle und sehr lebendige Menschen. Sie strahlen einen unerschütterlichen Optimismus aus und hinterlassen den Eindruck, als wären sie allen Problemen des Lebens gewachsen. In ihrem Denken sind sie unbekümmert, was häufig unbesonnenes, plan- und zielloses Handeln nach sich ziehen kann.

Sie zeichnen sich durch Gedankenreichtum aus und besitzen ein gehobenes, aber gesundes Selbstwertgefühl und meinen deshalb, überall und über alles mitreden zu können. Diese Menschen haben ein geselliges Wesen, sind begeisterungsfähig und gerade hier unbeständig. Ein heute gefasster Entschluss kann bereits am kommenden Tag keine Bedeutung mehr für sie haben, da sie leicht zu beeinflussen sind. Grundsätze, Verhaltensregeln und Vorschriften lehnen Sanguiniker in der Regel für sich ab. Sie haben kein Problem damit, als oberflächlich oder leichtsinnig zu gelten. Mit ihnen ist immer zu rechnen, aber man sollte nie auf sie bauen. Sie sind nicht nachtragend und verkraften Kritik oder Misserfolge mühelos, indem sie sich einfach darüber hinwegsetzen. Zeigen sie Reue oder Bedauern, ist das ehrlich und aufrichtig gemeint, aber nicht von langer Dauer. Sanguiniker leben im Heute und machen sich keine Sorgen um den kommenden Tag.

Das „heißblütige Temperament" – der Choleriker

Choleriker neigen zu heftigen Gefühlsausbrüchen, regen sich rasch auf und können ohne erkennbaren Grund und ohne Vorwarnung in gereizter, wenn nicht gar aggressiver Form reagieren. Es sind leidenschaftliche Menschen, energisch und vital.

Für andere gestaltet sich der Umgang mit ihnen nicht problemlos: Sie lassen sich nur ungern etwas sagen, sind eigensinnig und versuchen allzu oft, mit dem Kopf durch die Wand zu gehen. Widerspruch wird nur selten geduldet. Die seelische Gemütslage von Cholerikern entzieht sich häufig jeder Verstandeskontrolle, wobei es ihnen im Nachhinein oft Leid tut, sich zu Handlungen hinreißen zu lassen, die auf ihre Mitmenschen schwer nachvollziehbar wirken.

Das „kaltblütige Temperament" – der Phlegmatiker

Phlegmatische Menschen sind nur schwer aus ihrem körperlichen und seelischen Gleichgewicht zu bringen. Sie zeigen sich selbst dann noch unerschüttert, wenn andere schon lange entnervt aufgegeben haben. Ihre typische Schwerfälligkeit spiegelt sich in Beständigkeit, Ausdauer sowie Gutmütigkeit wider.

Diese Eigenschaften können auch in einer gewissen Zufriedenheit mit sich und der Welt ihren Grund haben. Die Lebensphilosophie der Phlegmatiker ist unkompliziert, sie stellen keine größeren Ansprüche an sich und das Leben. Auf andere wirken sie verträglich und umgänglich, können aber lebhafte Menschen infolge ihres leidenschaftslos wirkenden Erscheinungsbildes zur puren Verzweiflung treiben.

„das schwerblütige Temperament" – der Melancholiker

Melancholiker haben ein reiches Gefühlsleben, das sich allerdings in Trübsinnigkeit gefallen kann. Sie sind empfindsam und sensibel. Diese Menschen neigen zu Schwermut, andauernder Grübelei und ziehen das Unergründliche der Tatsachenwelt vor. Diese ist ihnen eine Last, bereitet ihnen Kummer und Sorge.

Melancholische Menschen bevorzugen die Einsamkeit und Abgeschiedenheit. Ihre tiefe Nachdenklichkeit muss so vielerorts unbemerkt bleiben, zumal sie im Umgang mit anderen kontaktscheu sind. Melancholiker leiden oft unter mangelndem Selbstvertrauen. Sie sind sehr empfänglich für die Leiden anderer, denen sie verständnisvoll und geduldig entgegentreten. Melancholiker sind groß im Mitleiden.

Menschenkenntnis von Kopf bis Fuß

Es sind eine Vielzahl von Informationen, die Ihnen der andere bei einem Zusammentreffen sendet: seine Körpersprache, seine Kleidung, seine Bewegungen, seine Art zu sprechen usw. Ohne Zweifel bestimmt auch das natürliche Aussehen des anderen das Bild, das Sie sich von ihm machen. Im Folgenden will ich Ihnen Deutungen der augenscheinlichsten Formen menschlichen Aussehens mitteilen, die ich im Laufe der Zeit bei unzähligen Begegnungen mit anderen Menschen immer wieder bestätigt fand.

Die wichtigsten Kopfformen

der quadratische Kopf

Menschen mit dieser Kopfform sind in der Regel willensstark und zeichnen sich durch Entschlussfreudigkeit und Entscheidungsfähigkeit aus. Ihre Handlungen verraten Tatkraft.

der runde Kopf

Hier begegnen uns Menschen mit einem sehr geselligen Wesen. Sie besitzen die Fähigkeit, rasch und zügig Urteile zu treffen. Hilfsbereitschaft, Uneigennützigkeit und Entschlusskraft gehören zu ihren herausragenden Eigenschaften.

der ovale Kopf

Menschen mit dieser Kopfform besitzen einen sehr lebhaften Geist und sind in ihrem Denken beweglich und flexibel. Sie reagieren dann heftig, wenn ihre eigene Persönlichkeit in Frage gestellt wird.

der dreieckige Kopf

Diese Kopfform spricht für Menschen, die einen gesunden Menschenverstand haben. Sie vertrauen aber auch auf ihr „Bauchgefühl" und beherrschen die Kunst, schwierige Probleme diplomatisch zu lösen.

der trapezförmige Kopf

An dieser Kopfform kann man Menschen erkennen, die sich besonders gut für praktische Aufgabenstellungen eignen. Sie haben in der Regel sehr geschickte Hände und sind in ihrem Denken und Handeln erfolgsorientiert ausgerichtet. Diese Menschen stehen mit beiden Beinen fest im Leben.

die dominante Stirn

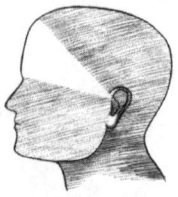

Die dominante Stirn spricht für intellektuelle Menschen. Ihr Verhaltensmuster wird von Verstand und Vernunft bestimmt, ohne das Gefühlsleben zu vernachlässigen. Sie besitzen die Fähigkeit, hier eine eindeutige Trennungslinie zu ziehen.

der dominante Oberkopf

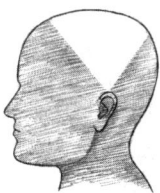

Wir haben „Gefühlsmenschen" vor uns, deren Wesen von einem intensiven Seelenleben bestimmt wird. Ihr Denken und Handeln orientiert sich an sittlich-ethischen Vorgaben und ist oft im Glauben begründet.

der dominante Hinterkopf

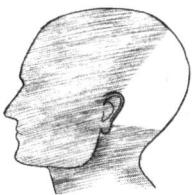

Der dominante Hinterkopf kennzeichnet „Tatmenschen". Sie zeichnen sich durch ein hohes Leistungsvermögen, Dynamik und Beharrlichkeit aus.

Unser Gesicht als Visitenkarte

„Das Gesicht ist die Visitenkarte der allgemeinen Situation eines Individuums ..."

(Ernst Kretschmer)

das schmale Gesicht

Menschen mit einem schmalen Gesicht sind in ihrem Wesen meistens nicht festzulegen. Was festgehalten werden kann, ist ihre Beweglichkeit im Denken und Handeln sowie ihre Anpassungsfähigkeit an die unterschiedlichsten Situationen des Lebens. Sie können auf einer Vielzahl von Gebieten sehr talentiert sein, entfalten jedoch ihre Begabungen in der Regel jenseits praktischer Tätigkeiten. Ihren Mitmenschen gegenüber verhalten sie sich oft großzügig und unvoreingenommen. Mitunter neigen sie zu schwärmerischer Begeisterung, die rasch wieder abflauen kann.

das breite Gesicht

Ein breites Gesicht spricht häufig für Menschen, die in ihrem Denken ausgesprochen realitätsbezogen vorgehen und es fast immer in den Dienst eines erfolgsorientierten Handelns stellen. Dieser gewollt herbeigeführte Leistungsdruck beschneidet ihr Gefühlsleben und kann das Zusammenleben mit anderen problematisch gestalten.

das scharf geschnittene Gesicht

Menschen mit diesem Gesicht wirken auf andere meist kühl und unzugänglich. Sie strahlen eine gewisse intellektuelle Überlegenheit und emotionale Selbstbeherrschung aus, welche oft in ihren kompromisslosen und energischen Handlungen ihre Bestätigung finden. Sie stellen an sich und andere hohe Anforderungen und drängen auf deren Verwirklichung.

das runde Gesicht

Dieses Gesicht vermittelt erfahrungsgemäß ein Gefühl der Geborgenheit, menschlicher Güte und Glaubhaftigkeit. In diesem Gesicht spiegelt sich ein intensives Gefühlsleben wider, das mitunter Stimmungsschwankungen unterworfen sein kann. Diese haben aber keinen negativen Einfluss auf das Zusammenleben dieser Menschen mit anderen. Sie verfügen über Einfühlungsvermögen und achten das Selbstwertgefühl anderer. In ihrem eigenen sind sie für Zuwendungen dankbar.

TUN und WESEN, an der Stirne ist's zu lesen

die gerade Stirn

Menschen mit dieser Stirn sagt man nach, in ihrem Denken nachsichtig und verständnisvoll zu sein. Sie strahlen Wärme und Herzlichkeit aus und wirken auf ihre Mitmenschen sympathisch und glaubwürdig.

die hohe Stirn

Eine hohe Stirn spricht für Menschen, die sich in ihrem Denken und Handeln vom Verstand leiten lassen. Sie gehen sehr sachlich und vorurteilsfrei an alle Probleme des Lebens heran.

die gewölbte Stirn

Diese Form der Stirn verrät Menschen mit einer guten Beobachtungsgabe und einem sehr bildhaften Vorstellungsvermögen.

die breite Stirn

Es ist manchmal nicht einfach, angesichts einer Vielzahl von Eindrücken die Übersicht zu behalten und Wesentliches von Unwesentlichem trennen zu können. Menschen mit einer breiten Stirn besitzen diese Fähigkeit.

die schmale Stirn

Menschen mit dieser Stirn sagt man nach, in ihrem Denken nachsichtig und verständnisvoll zu sein. Sie strahlen Wärme und Herzlichkeit aus und wirken auf ihre Mitmenschen sympathisch und glaubwürdig.

Was uns die Falten der Stirn mitteilen wollen

senkrechte Stirnfalten

Diese Falten sprechen für Menschen, die andauernde geistige Anstrengung auf sich nehmen. Die so genannte „Konzentrationsfalte" spricht für die Fähigkeit zu höchster gedanklicher Anspannung und Sammlung. Diese Falten können aber auch der Hinweis auf Menschen sein, mit denen es das Leben bislang nicht gut gemeint hat und deren negative seelische Befindlichkeit inzwischen zum Dauerzustand geworden ist.

waagerechte Stirnfalten

Waagerechte Stirnfalten sprechen für Menschen, die ihre Umwelt und ihr eigenes Leben ernst und wichtig nehmen. Leichtfertigkeit im Denken und Handeln sind diesen Menschen fremd. Den Problemen anderer werden solche Menschen stets mit Aufmerksamkeit und Respekt begegnen.

waagerechte und senkrechte Stirnfalten

Diese Falten gestatten den Rückschluss auf Menschen, die oft mit sich und anderen Probleme haben, die ihnen als unlösbar erscheinen. Die Gemütslage dieser Menschen spricht von Unzufriedenheit und kann manchmal einem heillosen Durcheinander gleichen.

die Mittelfalte

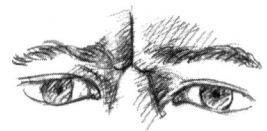

Menschen mit dieser Stirnfalte sind sowohl im rationalen als auch im irrationalen Denken zu Hause. Das befähigt sie, in ihren Überlegungen nicht nur mit bemerkenswerter Logik vorzugehen. Sie zeichnen sich vor allem durch originelle Überlegungen aus, deren Ursprung in ihrem intuitiven Vermögen und ihrer Fantasie liegt. An diesen Menschen fällt auf, dass sie selbst angesichts bedrückender Lebenssituationen bemüht sind, diesen einen Sinn abzugewinnen.

ohne Falten

Für diese Menschen haben die äußeren Umstände des eigenen Daseins ganz offensichtlich das Ergebnis gehabt, dass sie bisher ein glückliches und aus ihrer Sicht erfülltes Leben geführt haben.

Stellungen und Ausdruck der Augen

zusammen stehende Augen

Menschen mit dieser Augenstellung bewegen sich erfahrungsgemäß in einem Verhaltensmuster, das sowohl Handlungen aus reinem Idealismus als auch aus blindem Fanatismus zulässt. Sie sind in jedem Fall schnell begeisterungsfähig und hängen in ständiger Abfolge den unterschiedlichsten Weltanschauungen oder Leitbildern an.

auseinander liegende Augen

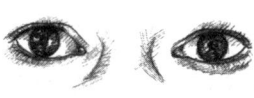

Menschen mit auseinander liegenden Augen sind in der Regel nüchterne Denker mit einem klaren Verstand. In ihren Überlegungen und Handlungen legen sie meist eine kühle Sachlichkeit an den Tag. Spekulatives Denken ist ihnen fremd. Es zählt letztlich für diese Menschen nur das, was der Erfahrung zugänglich und einsichtig ist.

offene Augen

Dieser Augenausdruck spricht für Menschen, die ein aufgeschlossenes Wesen haben und ihrer Umwelt interessiert gegenübertreten. Ihre Lebensphilosophie wird von Optimismus getragen. Sie haben einen weltoffenen Charakter, der viel Menschliches an sich hat und Lebensfreude ausstrahlt.

verhängte Augen

Dieser Augenausdruck ist für Menschen typisch, deren Verhaltensmuster von Interesselosigkeit und Gleichgültigkeit gekennzeichnet ist. In ihrem Denken und Handeln wirken sie oft teilnahmslos und antriebsschwach. Sie erwecken bei anderen häufig den Eindruck ständiger Niedergeschlagenheit.

weit geöffnete Augen

Menschen, die immer so schauen, haben einen weiten Horizont. Sie sind geistig rege sowie für sinnliche Eindrücke sehr empfänglich. Sie geben sich gern der beschaulichen Betrachtung hin.

abgedeckte Augen

Dieser Augenausdruck verrät uns Menschen mit einer außergewöhnlichen Konzentrationsfähigkeit. Sie schenken ihren Mitmenschen und der Umwelt viel Aufmerksamkeit und sind im angestrengten Nachdenken zu Hause.

Die Farbe unserer Augen

oder „ ... ein graues Auge – ein schlaues Auge;
Auf schelmische Launen deuten die braunen;
Des Auges Bläue – bedeutet Treue;
– Doch eines schwarzen Auges Gefunkel
Ist stets, wie Gottes Auge, dunkel ...“

(Friedrich von Bodenstedt)

schwarze Augen

Menschen mit schwarzen Augen gelten in ihrem Verhalten als streitlustig. Sie leiden gelegentlich unter mangelnder Selbstbeherrschung. Sie sind sehr tatkräftig und können energisch zupacken. In der Verfolgung eigener Ziele und Interessen wirken sie ausgesprochen hartnäckig.

blaue Augen

Menschen mit blauen Augen sagt man zu Recht Großzügigkeit und Aufgeschlossenheit nach. Im Umgang mit anderen sind sie verträglich und geduldig. Sie haben ein sanftmütiges Wesen.

graue Augen

Graue Augen sprechen für Menschen, die sich anderen gegenüber meistens distanziert verhalten und kontaktarm sind. Es fällt mitunter schwer, ihr Interesse und Mitgefühl für die Probleme ihrer Mitmenschen zu wecken.

grüne Augen

Menschen mit grünen Augen zeigen sich sehr begeisterungsfähig und haben ein sinnliches, leidenschaftliches Wesen. Sie sind sehr aufgeschlossen für Gemütswerte. In der Befolgung und Annahme rationaler Leitbilder unterliegen sie oft Schwankungen. Hier eingenommene Positionen können rasch wieder aufgekündigt werden.

braune bzw. dunkelfarbige Augen

Mit diesen Augen verraten sich Menschen mit einem intensiven Gefühlsleben. Sie sind meistens introvertiert und in ihren Handlungen mitunter unbeherrscht.

Unsere Augenfalten deuten

Lachfalten

Menschen mit Lachfalten an den Augen haben ein heiteres Wesen. Sie nehmen das Leben fast immer von seiner positiven Seite, sind weltoffen und anderen gegenüber unvoreingenommen.

gespannte Augenfalten

Gespannte Falten an den Augen sprechen für Menschen, die häufig ein misstrauisches Wesen haben. Sie leiden unter dem Hang zu übertriebener Vorsicht und sind schwer zugänglich.

Was die Ohrenformen verraten

das Ohr

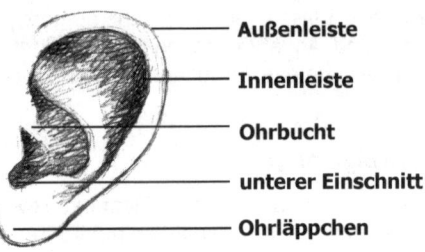

Außenleiste

Innenleiste

Ohrbucht

unterer Einschnitt

Ohrläppchen

große Ohren

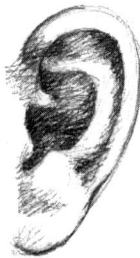

Große Ohren sprechen von Menschen mit einem gesunden Selbstbewusstsein und einem schöpferischen sowie lebhaften Verstand. Sie besitzen die Fähigkeit, logisch zu denken, haben ein selbstständiges Urteilsvermögen sowie Fantasie. Sie sind körperlich wie geistig belastbar und zeigen sich in ihrem Gefühlsleben beherrscht. In ihren Handlungen beweisen sie Zielstrebigkeit sowie Ausdauer. Sie können andere begeistern und mitreißen.

normal große Ohren

Menschen mit normal großen Ohren haben eine positive Einstellung zum Leben, besitzen Weitblick und können vorausschauend denken. In ihren Handlungen sind sie verantwortungsbewusst, zuverlässig und gründlich. Sie wirken selbstsicher und gelten in ihrem Wesen zu Recht als ausgeglichen und gefestigt. Anderen gegenüber treten sie herzlich, mitfühlend und verständnisvoll auf. Sie sind durchaus erfolgsorientiert.

kleine Ohren

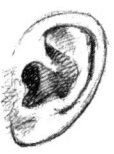

Kleine Ohren sprechen für eine musische Veranlagung sowie ein feinfühliges Wesen. Das muss eine unkomplizierte Lebensphilosophie nicht ausschließen. Menschen mit kleinen Ohren sind hilfsbereit und den Gefühlen anderer gegenüber aufgeschlossen. Im Umgang mit ihren Mitmenschen zeigen sie sich taktvoll und tolerant.

schmale Ohren

Menschen mit schmalen Ohren haben mitunter eine ichbezogene Lebensphilosophie. In die Wertung ihrer Umwelt und den Umgang mit anderen bringen sie verstärkt persönliche Sichtweisen ein. Sie treten selbstbewusst auf, sind willensstark und verfügen über eine ausgeprägte Zielstrebigkeit im Denken und Handeln. Auffallend an diesen Menschen ist ihr Mitteilungsbedürfnis.

breite Ohren

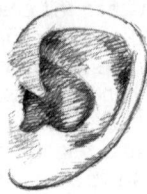

Menschen mit diesen Ohren haben in der Regel ein durchaus belastbares Seelenleben und zeigen sich auch von größeren Erschütterungen im Zusammenleben mit ihren Mitmenschen nicht wesentlich beeinträchtigt. Sie können Spannungen in ihren zwischenmenschlichen Beziehungen ertragen und anderen in krisenhaften Situationen hilfreich zur Seite stehen.

runde Ohren

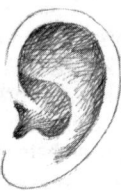

Menschen mit diesen Ohren haben ein vielschichtiges Innenleben und lassen sich in ihrem Denken und Handeln oft von ethischen Idealen leiten. Diese Menschen haben eine gewisse Ausstrahlungskraft und wirken auf andere begeisternd.

kantige Ohren

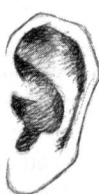

Menschen mit diesen Ohren durchleben häufig ein destruktives Verhältnis zu sich, ihren Mitmenschen und der Umwelt. Sie sind daher an vielen Stellen hart zu sich selbst und anderen. Häufig vermögen sie es nicht, sich an den schönen Seiten des Lebens zu erfreuen.

Ohren mit starker Außenleiste

Menschen mit diesen Ohren denken souverän sowie konzentriert und handeln zielstrebig. Sie sind in der Regel innerlich gefestigt und beweisen in der Umsetzung ihrer ausgeglichenen und gefestigten Gefühlslage eine hohe Eigendisziplin. Sie wird durch ein natürlich gehobenes Selbstwertgefühl gestützt. Ihren Mitmenschen gegenüber legen sie ein aufrichtiges und glaubwürdiges Wohlwollen an den Tag.

Ohren mit schwacher Außenleiste

Diese Ohren machen auf Menschen aufmerksam, die vom Typ her als introvertiert und sensibel gelten sowie gelegentlich depressiv wirken. Sie leben oft intensiv im eigenen Ego, besitzen einen schwachen Handlungswillen und vermeiden gerne Entscheidungen. Ihre Sensibilität kann sich in ausgeprägten musischen Fähigkeiten niederschlagen, die unter Umständen zu künstlerischen Höchstleistungen führen.

Ohren mit starker Innenleiste

Ohren mit einer starken Innenleiste sprechen für ehrgeizige und zielstrebige, erfolgsorientierte Menschen. In ihrem Denken und Handeln wirken diese Menschen konsequent. Sie sind in jeder Beziehung belastbar und stellen an andere gleichfalls hohe Anforderungen. Sie beweisen viel Unternehmungsgeist und haben eine gewisse Ausstrahlung, die allerdings vorhandene Neigungen zur Selbstgefälligkeit nicht verbergen kann.

Ohren mit dünner Innenleiste

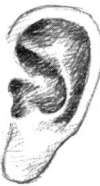

Ohren mit einer dünnen Innenleiste signalisieren ein verletzliches Seelenleben und sprechen für eine eher unauffällige Tatkraft, die jedoch im Stillen sehr engagiert wirken kann. Menschen mit diesen Ohren sind bescheiden und stellen an sich keine großen Anforderungen.

Ohren mit großer Ohrbucht

Diese Ohren geben Menschen zu erkennen, die eine gute Beobachtungsgabe besitzen und sich durch eine Vielfalt von Begabungen und Talenten auszeichnen. In ihrem Denken und Handeln sind sie sehr eigenständig und schwer zu beeinflussen. Sie haben eine ungeheure Vitalität und genießen das Leben in vollen Zügen. Eine gewisse Maßlosigkeit in der Umsetzung des eigenen intensiven Gefühlslebens kann hierbei bemerkt werden.

Ohren mit kleiner Ohrbucht

Die seelische Befindlichkeit von Menschen mit diesen Ohren ist mehr am Praktischen und Machbaren orientiert. Unter der Hand werden damit auch die schönen Dinge des Lebens häufig als Mittel zum Zweck betrachtet: z.B. Bilder lediglich als Wertanlage. Diese Menschen haben einen klaren Verstand und gelten zu Recht als nüchterne Rechner. In einer Vielzahl von Lebensbereichen sind sie sehr produktiv und beweisen Weitblick.

Ohren mit fehlendem unteren Einschnitt

Menschen mit diesen Ohren verfahren in ihrem Denken und Handeln vielfach jenseits überkommener Konventionen. Ihr Gefühlsleben entzieht sich fast immer der Einflussnahme anderer. Die Garantie der eigenen Selbstverwirklichung wie der anderer zählen zu ihren Grundwerten.

Ohren mit kleinem unteren Einschnitt

Diese Ohren sprechen meistens für Menschen mit einem aufgeschlossenen, beweglichen und logischen Verstand. Sie beweisen häufig ihr selbstständiges Urteilsvermögen und neigen häufig zu wertungsfreien kritischen Herangehensweisen im Denken und Handeln.

Ohren mit großem unteren Einschnitt

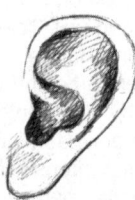

Menschen mit diesen Ohren beherrschen meist die Kunst, in ihrem Denken und Handeln äußerste Konzentration an den Tag zu legen. Sie sind auch für das kleinste Detail aufnahmefähig und behalten dennoch einen souveränen Überblick. In ihrem Gefühlsleben gehen sie mitunter recht eigenwillige Wege.

Ohren mit großen Ohrläppchen

 Menschen mit großen Ohrläppchen können hervorragend in Bildern denken. Sie stellen an das Leben eine Vielzahl von Hoffnungen und Erwartungen, die mitunter realitätsfern und fantastisch wirken. Sie haben damit kein Problem, denn sie verkörpern den Träumer und visionären Typ, der sich seine Illusionen so ohne weiteres nicht nehmen lässt, auch wenn sie sich als unerfüllbar erweisen. In ihrem Denken wird das Irrationale das Rationale immer übertreffen. Diese Menschen haben einen ausgeprägten Sinn für Selbstbestimmung und Selbstverwirklichung.

Ohren mit kleinen Ohrläppchen

 Kleine Ohrläppchen sprechen für Menschen, die Bilder, Spekulationen oder Visionen für sich ablehnen. Es handelt sich um die sprichwörtlichen nüchternen und kühlen Denker: objektiv und unvoreingenommen. Die Sachlichkeit ihres Verstandes prägt ihr gesamtes Handeln, obwohl sie nicht frei von Gefühlen sein müssen, diese aber völlig unter Kontrolle haben.

Ohren mit angewachsenen Ohrläppchen

 Menschen mit diesen Ohren sind erfahrungsgemäß frei von irgendwelchen Illusionen und ziehen den Verstand der Spekulation vor. Sie gehen äußerst nüchtern an Probleme des Alltags heran und vermeiden Gefühlsäußerungen.

„Man sieht's ihm an der Nase an."

die dünne, spitze Nase

Menschen mit einer dünnen, spitzen Nase neigen manchmal zur Selbstdarstellung und sind von den eigenen Plänen und Unternehmungen überzeugt. Aus diesem Selbstbewusstsein heraus gestalten sich ihr gesamtes Denken und Handeln sehr energisch und resolut. Gefühlsäußerungen wird man bei ihnen nur selten bemerken.

die rundliche, füllige Nase

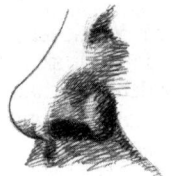

Rundliche, füllige Nasen sprechen für Menschen mit einem tiefen und intensiven Gefühlsleben. Wohlwollen gegenüber anderen sowie Güte gehören zu ihren Grundhaltungen. Sie begegnen allen möglichen Situationen des menschlichen Daseins verständnisvoll und tolerant.

die dicke Nase

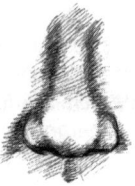

Mit dieser Nase können sich sinnlich veranlagte und häufig introvertierte Menschen mitteilen. Sie stehen den Wirren des Lebens manchmal hilflos gegenüber. Das lässt ihr Handeln mitunter als ziellos und unvernünftig erscheinen.

die platte Nase

Menschen mit dieser Nase haben mitunter Probleme damit, die Ansichten und Ideen anderer zu akzeptieren und zu tolerieren. Gesteigerten Wert legen sie darauf, ein bereits vorhandenes Körperpotenzial weiter auszubilden. Diese Menschen können kraftvoll zupacken und werden in der Regel körperliche Arbeit anderen Tätigkeiten vorziehen.

die lange Nase

Menschen mit dieser Nase sind sehr selbstständig und verlassen sich in vielen Lebenslagen lieber auf sich selbst. Erfahrungen machen sie gerne allein und eignen sich Wissen häufig autodidaktisch an. Dabei halten sie es nicht unter Verschluss, sondern teilen es anderen mitunter sehr erfolgreich mit. Diese Menschen sind in ihrem Denken und Handeln sehr gründlich und umsichtig. Nicht selten legen sie ein großzügiges Verhalten an den Tag, müssen aber darauf achten, dass es von anderen nicht ausgenutzt wird.

die füllige, faltige Nase

Mit dieser Nase kann sich Verschlossenheit zu erkennen geben. Menschen mit dieser Nase sind erfahrungsgemäß für andere schwer zugänglich. Sie teilen sich ungern mit und können hinter ihrem Schweigen durchaus Unsicherheiten verbergen wollen. Es besteht allerdings auch die Möglichkeit, dass dieses vermeintlich weltabgewandte Verhalten Ausdruck tiefsten Nachdenkens ist.

die „Stupsnase"

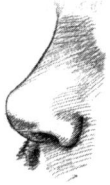

Die „Stupsnase" spricht für Lebensklugheit und einen gesunden Menschenverstand. Menschen mit dieser Nase kann man nur schwer etwas vormachen, wobei eine gewisse Neigung zur Selbstgefälligkeit nicht verborgen bleibt.

Der Mund sagt mehr, als man denkt

der große Mund

Dieser Mund ist typisch für Menschen mit einem intensiven Gefühlsleben und der Vorliebe für irrationale Denkmuster. Sie scheuen sich nicht vor öffentlichen Gefühlsäußerungen und gelten als Genussmenschen.

der kleine Mund

Dieser Mund spricht für Menschen, die ihre Gefühle schwerlich aussprechen werden. Ihr Denken bewegt sich in vorwiegend rationalen Bahnen. Sie wirken schüchtern und können in ihren Entscheidungen zögerlich sein.

der spitze Mund

Der spitze Mund ist typisch für Menschen, die im Umgang mit anderen ständig zur Auseinandersetzung tendieren. Sie neigen oft zu raschen Entschlüssen und geben sich viel Mühe, in ihren Leistungen andere zu überflügeln. Dabei stellen sie hohe Anforderungen an sich selbst und würden im Falle des Versagens die Schuld nie bei anderen suchen.

der offene Mund

Der ständig offene Mund kann auf Menschen aufmerksam machen, die in ihrem Denken und Handeln wenig einfallsreich und festgefahren sind. Sie ergreifen äußerst selten die Initiative und warten lieber darauf, dass andere es tun. Sind sie jedoch einmal von einer Idee ergriffen, verfolgen sie diese hartnäckig.

Lippen sind nicht nur zum Küssen da

volle Lippen

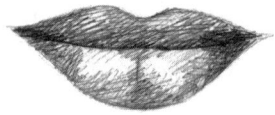

Diese Lippen wirken freundlich und liebenswürdig. Sie haben eine Ausstrahlung, die auf herzliche, mitfühlende und verständnisvolle Menschen schließen lässt. Sie sind in Regel sehr gefühlsbetont und sinnlich veranlagt.

schmale Lippen

Diese Lippen sprechen von verhaltenen bis verschlossenen Menschen. In ihren Entscheidungen können sie manchmal schwankend sein. Sie sind bereit, Verzicht zu üben und können Zugeständnisse an andere machen. Das trifft dann nicht zu, wenn es sich um die Wahrung ureigenster Interessen handelt.

die vorstehende Oberlippe

Sie verweist häufig auf Menschen mit bemerkenswerten intellektuellen Anlagen. Sie sind umgänglich, kontaktfreudig und zeigen sich oft anpassungsfähig.

die vorstehende Unterlippe

Menschen, deren Denken sich vorrangig in sachlichen und nüchternen Bahnen bewegt, haben häufig eine vorstehende Unterlippe. Sie wirken verschlossen und gehören zu den Schweigern. Wenn sie sich jedoch äußern, trifft das Gesagte in der Regel den Punkt. Dabei kann es passieren, dass sie sich anderen gegenüber wenig einfühlsam zeigen.

eingekniffene Lippen

Es ist oft zu erleben, dass Menschen mit diesen Lippen über Durchsetzungskraft, Konsequenz und Entschlossenheit im Denken und Handeln verfügen. Das kann zu Schwierigkeiten im Umgang mit anderen führen. Sie sind meistens unnachgiebig und bestrebt, eigene Wege zu gehen.

scharf geschnittene Lippen

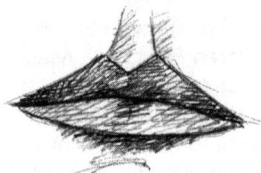

Hier macht sich ein Intellekt bemerkbar, der in seiner Intensität fast ausnahmslos alle anderen menschlichen Regungen und Gefühle überschattet und beherrscht.

Was das Kinn offenbart

das volle, runde Kinn

Menschen mit diesem Kinn lieben die Annehmlich-keiten des Lebens und richten ihr Interesse vor-rangig auf gesicherte materielle Verhältnisse. Hier können sie beachtliche Aktivitäten freisetzen, an-sonsten zügeln sie bewusst ihre Tatkraft und ver-meiden größere körperliche und geistige Anstren-gungen. In ihrem Denken wirken diese Menschen meistens unbeschwert.

das spitze Kinn

Diese Form des Kinns gestattet den Rückschluss auf Menschen mit einem überdurchschnittlichen Intellekt. Trifft das zu, sind diese Menschen gleich-falls in der Lage, ihren Verstand geschickt einzu-setzen. Größere Gefühlskundgebungen sind von ihnen nicht zu erwarten.

das breite Kinn

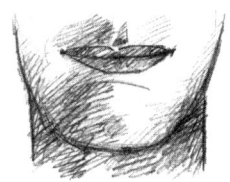

Ein breites Kinn signalisiert in der Regel die Fähig-keit von Menschen, ihre vorhandenen körperlichen Kräfte gezielt und bewusst einzusetzen. Ein inten-sives Nachdenken über das Wohin und Warum ei-ner Handlung findet in diesem Zusammenhang meistens keine Beachtung.

das formlose Kinn

Dieses Kinn kann für Menschen sprechen, deren Leben sich bisher in andauernder Auseinanderset-zung mit der Umwelt abspielte. Sie zeigen wenig Anpassungsfähigkeit und gelten für andere mitun-ter als der typische Querulant.

das kleine Kinn

Mit diesem Kinn geben sich meistens Menschen zu erkennen, die schüchtern und zurückhaltend sind. Im Umgang mit anderen wirken sie gehemmt und unsicher. Sehr oft haben sie Angst davor, etwas falsch zu machen. Es besteht die Möglichkeit, dass sie nicht die Kraft besitzen, andauernde seelische Belastungen auszuhalten.

das glatte Kinn

Menschen mit einem glatten Kinn sind sparsam im Umgang mit ihren Gefühlen. Sie bevorzugen gründliches Nachdenken und legen in ihrem Handeln meistens eine übertriebene Vorsicht an den Tag.

das eckige Kinn

Diese Form des Kinns spricht wiederholt für Menschen, die einen ausgeprägten Geschäftssinn haben. Sie können vorausschauend sowie planend denken und neigen zur Risikobereitschaft. Diese Menschen verfügen über ein gesundes Selbstvertrauen sowie eine ausgeglichene und stabile Gefühlslage.

das vorspringende Kinn

Es sind zumeist Menschen mit einem ausgeprägten Ehr- und Selbstwertgefühl, die ein solches Kinn haben. Sie treten selbstsicher auf und zeigen sich anderen gegenüber großzügig, aber auch bestimmt.

Auf den Hals achten

der lange Hals

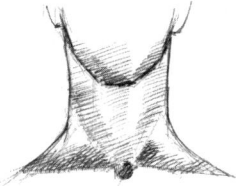

Menschen mit einem langen Hals sind meist schüchtern und ängstlich. Hier drückt sich eine Zurückhaltung aus, die in einer anfälligen körperlichen Gesamtbeschaffenheit begründet sein kann.

der dünne Hals

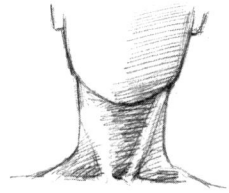

Es besteht die Möglichkeit, dass Menschen mit einem dünnen Hals ein unausgeglichenes Seelenleben führen und dem gemäß nervös wirken. Sie können bereits auf alltägliche Ereignisse sensibel reagieren und haben oft ein empfindliches und verletzliches Wesen.

der kurze Hals

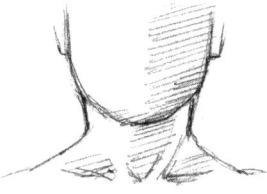

Menschen, die einen kurzen Hals haben, besitzen in der Regel das Normalmaß übersteigende körperliche Kräfte. Im Bewusstsein ihrer physischen Konstitution schreiten sie vielerorts rasch zur Tat, ohne das Wenn und Aber einer Handlung vorher groß zu bedenken.

der breite Hals

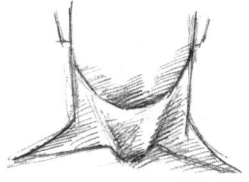

Diesen Hals findet man oft bei Menschen, die sich nur in ständigem und andauerndem Handeln wohl fühlen. Sie zeichnen sich durch rasche Entschlusskraft aus.

Unsere Haare als Antennen zur Außenwelt

lange, glatte Haare

Menschen mit langen, glatten Haaren strahlen Warmherzigkeit aus und vermitteln ein Gefühl der Geborgenheit. Sie gehen an die unterschiedlichsten Lebenssituationen meistens sachlich und überlegt heran.

lange, lockige Haare

Menschen mit langen, lockigen Haaren haben auf der Grundlage eines intensiven Seelenlebens ein gefühlsbetontes Verhaltensmuster, von dem ihr gesamtes Denken und Handeln wesentlich bestimmt wird.

kurze, glatte Haare

Menschen mit kurzen, glatten Haaren strahlen Strenge, Sachlichkeit und Unnahbarkeit aus. Es ist anzunehmen, dass sie sehr ordnungsliebend sind und ihr Leben fast immer in festen Strukturen verläuft. Diese Menschen verkörpern den so genannten „Vernunftmenschen".

kurze, lockige Haare

Kurzes, lockiges Haar lässt Menschen mit einem rationalen Grundgefüge vermuten. Emotionale Regungen sind ihnen dennoch nicht fremd. Sie verkörpern den Typ des „Gefühlsdenkers" und sind in der Lage, intuitiv zu handeln, logisch zu denken und dabei empfindsam zu reagieren.

schwarze Haare

Menschen mit schwarzen Haaren gelten fast immer als leidenschaftlich. Sie haben ein offenes Wesen und können sehr sinnlich sein. Ihre Begeisterungsfähigkeit steigert sich oft in Enthusiasmus. Gelegentlich verfallen sie der Schwärmerei.

braune Haare

Menschen mit dieser Haarfarbe sind temperamentvoll und wirken gelegentlich hyperaktiv. Meistens sind es lustige und schwungvolle Menschen, die in ihrem Denken und Handeln sehr impulsiv vorgehen. Sie haben keine Probleme damit, bezogene Standpunkte durch die Gewinnung neuer Erkenntnisse wieder aufzugeben.

blonde Haare

Diese Haarfarbe gilt als Zeichen für Gefühlstiefe und Empfindsamkeit. Sie kann für gemütvolle und mitunter träumerisch veranlagte Menschen sprechen, die bereit sind, echtes und aufrichtiges Mitleid zu zeigen.

rote Haare

Rothaarige sind in ihrem Denken und Handeln häufig leidenschaftlich. Gelegentlich verhalten sie sich nachtragend und haben eine gewisse Neigung zur Ironie.

der rechte Scheitel

Menschen, die den Scheitel so tragen, sind meistens bestrebt, in der Öffentlichkeit nicht aufzufallen. Sie gelten in ihrem Denken und Handeln oft als zurückhaltend.

der linke Scheitel

Menschen, die den Scheitel so tragen, sind in ihrem Wesen korrekt und höflich. In ihrem Denken und Handeln sind sie glaubwürdig, wobei das Denken gelegentlich schwer zu durchschauende Wege gehen kann.

der Mittelscheitel

Menschen mit einem Mittelscheitel sind in ihren Überlegungen eigenständig. In ihren Handlungen lassen sie sich vorwiegend von Gefühlen leiten.

ohne Scheitel

Menschen ohne Scheitel sind in der Regel unkonventionell und haben eine unkomplizierte Lebensphilosophie.

Die Augenbrauen und ihr bewegtes Dasein

langgezogene, schwungvolle Augenbrauen

Mit diesen Augenbrauen geben sich meistens heitere Menschen zu erkennen. Ihre Fröhlichkeit lässt auf Harmonie und Zufriedenheit mit sich und der Umwelt schließen. Dieser Gleichklang von Körper und Seele legt eine Gelassenheit an den Tag, die auf andere angenehm wirkt.

spärlich gezeichnete Augenbrauen

Wir stehen Menschen gegenüber, die sich nur wenig um die Probleme und Belange anderer kümmern. Aber auch in ihren Bemühungen um sich selbst wirken sie oft leidenschaftslos. Zeigen sich gefühlsmäßige Regungen, geschieht das mitunter im Streit mit anderen.

kräftige Augenbrauen

Sie kennzeichnen häufig leistungsfähige und belastbare Menschen, die in ihrem Denken und Handeln beharrlich und ausdauernd sind. Diese Ausdauer verlässt sie in der Regel auch dann nicht, wenn sie inzwischen an die Grenzen ihres Leistungsvermögens gestoßen sind.

buschige Augenbrauen

Sie sprechen von körperlich wie seelisch widerstandsfähigen Menschen, die sich erfahrungsgemäß durch eine kräftige Konstitution auszeichnen.

waagerechte Augenbrauen

Es sind meistens nachdenkliche Menschen, die solche Augenbrauen haben. Ehe sie handeln, lassen sie sich in ihrer gedanklichen Vorarbeit viel Zeit, beweisen Geduld und sind abwägend.

abfallende Augenbrauen

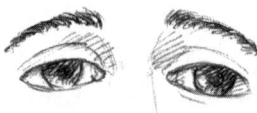

Es sind häufig Menschen mit der Fähigkeit zu spekulativem Denken, die diese Augenbrauen haben. Sie vertrauen mehr auf die Intuition als nur auf das, was menschlicher Erfahrung zugänglich ist.

kurze Augenbrauen

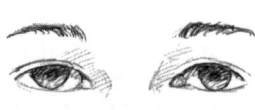

Diese Augenbrauen sprechen von Durchsetzungsvermögen, Entschlusskraft und einem starken Selbstvertrauen. Menschen mit diesen Augenbrauen lassen sich nicht so schnell entmutigen und scheuen in ihren Handlungen keine möglichen Gefahren.

tief sitzende Augenbrauen

Tief sitzende Augenbrauen können für Menschen sprechen, die in ihrem Denken bemerkenswert kreativ sind sowie die Fähigkeit zur geistigen Konzentration besitzen. Diese Augenbrauen können aber auch Menschen kennzeichnen, die in ihrem Grundverhalten melancholisch gestimmt sind.

abgewinkelte Augenbrauen

Diese Augenbrauen können für Menschen mit einer ungebremsten Vitalität typisch sein. Sie sind vielseitig interessiert und lassen keine neue Erfahrung aus.

mehrfach geschwungene Augenbrauen

Mehrfach geschwungene Augenbrauen zeugen in der Regel von Menschen, die in der Auseinandersetzung mit ihrer Umwelt heftig und durchaus unsachlich reagieren können. Das spricht meistens für ihre innere Unruhe und ein seelisches Ungleichgewicht.

hoch gebogene Augenbrauen

Menschen mit diesen Augenbrauen können in ihrem Selbstwertgefühl rasch verletzbar sein. Selbst geringfügigste Spannungen in ihrem persönlichen Umfeld dürften ihre Gemütsverfassung aus dem Gleichgewicht bringen. Diese Menschen sind sehr sensibel und nehmen Hinweise sowie Anmerkungen zu ihrer Person fast ausnahmslos persönlich.

dunkle Augenbrauen

Dunkle Augenbrauen gestatten Rückschlüsse auf geduldige Menschen, die mit ihrem Energiehaushalt sparsam umgehen können. Man wird selten erleben, dass diese Menschen etwas übereilen oder überstürzen. Planlosigkeit, Hast und Hektik sind ihnen fremd.

schwarze Augenbrauen

Es sind meistens leidenschaftliche und temperamentvolle Menschen, die schwarze Augenbrauen haben. Sie erleben sich selbst und ihre Umwelt sehr intensiv.

helle Augenbrauen

Helle Augenbrauen kennzeichnen fast immer den intellektuellen Typ.

rote Augenbrauen

Diese Augenbrauen sprechen oft für sehr ehrgeizige Menschen und ihrer Neigung, sich gerne in den Vordergrund zu spielen.

Nicht nur eine Modefrage – der Bart

der Spitzbart

Sein Träger will Scharfsinn, Weitblick und Kombi-
nationsgabe unterstreichen. Es kommt vor, dass
der Spitzbart an Menschen auffällt, die leicht reiz-
bar sind.

der schmale Schnurrbart

Mit diesem Bart möchte sich der „Mann von Welt"
zu erkennen geben, der von seiner Ausstrahlung
überzeugt ist und vielerorts zur Selbstdarstellung
neigt.

der starke Schnurrbart

Mit diesem Bart will jemand bewusst seine Cha-
rakterstärken nach außen hin betonen.

der Vollbart

Der Vollbart will als Symbol für Männlichkeit überhaupt verstanden werden. Diese Selbstdarstellung
kann jedoch vorhandene Schwächen und Unsicherheiten auf Dauer nicht verschleiern.

der starke Vollbart

Sein Träger will ungehemmte Männlichkeit artikulieren. Er ist unkonventionell, naturverbunden und verbirgt hinter seinem Bart mitunter ein für andere nicht sofort zu erkennendes intensives Seelenleben.

der „Dreitagebart"

Diesen Bart trägt jemand, wenn sich sein Ego vorübergehend jenseits aller Strukturen bewegt. Vielerorts ist hinter diesem Bart auch der Wille zu vermuten, erotisch zu wirken.

Wenn Hände sprechen

oder: „In allen Teilen spiegelt sich das Ganze, da der Teil ein Teil des Ganzen ist. So spiegelt sich der ganze Mensch in der Hand ab, die eine richtige Proportion zum ganzen Menschen hat ..."

(Nikolaus Cusanus)

die athletische Hand

Menschen mit diesen Händen können kräftig zu-packen. Sie vermitteln ein Gefühl des Bewusst-seins um die eigene Kraft sowie körperliche und seelische Belastbarkeit.

die leptosomische Hand

Diese Hände sprechen von Menschen, denen kör-perlicher Einsatz nicht leicht fällt. Ihre Stärken lie-gen meistens im Denken. Hier erweisen sie sich als entschlossen, zielstrebig und ausgesprochen leistungsfähig.

die pyknische hand

Menschen mit diesen Händen haben häufig ein ge-fühlsbetontes Wesen. Von anderen werden sie meistens als warmherzig, zugänglich und kontakt-freudig erlebt.

Die Finger – Symbolik der Lebenseinstellung

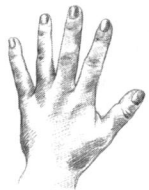

der Daumen

Der Daumen ist das Symbol für Kraft und Stärke; er steht für Dominanz sowie Anpassungsfähigkeit.

der gerade Daumen – Dominanz

der beugsame Daumen – Anpassungsfähigkeit

der Zeigefinger

Der Zeigefinger symbolisiert Willenskraft und steht für sachliche Bezüge. In der Handanalyse wird er auch der Jupiterfinger genannt (der Jupiter der römischen Mythologie ist der Zeus der griechischen und damit höchste Gottheit) und repräsentiert das Ego, ein ausgeprägtes Selbstvertrauen und das Gefühl, das eigene Schicksal selbst zu steuern.

der Mittelfinger

Der Mittelfinger steht für das Selbstbewusstsein des Menschen und symbolisiert das eigene Selbstwertgefühl. In der Handanalyse wird der Mittelfinger auch der Saturnfinger genannt (der Saturn oder Saturnus der römischen Mythologie ist der Kronos der griechischen und galt hier als gütiger Erntegott sowie Vater des Zeus) und repräsentiert das Interesse an den Grund- und Sinnfragen des Lebens, an Verantwortung sowie Besitzstreben.

der Ringfinger

Die Analogien zum Ringfinger sind die Gefühle. In der Handanalyse wird er auch der Apollofinger genannt (der Apollo der römischen Mythologie ist der Apollon der griechischen und Gott des Lichtes, der Weissagung, des geistigen Lebens, der Heilkunst und der Künste überhaupt) und repräsentiert den Erfolg, die Kreativität, künstlerische Veranlagungen sowie den Sinn für Glück und Erfüllung.

der kleine Finger

Der kleine Finger hat einen sozialen Aspekt und steht für gesellschaftliche Zugehörigkeit. In der Handanalyse wird er der Merkurfinger genannt (der Merkur oder Mercurius der römischen Mythologie ist der Hermes der griechischen, bekannt als Götterbote und bei den Römern Gott des Handels) und repräsentiert den Geschäfts- und Finanzsinn, die Fähigkeit zu gutem mündlichen und schriftlichen Ausdruck sowie ein ausgeprägtes Interesse an Selbstverwirklichung.

Der Mensch im Spiegel seiner Fingernägel

große und viereckige Fingernägel

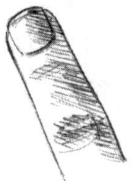

Diese Fingernägel sprechen meistens für Menschen, die ein ausgewogenes Gefühlsleben haben. Auf gravierende Veränderungen in ihrem persönlichen Umfeld reagieren sie gelassen und sind so schnell nicht aus der Ruhe zu bringen.

kleine und viereckige Fingernägel

Menschen mit diesen Fingernägeln lassen sich mitunter nur schwer von unkonventionellen Gedanken oder Verhaltensweisen überzeugen. Sie bevorzugen traditionelle Leitbilder und reagieren oft schwerfällig auf Veränderungen, denen sie in der Regel kritisch gegenüberstehen.

rechteckige Fingernägel

Diese meistens nur am Daumen zu findende Nagelform verrät erfahrungsgemäß den leicht reizbaren Menschen.

ovale Fingernägel

Menschen mit diesen Fingernägeln haben ein fast immer freundliches sowie offenes Wesen und sind ausgesprochen kontaktfreudig.

kleine und runde Fingernägel

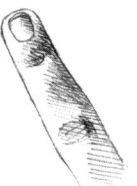

Menschen mit diesen Fingernägeln bevorzugen in ihren Überlegungen weniger die einzelne, unmittelbare Erfahrung. Dafür favorisieren sie ganzheitliches Denken und neigen mitunter zur Spekulation.

dreieckige Fingernägel

Die Form dieser Fingernägel lässt häufig auf Menschen schließen, die sich in einem Dauerzustand der inneren Unruhe befinden, ohne damit größere Schwierigkeiten zu haben.

Füße können mehr als laufen

der elementare Fuß

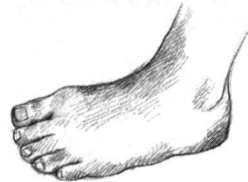

Menschen mit diesen Füßen verfügen über die Gabe, mit ihrem Verstand maßvoll und sehr erfahrungsorientiert umzugehen. In ihren Gefühlsäußerungen sind sie mitunter erfrischend direkt, leider manchmal auch verletzend.

der motorische Fuß

Den motorischen Fuß, der natürlich nicht bildlich dargestellt werden kann, stellen wir häufig an Menschen mit guter körperlicher Konstitution fest. Es handelt sich um kraftvolle Menschen, die es in der Regel verstehen, sich selbstbewusst und engagiert in die unterschiedlichsten Situationen einzubringen.

der athletische Fuß

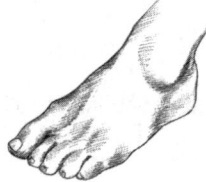

Dieser Fuß spricht vielerorts für Menschen, die entweder vorwiegend schwere körperliche Arbeit verrichten oder hart an sich selbst arbeiten. In ihrem Denken gehen sie überwiegend sachlich und wenig fantasievoll vor.

der motorisch-sensible Fuß

Diese Füße finden wir häufig bei Menschen mit künstlerischen Talenten oder wissenschaftlichen Begabungen.

Unsere Stimme, unsere Handschrift und vieles mehr ...

Unsere Stimme verrät unsere Ängste

die tiefe Stimme

Zum einen ist die tiefe Stimme eine normale Stimmlage. Zum anderen kann sie Grundmuster unseres Charakters widerspiegeln. Sie spricht häufig von Gelassenheit sowie Selbstsicherheit. Diese Stimme klingt gütig, wohlwollend sowie herzlich und damit angenehm.

die hohe Stimme

Die hohe Stimme ist ebenfalls eine normale Stimmlage. Darüber hinaus kann sie sowohl andauernde innere seelische Anspannung als auch dadurch bedingte Unausgeglichenheit sowie Unzufriedenheit zum Ausdruck bringen.

die schrille Stimme

Diese Stimme wirkt unangenehm und will uns auf eine gereizte Befindlichkeit aufmerksam machen, die die unterschiedlichsten Ursachen haben kann. In dieser Stimme schwingen auf jeden Fall Unbehagen an der momentanen Situation, Verbitterung, aber auch Angst und Furcht mit. Eine schrille Stimme kann von Neigungen zu hysterischen Reaktionen sprechen.

die volle, dunkle Stimme

Diese Sprache klingt sympathisch und lässt auf einen warmherzigen, gefühlvollen Menschen schließen. Sie vermag es gleichfalls, andere für sich einzunehmen.

die scharfe, schneidende Stimme

Hinter dieser Stimme verbirgt sich in der Regel die Absicht, die eigene Position unbedingt zu stärken und beizubehalten. Sie zielt bewusst auf Distanz und will die Überzeugung von persönlicher Dominanz unterstreichen.

Unsere Sprache erzählt über unseren Charakter

die klare Aussprache

Hier kann man sich des Eindrucks nicht erwehren, dass man weiß, wovon gesprochen wird. Wort und Gedanken bilden eine Einheit. Sie klingt sachlich, unterdrückt damit aber keineswegs emotionale Regungen, mit denen man umzugehen versteht. Die klare Aussprache offenbart Selbstbeherrschung und ein ausgeprägtes Selbstwertgefühl, das sich anderen auf jeden Fall mitteilen will.

die undeutliche Aussprache

Häufig will eine undeutliche Aussprache Unklarheiten im Denken verbergen. Hier sind Überlegungen noch nicht zu Ende gebracht oder eindeutige Festlegungen nicht getroffen. Diese Aussprache spiegelt damit häufig fehlende Entscheidungsfähigkeit sowie eigene Unsicherheiten wider.

die lebhafte Sprache

In dieser Sprache zeigen sich Begeisterung und Begeisterungsfähigkeit. Diese Sprache will mitreißen. Sie macht deutlich, dass das Gesagte auch wirklich empfunden wird. Sie klingt überzeugend und, wenn sie sich nicht übertrieben theatralisch darstellt, ehrlich.

die monotone Sprache

Das ist die Sprache der übertriebenen Sachlichkeit, die infolge fehlender innerer Beteiligung am Gesagten auf andere einschläfernd wirken kann.

die langsame Sprache

Dieses Sprachtempo wirkt bedächtig, aber nicht langweilig. Es resultiert aus dem Gleichschritt von Denken und Sprechen. Hier wird gewollt, dass man zuhört.

die schnelle Sprache

Hier wird die Tatsache deutlich, dass schneller gesprochen als gedacht wird. Es teilen sich geistige Regsamkeit, gedankliche Breite sowie Vielfalt mit.

die hastige Sprache

Diese Sprache wirkt sehr unruhig und vermittelt offensichtliche innere Erregtheit. Die seelische Beteiligung am Geschehen ist so stark, dass es schwer fällt, sich anderen mitzuteilen.

Der Mensch und seine Handschrift

Graphologie ist die Wissenschaft von der Deutung der Handschrift als Ausdruck des Charakters. Handschriftendeutung kann uns also Kenntnisse über die jeweiligen menschlichen Charaktere verschaffen, uns helfen, sie besser zu verstehen. Schon der Philosoph und Universalgelehrte Gottfried Wilhelm Leibniz (1646–1716) vertrat die Meinung, dass insbesondere die Handschrift eines Menschen seine Gemütsart offenbaren könne.

Johann Wolfgang von Goethe (1749–1832) besaß eine umfängliche Handschriftensammlung und war stolz, sie anderen zeigen zu können und sie an seinen Deutungen Teil haben zu lassen.

Sprechen wir heute von Graphologie, fällt meistens der Philosoph und Psychologe Ludwig Klages (1872–1956) ein. Er gilt als der eigentliche Begründer der Graphologie, die im engsten Zusammenhang mit seiner Ausdruckspsychologie steht.

Für Klages stand fest, dass man bei der Betrachtung eines Menschen von seiner Gestalt auszugehen und von hier aus nach ihrem seelischen Gehalt zu fragen habe, d. h., der Leib ist die Erscheinung der Seele und diese wiederum der Sinn des lebendigen Geistes.

Die wohl wichtigste Veröffentlichung Klages' zur Graphologie ist das 1917 erstmals erschienene Buch „Handschrift und Charakter". Vielleicht werden Sie sich aber überhaupt fragen, was die Handschrift eines Menschen mit seinem Charakter, wie Klages behauptet, zu tun habe.

Die Graphologie begegnet einer Vielzahl von Einwänden und muss sich vielerorts den Vorwurf gefallen lassen, sie sei alles andere als eine seriöse Angelegenheit, ja, sie sei etwas Fragwürdiges und gehöre zum Handwerkszeug von Scharlatanen. Gehört sie nicht: Jeder ernst zu nehmende Graphologe wird sich weigern, anhand eines Schriftbildes Aussagen über die Zukunft eines Menschen zu treffen. Graphologische Gutachten sind z. B. auch heute noch in der modernen Kriminalistik anerkannte Hilfsmittel, um bislang unentdeckte Straftäter zu überführen.

Unbewusst übrigens haben Sie sich in Ihrem Leben schon „graphologisch betätigt". Im Zusammenhang mit Stellenausschreibungen beispielsweise taucht häufig der Vermerk auf, den Bewerbungsunterlagen einen handschriftlich formulierten Lebenslauf beizufügen.

Was machen Sie? Sie geben sich besonders viel Mühe und schreiben „schön". Warum machen Sie das? Sie vermuten zu Recht und ohne es auszusprechen, dass da jemand ist, der auch „in" Ihrer Schrift zu lesen vermag, und wollen eine Vielzahl Ihrer charakterlichen Eigenschaften hinter einer schönen Schrift verbergen. Indirekt geben Sie also zu, dass Sie einen Zusammenhang zwischen Ihrem Schriftbild und Ihrem Charakter, Ihrer Persönlichkeit sehen. Warum sonst würden Sie sich hier verstellen?

Das übrigens unterscheidet Sie dann vom Graphologen, der diesen Zusammenhang direkt sieht und behauptet. Es ist dann auch der Grapholo-

ge, der bemerken wird, dass Sie in Ihrem Lebenslauf bewusst „schön" geschrieben haben.

In der heutigen modernen Graphologie wird nicht mehr einfach von einem einzelnen Schriftzeichen auf die Eigenschaften eines Menschen geschlossen. Vielmehr ist man bemüht, vom Ganzen der Schrift eines Menschen auf sein Wesen, seinen Charakter zu schließen. Schließlich hat jede
Handschrift etwas Einmaliges an sich. Die folgenden Beispiele und ihre Deutungen sollen Ihnen helfen, diese Zusammenhänge besser zu erkennen.

Seitenrand links: unregelmäßig

Die unregelmäßige Gestaltung des linken Seitenran-
des kann Ausdruck der eigenen inneren Unsicherheit sein. Mangelnde Selbstdisziplin bringt sich so
ebenfalls zum Ausdruck. Wer so schreibt, hält es
erfahrungsgemäß selbst mit einer gewissen Grund-
ordnung nicht ganz so genau. Gleichzeitig spricht
diese Schreibweise von der Fähigkeit zu einer unkonventionellen sowie vorurteilsfreien Lebensweise.

Seitenrand links: breit

Ein breit gehaltener linker Seitenrand lässt einen
Schreiber vermuten, dem generell eine großzügige
Lebensweise eigen ist und der sich anderen gegenüber als sehr geduldig sowie hilfsbereit er-
weist. Das geschieht uneigennützig, Gegenleistun-
gen werden nicht erwartet.

Seitenrand links: nach unten breiter werdend

Wer so schreibt, überlegt in der Regel nicht lange,
ehe er handelt. Was anderen als Unbesonnenheit
erscheint, ist meistens ein innerer Drang zu freier
und ungezwungener Selbstentfaltung. Oft steht
das Gefühl am Anfang einer Handlung, die damit
natürlich manchmal ungewollte Resultate zeigt.

Seitenrand links: nach unten schmaler werdend

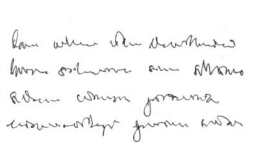

Der sich so darbietende Rand einer beschriebenen Seite spricht für eine zunächst optimistisch ausgerichtete Lebensphilosophie, die dann häufig nicht durchgehalten wird. Die Ursachen hierfür können verschieden sein. Meistens liegt es daran, dass sich urplötzlich vorher nicht gehabte Bedenken anmelden, die in ihrer Dichte aus dem einstigen Optimisten zumindest einen Zweifler werden lassen.

Seitenrand links: schmal

Wenn aus natürlicher Skepsis und einem gesunden Misstrauen schon bald ein krankhaftes wird, lässt das auf unverarbeitete Konflikte sowie eine Vielzahl schwerer Enttäuschungen schließen. Dieses Schriftbild spricht häufig für diese Tatsachen. Es ist damit zu rechnen, dass der, der so schreibt, in seinem Denken und Handeln äußerste Vorsicht an den Tag legen wird und sich häufig schwer damit tut, Gefühle zu erwidern.

Seitenrand rechts: schmal

So offenbart sich im Schriftbild, wenngleich auch unbewusst, eine starke Bezogenheit auf das eigene Ego. Das übersteigerte Selbstwertgefühl kann sich sowohl in einem lebhaften Unabhängigkeitsbedürfnis zeigen als auch zu Rechthaberei, Überheblichkeit und Eitelkeit führen.

Seitenrand rechts: breit

Hier artikuliert sich Gehemmtheit, die ihre Ursache fast immer in Minderwertigkeitsgefühlen hat. Sie zeigt sich oft in hilflos wirkenden Bemühungen um die Anerkennung des eigenen Selbstwertgefühls durch andere.

Seitenrand rechts: unregelmäßig

So schreibt häufig jemand, der sich für seine geplanten Handlungen gedanklich Spielräume vorgibt, die dann nicht ausgefüllt werden können. So kommt Überfordertsein zum Ausdruck, das auf zeitweilige Verunsicherungen des Schreibers schließen lässt.

Seitenrand rechts: nach unten breiter werdend

Über dieses Schriftbild teilt sich meistens Ängstlichkeit mit, die in die unterschiedlichsten Richtungen geht. Sie hat ihre Ursache in Selbstzweifeln und äußert sich in auffallender Zurückhaltung.

Seitenrand rechts: nach unten schmaler werdend

Wer seine Zeilen so anordnet, verfügt in der Regel über Weit- und Durchblick sowie ein logisches Denkvermögen. Hier artikuliert sich ein selbstständiges Urteilsvermögen. Das Problem des Schreibers besteht häufig darin, für die Umsetzung des Gedachten nicht die nötige Willensstärke zur Seite zu haben. Es ist der Typ des Vordenkers, der auf die Unterstützung und Hilfe anderer angewiesen ist.

Seitenrand oben: breit

Hier schreibt ganz offensichtlich jemand, der in seinem Denken und Handeln sehr zögerlich vorgeht und für seine Entschlüsse viel Zeit braucht. Sind sie einmal getroffen, bezeugen sie Kompetenz. Dennoch lassen sich gewisse Schwierigkeiten in ihrer Übermittlung an andere nicht verbergen, obwohl der Schreiber selbst vermutete Unsicherheiten nicht nötig hat.

Seitenrand oben: schmal

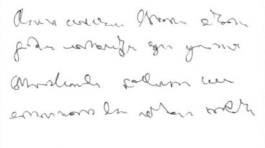

Dieser Anblick lässt zunächst den Eindruck entstehen, als sei hier etwas rasch und unüberlegt zu Papier gebracht. Häufig steht jedoch zu vermuten, dass hier jemand befürchtet, seine Gedankenfülle aus dem Auge zu verlieren. So offenbart sich meistens geistige Kreativität.

Seitenrand unten: schmal

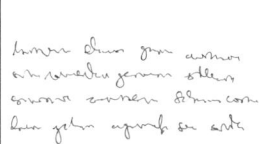

Dieser Schreiber berücksichtigt in seinen Betrachtungen fast immer das Verhältnis von Nutzen und Aufwand anstehender Handlungen. Es dürfte sich um einen vorwiegend praktisch und nüchtern denkenden Menschen handeln, der erfolgs- und sachorientiert ist.

Seitenrand unten: breit

Hier zeigt sich in der Regel eine Lebenseinstellung, die im Heute zu Hause ist und sich um das Morgen keine großen Gedanken macht. Aus Angst, etwas zu versäumen, genießt jemand, der so schreibt, das Leben in vollen Zügen.

Seitenrand unten: nicht vorhanden

Es steht zu vermuten, dass hier jemand geschrieben hat, dem ein gewisses Gefühl für Ordnung abgeht. Diese Formschwäche kann unter Umständen inhaltsreiches Denken verbergen.

die übermäßig große Schrift

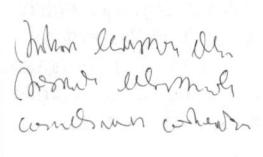

Hier zeigt sich Selbstbewusstsein, -vertrauen sowie -wertgefühl. Das alles hat keine Überspanntheit zum Hintergrund, sondern steht in Übereinstimmung mit einem ausgeprägten Wirklichkeitssinn. Zu sichtbaren Gefühlsäußerungen wird es bei diesem Schreiber in der Regel dann kommen, wenn das eigene Unabhängigkeitsbedürfnis eingeschränkt oder in Frage gestellt wird.

die große Schrift

So schreibt der Gefühlsmensch, der über große seelische Reichtümer verfügt. Die gedankliche Erfassung des eigenen Ichs, der Mitmenschen und der Umwelt wird logisch- sachliche Überlegungen meistens ausklammern und hier ihren Anfang nehmen. Das lässt natürlich auf gewisse Stimmungsabhängigkeiten und Spontaneität im Handeln schließen.

die kleine Schrift

Meistens handelt es sich hier um die Schrift der Sachlichkeit, die ein nüchternes Denken zum Hintergrund hat. Sie will in der Regel Fakten oder Denkergebnisse mitteilen und davon so viel wie möglich. Diese Schrift bezeugt Selbstdisziplin.

die flache Schrift

So schreibt jemand, der in der Regel mit sich und der Welt zufrieden ist, wobei diese Haltung ihre Unterstützung in einer auffallenden Bedürfnislosigkeit findet. Diese Schrift kann weiterhin davon sprechen, dass aus dieser Zufriedenheit heraus Veränderungen im eigenen Leben nicht angestrebt werden. Kontakte zu den Mitmenschen werden kaum gepflegt.

die auseinander gezogene Schrift

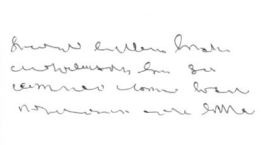

Über diese Schrift gibt sich ein willensstarker Mensch zu erkennen, der über eine schwer zu bremsende Durchsetzungskraft verfügt. Oft bezeugt diese Schrift die Tatsache, dass ihr Urheber in seinem Denken und Handeln bis an die Grenze der physischen und psychischen Belastbarkeit zu gehen vermag. Er besitzt eine positive Einstellung zum Leben und wird als konsequent empfunden.

die zusammen gezogene Schrift

So kann jemand schreiben, der trotz manchmal fehlenden Selbstvertrauens die Kraft besitzt, den eigenen Schatten zu überspringen. Ist das erst einmal geschehen, werden Zielstrebigkeit und das Bemühen zu bemerken sein, auch erfolgreich zu handeln. Ein Rest Skepsis wird immer bleiben.

die schwache Schrift

Mit dieser Schrift gibt sich meistens jemand zu erkennen, der sich nur ungern für etwas entscheiden sowie in seinem Denken und Handeln nur schwer festlegen kann. Das bringt ein ausgesprochenes Mitgefühl für die Probleme anderer mit sich. Allerdings äußerst es sich in der Regel wertneutral.

die starke Schrift

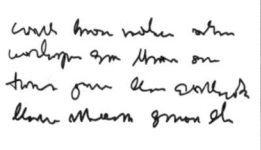

Ist jemand gewillt, große Anstrengungen sowie Entbehrungen auf sich zu nehmen, schreibt er meistens auch so. Das lässt auf Unbeirrbarkeit im Denken und Konsequenz im Handeln schließen.

die unregelmäßige Schrift

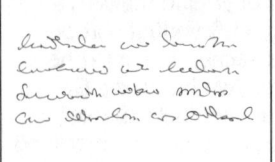

Über dieser Schrift gibt sich mitunter eine ange-
spannte Empfindsamkeit zu erkennen. Damit besteht nicht die Gefahr, aus dem seelischen Gleichgewicht zu geraten. Wer unregelmäßig schreibt,
ist in der Regel sehr empfänglich für sinnliche Eindrücke und kann andere begeistern sowie mitreißen.

die waagerechte Schrift

Meistens ist es geistige Regsamkeit, die sich in
dieser Schrift zu erkennen gibt. Sie spricht für
Leistungsbereitschaft, die keine Hektik kennt und
gelassen wirkt. Für erbrachte Leistungen wird etwas erwartet, denn diese Schrift artikuliert auch
Lebens- und Genussfreude, die erfüllt werden will.

die nach rechts ansteigende Schrift

Diese Schrift spricht meistens für eine Lebenshal-
tung, die bestrebt ist, in anderen immer das Gute
zu sehen und deshalb vertrauensvoll in die Zukunft blickt. Handlungen vollziehen sich meistens
aus diesem Idealismus heraus und bezeugen eine
ausgeprägte emotionale Beteiligung an ihnen.

die nach links abfallende Schrift

Fühlt sich jemand in seinem eigenen Selbstwertgefühl beeinträchtigt oder ist unzufrieden, wird er
häufig so schreiben, dass die einzelnen Wörter
nach links abfallen. Geraten diese negativen seelischen Befindlichkeiten außer Kontrolle, kann dieses Schriftbild zum Ausdruck von Unsachlichkeit
werden.

die steile Schrift

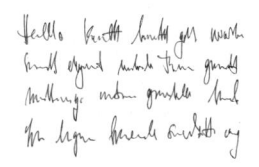

Wenn der Verstand das Gefühl beherrscht und vereinnahmt, wird meistens so geschrieben. Erfahrungsgemäß spricht diese Schrift dann von Übersicht, Klarheit und Nüchternheit im Denken. Nur in Ausnahmefällen wird es bei diesem Schreiber zu unüberlegten Handlungen kommen. Darüber hinaus beherrscht er in der Regel die Kunst, Wesentliches von Unwesentlichem zu unterscheiden.

die linkslastige Schrift

Diese Schrift spricht bei vordergründiger Betrachtung für eine ausgeprägte Ich-Bezogenheit und ein hohes Selbstwertgefühl, die sich bei näherer Betrachtung oft als Schutzmantel für innere Widersprüchlichkeiten und Hemmungen entpuppen. Das bedingt dann auch, dass getroffene Entscheidungen nicht auf Dauer gültig sind. Wer so schreibt, ist oft unzuverlässig.

die rechtslastige Schrift

So bringen sich häufig Anpassungsfähigkeit und -bereitschaft zu Papier. Das will kein passives Geformtwerden durch die Umwelt bedeuten, sondern die Absicht bekunden, sie mit zu verändern und zu gestalten. Es kann auf Aufgeschlossenheit und ein nicht unbeträchtliches Hingabevermögen geschlossen werden.

die Schrift in „Winkeln"

Wer so schreibt, ist meistens wenig kompromissbereit und hat so häufig Anpassungsschwierigkeiten. Das sind Folgen eines starken Willens zur Selbstbehauptung und der unbedingten Aufrechterhaltung eines Selbstwertgefühls, das keinerlei Beeinträchtigung gestattet.

die Schrift in „Arkaden"

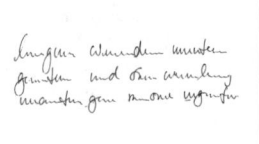

Es steht zu erwarten, dass diese Schrift für jemanden spricht, der bemüht ist, sein Inneres vor anderen verborgen zu halten. Sie gibt Verschlossenheit und fehlende Mitteilungsbereitschaft zu erkennen. Wer so schreibt, ist meistens sehr zurückhaltend und mitunter nicht ehrlich in dem, was er schreibt oder sagt.

die Schrift in „Girlanden"

Schreibt jemand so, ist anzunehmen, dass er unter allen Umständen bemüht ist, ohne größere Schwierigkeiten durchs Leben zu kommen und Konflikte zu vermeiden. Auffallend ist das ständige Bemühen, es allen unter allen Umständen recht zu machen, was mitunter zu Beschädigungen des eigenen Ich und seinem Selbstwertgefühl führen kann.

Die Astrologie und unsere Tierkreiszeichen

Die Beschäftigung des Menschen mit dem Zusammenhang zwischen Ereignissen auf der Erde und den Positionen und Bewegungen der Himmelskörper (Astrologie) ist uralt. Bereits vor 5000 Jahren schufen die Chaldäer in Babylonien, dem heutigen Irak, eines der ersten überlieferten astrologischen Systeme. Seit 4000 Jahren stellt man in China astrologische Überlegungen an. Im alten Indien und bei den Maya in Mittelamerika gehörte Astrologie zum Alltag. Gemeinsam ist all diesen Systemen, dass zu erklären versucht wurde, wie die Bewegungen der Planeten die unterschiedlichsten Aspekte des menschlichen Lebens symbolisieren.

Die Astrologie kam, gemessen an ihrem Alter, erst spät zu uns und zwar zunächst nach Griechenland. Wir wissen heute, dass sich Platon (427–347 v. Chr.) und Pythagoras (um 570 v. Chr.) mit Astrologie beschäftigten. Das ganze Mittelalter hindurch wurde Astrologie in Europa praktiziert. Albrecht Wenzel von Wallenstein (1583–1634), einer der berühmtesten Feldherren des Dreißigjährigen Krieges, ließ sich vom wohl bekanntesten Astronomen seiner Zeit, Johannes Kepler (1571–1630), die Sternzeichen deuten.

Kepler, wie viele andere Astronomen seiner und vorangegangener Zeiten, empfand nichts dabei, seine Wissenschaft mit Astronomie zusammenzuführen (kausales und analoges Denken!). Dem ist heute nicht mehr so. Ungeachtet dessen beschäftigen sich Millionen Menschen nach wie vor mit Astrologie oder praktizieren sie.

21. März bis 20. April – Widder

Sind Sie im Tierkreiszeichen Widder geboren, verfügen Sie über einen starken Willen. Er zeigt sich als Durchhaltekraft und Standvermögen, Tatkraft, Durchsetzungsvermögen sowie Entschlussfreude und Selbstbehauptung und verleiht Ihrem Denken und Handeln das eigentliche Profil.

Die Summe dieser Eigenschaften führt Sie manchmal bis an die Grenzen der physischen und psychischen Belastbarkeit und somit zu Höchstleistungen. Diese allein bestimmen jedoch nicht Ihr Leben. Erreichen Sie ein Ziel nicht sofort und in der angegebenen Weise, erlischt Ihr Interesse an seiner weiteren Verfolgung und Sie geben auf. Diese Aufgabe bedeutet keinesfalls Selbstaufgabe. Niederlagen und Rückschläge können Sie verkraften. Vielmehr werden Sie sich kurz entschlossen und spontan neuen Aufgaben zuwenden. Meistens gelingt das auch, weil Sie über Weitsicht und ein selbstständiges Urteilsvermögen verfügen und in der Lage sind, Zeichen der Zeit sofort zu verstehen und dem gemäß zu handeln. In Ihrem Falle geschieht das in der Regel allein.

Einmal davon abgesehen, dass Sie große Schwierigkeiten haben, sich unterzuordnen oder Anweisungen zu befolgen, sehen Sie Ihren großen

Drang zur Selbstverwirklichung genau dann gefährdet, wenn Sie auf andere Menschen Rücksicht nehmen müssen. Um dem zu entgehen, sind Sie gern auf sich alleine gestellt und lehnen hier Veränderungen ab.

Lassen sich Veränderungen nicht vermeiden, können Sie mitunter sehr offensiv, heftig und äußerst ungeduldig reagieren. Solange Ihre Eigenständigkeit genügend Spielraum hat, sind Sie ein angenehmer Mitmensch, umgänglich und unkompliziert.

21. April bis 20. Mai – Stier

Sind Sie im Tierkreiszeichen Stier geboren, gehören Beharrlichkeit und Ausdauer zu Ihren herausragenden Eigenschaften. Beide bestimmen entscheidend Ihre gesamte Lebensführung.

Für andere werden Sie in Ihrem Denken und Handeln stets ruhig und bedächtig erscheinen. Was auch immer Sie sich vornehmen oder aufgetragen bekommen, Sie widmen sich ihm mit bewundernswerter Geduld und Ausdauer, die von Ihren Mitmenschen als Hartnäckigkeit aufgefasst werden kann. Sie verkennen hierbei, dass Sie ausgesprochen zielstrebig und entschlossen sind sowie entschieden Problemlösungen herbeiführen wollen. Das gilt vor allem dann, wenn andere bereits resignierend aufgegeben haben.

Auffallend hierbei ist, dass Sie in Ihrem Denken und Handeln weniger für neue Entwicklungen oder Veränderungen anfällig sind, sondern vielmehr auf Altbewährtes vertrauen. Das gilt auch für Ihr Werteverständnis. Sie werden sich kaum an Zeitströmungen, vorübergehenden Moden und Trends orientieren. Sie sind im positiven Sinne konservativ und verlassen sich auf bewährte Werte. In dieser Beziehung legen Sie eine ausgeprägte Unbeugsamkeit und Standhaftigkeit an den Tag.

Übrigens trifft das auch für Ihre Entscheidungsfindung zu. Hier nehmen Sie sich Zeit, bis Sie sich zu etwas entschlossen haben. Andere können dann jedoch zu Recht davon ausgehen, dass Sie bei einem einmal gefassten Entschluss bleiben. Gerade in dieser Beziehung sind Sie sehr verlässlich und vertrauenswürdig. Ihre Familie, Ihr Freundes- und Bekanntenkreis wissen das zu schätzen, zumal sich Ihr persönliches und soziales Kontaktbedürfnis vorzugsweise auf dieses Umfeld beschränken. Hier fühlen Sie sich zu Hause.

21. Mai bis 21. Juni – Zwillinge

Jeder muss sich an die Umwelt, in die er hineingestellt ist, anpassen, um seinem Leben einen Sinn zu geben. Dem einen gelingt das mehr, dem anderen weniger. Sind Sie im Tierkreiszeichen Zwillinge geboren, stehen die Chancen, dass Sie ein sinnvolles und erfülltes Leben führen, gut, denn Sie sind sehr anpassungsfähig.

In jedem Fall wird Ihnen das die Lebensbewältigung erleichtern. Es hat auch nichts mit Rückgratlosigkeit zu tun: Anpassungsfähigkeit spricht in

Ihrem Falle für ein offenes und unvoreingenommenes Wesen. Veränderungen, Wandlungen, Einschnitten in Ihrem Leben treten Sie aufgeschlossen gegenüber. Ihre intellektuelle Flexibilität und geistigen Fähigkeiten erlauben es Ihnen, rasch und ohne großen Aufenthalt auf alle neuen Gegebenheiten in Ihrem Lebensbereich zu reagieren und sie zu verarbeiten. Das geschieht ohne Stress und Hektik und hängt damit zusammen, dass Sie im Grunde Ihres Herzens fehlende Abwechslung überhaupt nicht leiden können. Routine werden Sie als langweilig und wenig motivierend empfinden. Mit Ihren Handlungen können Sie sich erst dann identifizieren, wenn sie nicht in festgefahrenen Bahnen verlaufen.

Das macht Sie zwar für andere manchmal unberechenbar, gehört aber zu Ihrem Wesen und erschwert hier und da die Umsetzung Ihres intensiven Kontaktbedürfnisses. Nur in einem großen menschlichen Umfeld fühlen Sie sich so richtig wohl, weil Sie sich gerne austauschen, kommunizieren und äußerst empfänglich für die Ansichten Ihrer Mitmenschen sind.

Es kann vorkommen, dass Sie angesichts der Vielfalt Ihrer Interessen und unterschiedlichsten intellektuellen wie praktischen Begabungen den berühmten roten Faden verlieren.

22. Juni bis 22. Juli – Krebs

Sind Sie im Tierkreiszeichen Krebs geboren, verfügen Sie über ein reiches und tiefes Seelenleben. In Ihrem Denken und Handeln werden Sie sich immer vorrangig von Ihren Gefühlen leiten lassen. Sie fühlen sich erst dann richtig wohl und zu Hause, wenn auch das emotionale Umfeld stimmt.

Das will nicht heißen, dass Sie übermäßig sensibel sind, vielmehr geht es darum, dass Sie ein feines Gespür nicht nur für die eigene seelische Befindlichkeit, sondern auch für die anderer haben. Bemerken Sie hier Unstimmigkeiten und aus dem Gleichgewicht geratene Gefühlslagen, zeigen Sie sich einfühlsam und äußerst hilfsbereit. Ja, an dieser Stelle entwickeln Sie geradezu ein bewundernswertes Verantwortungsgefühl für andere. Sie gehen großzügig mit Ihrem Mitgefühl um und zeigen in Ihren Handlungen starkes Engagement. Damit geben Sie anderen eigentlich nur das, was Sie sich selber wünschen und für Sie unbedingt wichtig ist: emotionale Geborgenheit.

Daher kann es nicht verwundern, wenn sich andere mit Problemen und in seelischen Nöten vorzugsweise an Sie wenden werden. Das Gefühl, gebraucht zu werden, tut Ihnen gut. Kommt es darauf an, Entscheidungen zu treffen, bemühen Sie weniger Ihren Verstand und verlassen sich auf Ihre intuitiven Fähigkeiten. Sie sind fantasievoll, haben oft eine idealistische Grundhaltung und ein feines Gespür für Ungerechtigkeit. Ihr Umgang mit anderen ist herzlich.

23. Juli bis 23. August – Löwe

Sollten Sie in diesem Tierkreiszeichen geboren sein, ist fast immer eines gewiss: Sie verfügen über ein natürlich gehobenes Selbstwertgefühl. Sie sind ständig bestrebt, Ihre Selbstverwirklichung unter allen Umständen zu garantieren und gelten als starke und energische Persönlichkeit.

Das wirkt auf andere gelegentlich befremdlich, hat aber seine Ursachen in Ihrer ausgeglichenen und stabilen Gefühlslage. Diese setzen Sie bei anderen ebenfalls voraus, sind kurzzeitig verwundert, wenn dem nicht so ist, können sich dann aber schwer in die seelische Befindlichkeit anderer hineinversetzen.

Überhaupt ist festzustellen, dass Sie häufig in Ihren Anforderungen an andere den Maßstab bei sich selbst setzen. Treten hier keine Probleme auf, sind Sie großzügig, tolerant und kontaktfreudig. Wenn es gilt, Entscheidungen zu treffen, können Sie auf ein selbstständiges Urteilsvermögen zurückgreifen. Sie sind schwer zu beeinflussen und eher bestrebt, andere von Ihren Ansichten und Positionen zu überzeugen. Unterstützung finden Sie dabei in Ihrer Fähigkeit, einen Blick fürs Ganze zu haben, wobei das Detail manchmal auf der Strecke bleibt.

24. August bis 23. September – Jungfrau

Wer in diesem Tierkreiszeichen geboren wurde, ist erfahrungsgemäß ein Vernunftmensch und verfügt über ein kontrolliertes Gefühlsleben. Ihr Intellekt ermöglicht es Ihnen, logisches und analytisches Denken zu entfalten. In vielen Situationen bewahren Sie sich damit auch den Blick für Kleinigkeiten, was sich in Ihren präzisen und gründlichen Handlungsweisen niederschlägt. Dahinter verbergen sich Pflichtbewusstsein sowie Verantwortungsgefühl und Zuverlässigkeit. Da Sie sich im Ausleben dieser Eigenschaften gelegentlich keine Grenzen setzen, wirken Sie auf andere manchmal pedantisch.

Überstürztes Denken und Handeln sind Ihnen fremd. Dem stehen Ihr selbstständiges und gründliches Urteilsvermögen entgegen. Kurzfristige Entscheidungen mögen Sie nicht. Sie entscheiden sich wohl überlegt und das kann mitunter dauern. Sie ziehen ganz einfach langfristige Lösungen dem Teilerfolg vor, weil sie ihn als Scheinlösung empfinden.

24. September bis 23. Oktober – Waage

Sind Sie im Tierkreiszeichen Waage geboren, gehören Sie in der Regel zu jenen Menschen, denen das Streben nach Harmonie, nach Ausgleich und Gerechtigkeit ein wichtiges Prinzip der Lebensgestaltung ist.

Das geschieht keinesfalls um den Preis der Selbstaufgabe. Dieses Prinzip ist vielmehr als Grundlage Ihres gesamten Denkens und Handelns zu begreifen. Deshalb scheuen Sie den offenen Konflikt. Lässt er sich nicht vermeiden, wird er sachlich und fair ausgetragen. Im Hintergrund steht immer das Bedürfnis, unterschiedliche Positionen einander näher zu bringen. Hier können „Waage-Menschen" erstaunliche diplomatische Fähigkeiten zur Entfaltung bringen.

Von hier aus gesehen kann es nicht verwundern, dass Sie sich nur ungern von anderen vereinnahmen lassen, zumal Sie ein ausgeprägtes Gefühl für Selbstverwirklichung haben. In Ihrem Verständnis soll diese sich nicht auf Kosten anderer realisieren, vielmehr setzen Sie diese Bestrebung als für alle geltend voraus.

Damit ist verständlich, dass Sie es häufig allen recht machen wollen, ohne sich selbst einzuengen. Kommt es vor, dass Sie sich erst über einen größeren Zeitraum hinweg entscheiden, liegt das nicht an mangelnder Urteilsfähigkeit, sonder an Ihrem Bestreben, eine Lösung zu finden, die die Interessen möglichst aller berücksichtigt. Das wird Ihnen nicht sonderlich schwer fallen, da Sie sehr kompromissbereit sind. Ihr Harmoniebestreben kommt Ihnen übrigens auch dann zugute, wenn es sich darum handelt, gestalterisch tätig zu sein: Sie haben einen ausgeprägten Sinn für das Schöne und werden es oft erleben, dass andere Sie hier um Rat bitten.

24. Oktober bis 22. November – Skorpion

Für in diesem Tierkreiszeichen Geborene kann man geltend machen, dass sie einen ausgeprägten Sinn für das haben, was sich hinter den Erscheinungen verbirgt. Sind Sie „Skorpion", beherrschen Sie die Kunst, zwischen Dichtung und Wahrheit zu unterscheiden.

Anderen wird es meistens schwer fallen, Ihnen etwas vorzumachen. Vordergründiges, Halbheiten, Unfertiges interessiert Sie nicht weiter, die unmittelbare Erfahrungswelt kann Ihnen nicht genügen. Das steht im engsten Zusammenhang mit Ihrer Denkweise, die sich mit einer ausschließlich kausalen Betrachtung der Dinge nicht zufrieden gibt, die „Warum-Frage" und ihre Beantwortung kann Sie nicht befriedigen. Daher ergänzen Sie sie um die „Wieso-Frage", also um die Frage nach dem Sinn. Da diese von Ihnen erfahrungsgemäß sehr engagiert und unerschrocken vorgetragen wird, kann es passieren, dass Sie sich bei Ihren Mitmenschen mitunter unbeliebt machen, zumal Sie wenig geneigt sind, Kompromisse einzugehen.

Andere können Ihre Handlungen deshalb als eigenwillig und extrem einschätzen, zumindest bringen sie vielerorts wenig Verständnis für Sie auf. Das erschwert Ihnen den Kontakt mit anderen. Sie bewegen sich in der Regel im Kreis von Gleichgesinnten.

23. November bis 22. Dezember – Schütze

Sind Sie im Tierkreiszeichen Schütze geboren, sollten Sie auf Ihre Weltoffenheit, Ihren Optimismus und Ihre unkomplizierte Lebensphilosophie vertrauen. „Schützen" besitzen in der Regel einen klaren und sachlichen Verstand, der ständig bemüht ist, momentane Grenzen zu überschreiten.

Dieser Wissensdurst, verbunden mit der Fähigkeit auch zu intuitivem Denken, macht verständlich, warum Sie zu jenen Menschen gehören, die Visionen haben können. Sie setzen nicht nur Vertrauen in die Zukunft, Sie können Sie sich auch vorstellen und ordnen Ihr Handeln dem unter. Ihre damit verbundene Begeisterungsfähigkeit kann sowohl andere mitreißen und beflügeln als auch befremden.

Sie selbst haben damit keine Probleme, sodass bei anderen der Eindruck entstehen kann, Sie wirken von oben herab. Dabei sollte man sich davor hüten, Sie als Fantasten abzutun. Ihr nüchterner Verstand ermöglicht es Ihnen, auch rasch wieder auf dem Boden der Realität zu stehen, um aber dann von hier aus sofort wieder große Pläne und hoffnungsvolle Zukunftsperspektiven zu entwerfen. In dieser Beziehung können Sie unermüdlich sein und sich mit Gegebenem, Festgefahrenem nur sehr schwer anfreunden. Im skeptischen Blick haben Sie es auf jeden Fall.

23. Dezember bis 20. Januar – Steinbock

Wer in diesem Tierkreiszeichen geboren wurde, zeichnet sich häufig durch eine außerordentliche Sachbezogenheit und einen ausgeprägten Sinn für die Wirklichkeit aus. Solange sich Ihr Denken in diesem Umfeld bewegt, ist es zu Höchstleistungen fähig. Spekulativen Überlegungen hingegen können Sie kein Verständnis entgegenbringen. Das kann Ihre eigentliche Kreativität beeinträchtigen, ändert aber nichts an der Tatsache, dass Sie in der Verwirklichung der selbst gestellten oder aufgegebenen Ziele sehr diszipliniert vorgehen und sich in Ihren Handlungen äußerst hartnäckig und konsequent vorhalten.

Dabei kann es durchaus passieren, dass Ihr Gefühlsleben vorübergehend im Hintergrund verschwindet. Treffen Sie für sich oder andere Entscheidungen, sind diese gut durchdacht und werden nur ungern wieder zurückgenommen.

21. Januar bis 19. Februar – Wassermann

Sind Sie ein „Wassermann", verspüren Sie oft in sich einen Drang zur umfassenden Selbstentfaltung. Das wird durch Ihre stark ausgeprägte Vitalität bedingt, die äußerst ungern an Grenzen stößt und erfahrungsgemäß allgemein verbindliche Normen und Regeln für sich ablehnt oder zumindest Probleme mit ihnen hat.

Ihre starke Lebenskraft spiegelt sich in Ihrem Denken und Handeln recht augenscheinlich wider. Sie haben nicht nur ein feines Gespür für die geistige Situation einer Zeit, Sie treten oft als „Vordenker" in Aktion, ungeachtet der Widerstände, die Ihnen entgegentreten können. Sie werden von Ihnen in Kauf genommen. In den Augen Ihrer Mitmenschen erscheinen Sie damit öfters als etwas überzogen, wenn nicht gar überheblich, zumindest als etwas eigenwillig und weltfremd.

Diesen letzten Vorwurf brauchen Sie sich nicht gefallen zu lassen. Ihr Eigensinn steht für Innovativität und weltfremd sind Sie schon gar nicht. Ihre ungeheure Lebenskraft schöpft nicht zuletzt aus der Tatsache, dass Sie mit beiden Beinen im Leben stehen, es nur nicht in seinen manchmal verkrusteten Strukturen hinzunehmen gewillt sind. Dieser Wille bestimmt Ihre weiteren Lebensäußerungen maßgeblich.

20. Februar bis 20. März – Fische

Sind Sie in diesem Tierkreiszeichen geboren, gehören Sie zu jenen Menschen, die einen ausgeprägten Spürsinn für das Irrationale im Leben, das Tiefgründige und Geheimnisvolle, kurz, das dem Verstand nicht Zugängliche haben.

Ihr gesamtes Denken und Handeln wird von dieser Einstellung geprägt und bewegt sich in einem idealistischen Grundmuster. Das führt dazu, dass Sie sich in der wirklichen Welt nicht bestätigt fühlen, Sie „begreifen" sie nicht und fühlen sich gleichzeitig von dieser Welt unverstanden. Auf Dauer muss das zu inneren Spannungen führen, die Sie abbauen, indem Sie sich in Illusionen, Träume und Fiktionen flüchten können.

Ihre Kommunikation mit dieser, Ihrer Welt wird anderen unverständlich bleiben. Ihre traumhaften Erlebnisse und irrationalen Erfahrungen können Sie aber beispielsweise über das Medium der Kunst mitteilen. Da erweisen Sie sich als äußerst kreativ. Hier wirken Sie auf andere mitteilsam und anregend.

Blutgruppe und Eigenschaften

Blutgruppen sind zunächst einmal eine nüchterne Angelegenheit. Der Pathologe Karl Landsteiner (1868–1943) entwickelte das moderne AB0-System. Aus medizinischer Sicht entspricht diese Einteilung den verschiedenen Oberflächeneigenschaften der roten Blutkörperchen. Blutgruppen werden nach den Regeln der Mendelschen Gesetze vererbt. Vererbung meint hier die Weitergabe von Eigenschaften der Eltern auf ihre Nachkommen auf Grundlage biologischer Mechanismen.

Jeder von uns kann seinen Arzt bitten, die Blutgruppe feststellen zu lassen: man hat entweder die Gruppe A, B, AB oder 0.

Dass Blut ein „ganz besonderer Saft" ist, weiß Goethe schon in seinem „Faust" zu sagen. Schiller meint in „Wilhelm Tell":

„Es gibt das Herz, das Blut sich zu erkennen ..."

und auch wir heute benutzen analoge Redewendungen wie „Blut ist dicker als Wasser", sprechen von „Banden des Blutes" oder davon, dass jemand die Musik ganz einfach im Blut hat. Wir sagen „heißes Blut" und meinen, dass jemand auffallend temperamentvoll ist, oder unterstellen anderen „kaltes Blut", wenn sie angesichts gefährlichster Situationen die Ruhe bewahren. Diese Analogien sind inzwischen Bestandteil unserer Umgangssprache geworden. Sie finden dort größtenteils eine unbewusste Anwendung und bringen doch etwas zum Ausdruck, das wir den „Zusammenhang" zwischen Blut/Blutgruppe und Charakter nennen wollen.

Blutgruppe A

Für Menschen mit der Blutgruppe A will festgehalten werden, dass sie sich ihre Interessen, Neigungen und Ansichten so ohne weiteres nicht entlocken lassen. Hier wirken sie zunächst etwas zögerlich und zurückhaltend.

Anderen wird es schwer fallen, sie für eine Handlung, eine Situation, ein Vorhaben zu begeistern. Ist aber der Fall eingetreten, dass sie endlich Begeisterung für etwas an den Tag legen, sind sie nicht mehr zu bremsen. In der Umsetzung ihres Denkens und Handelns beweisen sie eine Tatkraft, eine Ausdauer und ein Durchsetzungsvermögen, die ihres gleichen suchen. Sie schrecken nicht davor zurück, auch eventuellen heftigen Widerständen zu begegnen. Diese werde nicht einfach umgangen, sondern in der Regel beim Namen genannt.

Blutgruppe B

Vielerorts fällt an Menschen mit dieser Blutgruppe auf, dass ihnen das gemeinsam ist, was man in einer Redewendung als „harte Schale, weiches Herz" bezeichnet. Es handelt sich also um Menschen, die auf andere desinteressiert, teilnahmslos, abweisend und eben hart wirken. Dabei nehmen sie häufiger innigste Anteilnahme am Schicksal anderer, als man weithin vermutet. Um so verwunderter ist man dann, wenn sie urplötzlich auf andere zugehen und ihnen Hilfe anbieten oder Trost spenden.

Hier kann man sich sicher sein, dass das völlig uneigennützig geschieht. Allerdings sollte man berücksichtigen, dass sie ihr Mitleid mit anderen, ihre Hilfe oder Unterstützung nicht so ohne weiteres bekunden bzw. anbieten. Sie stellen hohe Anforderungen an sich selbst. Von hier aus ist nur allzu verständlich, dass sie erwarten, dass auch andere versuchen, sich zunächst selbst zu helfen. „Hilfe durch Selbsthilfe" gehört zu ihren Lebensmaximen.

Blutgruppe AB

Menschen mit dieser Blutgruppe verbindet eines: Sie sind „Gefühlsmenschen". Das macht ihren Charakter nicht gerade unkompliziert, zumal sie sich meistens selbst im Zustand eines Wechselbades der Gefühle befinden. Diese inneren Spannungen halten sie oft nicht aus, sodass sie nach außen hin sehr unausgeglichen, rasch entmutigt und sofort wieder für etwas begeistert wirken.

Ihr Denken und Handeln vollzieht sich in der Regel jenseits jeder nüchternen Sachlichkeit und Logik, ist vielmehr aus Gefühlen gespeist und für andere unter Umständen schwer nachvollziehbar.

Blutgruppe 0

Menschen mit dieser Blutgruppe sind ungern allein und lieben die menschliche Gemeinschaft. Sie sind überdurchschnittlich kontaktfreudig und nutzen jede erdenkliche Gelegenheit, ihren Bekanntenkreis zu erweitern. Sie verfügen über ein starkes Gefühlsleben, können es aber jederzeit ihrem kritischen Urteilsvermögen und scharfen Verstand unterordnen.

Unsere Zähne – Rückschlüsse auf unsere Organe

Wenn Sie gefragt werden, was genau ein Zahn ist und Sie wissen es nicht, schlagen Sie ein Lexikon oder anderes Nachschlagewerk auf und werden zunächst finden, dass es sich bei Zähnen um harte, kalkhaltige Strukturen handelt, die im Ober- und Unterkiefer vieler Wirbeltiere verankert sind und dem Kauen dienen. Ein menschlicher Zahn besteht aus einem äußeren Teil, der Zahnkrone, und der im Kiefer verankerten Zahnwurzel. Die Außenschicht der Krone ist der Zahnschmelz. Das ist eine kalkhaltige Substanz, die das härteste Material im menschlichen Körper darstellt. Unter dem Zahnschmelz liegt das Zahnbein.

Das ist alles richtig, klingt sachlich und nüchtern, obwohl viele von uns das Thema Zahn so nüchtern dann nicht mehr betrachten, wenn sie einen Zahnarzttermin haben.

Wer geht schon gerne zum Arzt, doch es fällt immer wieder auf, dass die Gesichter der Patienten im Wartezimmer eines Zahnarztes einen ganz besonderen Ausdruck haben. Man hat das Gefühl, dass hier nicht nur jemand wegen seines „dritten Backenzahns links oben" sitzt. Vielmehr scheint es, als wären irgendwie der ganze Mensch, der ganze Körper an diesem Besuch beteiligt. Und in der Tat, viele Menschen haben im Vorfeld eines Zahnarztbesuchs komischerweise Beschwerden an Stellen, von denen man meint, sie haben mit den Zähnen nichts zu tun: unruhiger Nachtschlaf, innere Unruhe, kurzzeitige Verdauungsprobleme sowie Stirnschweiß.

> „Das Zahnweh, subjektiv genommen,
> ist ohne Zweifel unwillkommen;
> doch hat's die gute Eigenschaft,
> dass sich dabei die Lebenskraft,
> die man nach außen oft verschwendet,

auf einen Punkt nach innen wendet
und hier energisch concentrirt.
Kaum wird der erste Stich verspürt,
kaum fühlt man das bekannte Bohren,
das Rucken, Zucken und Rumoren –
und aus ist's mit der Weltgeschichte,
vergessen sind die Kursberichte,
die Steuern und das Einmaleins,
kurz jede Form gewohnten Seins,
die sonst real erscheint und wichtig,
wird plötzlich wesenlos und nichtig.
Ja, selbst die alte Liebe rostet –
Man weiß nicht, was die Butter kostet –
Denn einzig in der engen Höhle
des Backenzahnes weilt die Seele."

(Wilhelm Busch)

Diese Beeinträchtigung des ganzen Menschen mag oft ganz einfache Ursachen haben und ist womöglich auch schnell zu erklären. Dennoch bleibt
es ein bemerkenswertes und interessantes, häufig zu bemerkendes Phänomen: Der Körper in seiner Gesamtheit scheint auf besondere Art und
Weise mit den Zähnen verbunden.

Es ist die Naturheilkunde und deren ganzheitliche Betrachtungsweise,
die ihren Behandlungsmethoden häufig das Verständnis um diese besonderen Verbindungen unterlegt. Ganzheitliche Medizin kennt so genannte
„Somatotopien". Das sind Bereiche unseres Körpers, auf denen sich Organe, Knochen, Muskeln, kurz, der gesamte Organismus im Kleinen widerspiegelt. Diese Somatotopien gibt es vor allem im Kopfbereich. Die bekannteste ist das Ohr. Hier setzt beispielsweise die Ohr-Akupunktur an
und nimmt durch die Stimulation des Ohrs durch Nadeln Einfluss auf den
übrigen Organismus. Weitere Somatotopien sind das Kinn, die Lippen, die
Iris oder Regenbogenhaut der Augen und eben unsere Zähne.

Nur so viel: Die Naturheilkunde geht von dem Grundsatz aus, dass alles Sein Schwingung ist und beruft sich hierbei auf den Physiker Albert
Popp. In diesem Verständnis sind biologische Wechselwirkungen elektromagnetischer Natur. Die kleinste feststellbare Einheit eines elektromagne-
tischen Feldes sind die Photonen. Unsere Zellen, so nun Popp, „kommunizieren" mittels der Photonen untereinander.

Wir können diesen „Kommunikationsprozess" auch mit energetischer
Wechselbeziehung umschreiben. Ich will hier im Einzelnen nicht weiter
darauf eingehen und Ihnen lediglich jene vorstellen, die zwischen unseren
Zähnen und dem übrigen Organismus bestehen.

obere Zahnreihe

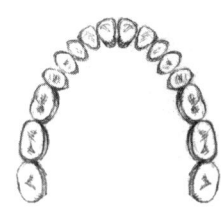

Schneidezähne: Blase, Niere, Geschlechtsorgane, Fuß, Knie, Kreuz, Stirn, Epiphyse oder Zirbeldrüse (1 und 2)
Eckzähne: Gallenblase, Leber, Hüfte, Auge (3)
Backenzähne: Dickdarm, Lunge, Hände, Füße, Schulter, Ellbogen, Thymus oder innere Brustdrüse; Lymphorgan (4 und 5)
Mahlzähne: Magen, Milz, Knie, Kieferhöhle, Brustdrüse, Schilddrüse und Nebenschilddrüse (6 und 7)
Mahlzähne: Dünndarm, Herz, Ellbogen, Schulter, Hände, Füße, Ohren, Zentrales Nervensystem (8)

untere Zahnreihe

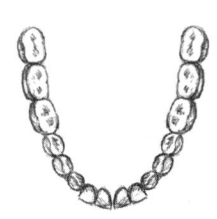

Schneidezähne: Blase, Niere, Nebenniere, Knie, Kreuz, Stirnhöhle (1 und 2)
Eckzähne: Gallenblase, Leber, Hüfte, Auge, Gonaden (3)
Backenzähne: Magen, Milz, Bauchspeicheldrüse, Brustdrüse, Kieferhöhle, Gonaden, Lymphgefäße (4 und 5)
Mahlzahn: Venen (6)
Mahlzahn: Arterien (7)
Mahlzähne: Dickdarm, Lunge, Hände, Füße, Schulter, Ellbogen (6 und 7)
Mahlzahn: Dünndarm, Herz, Ellbogen, Schulter, Ohr, Hände, Füße, Energiehaushalt, Peripheres Nervensystem (8)

Der Biorhythmus – die Rhythmen des Lebens

„Ich glaube, das war heute nicht mein Tag."
„Irgendwie bin ich, heute verdammt gut drauf."
„Er hat einen denkbar schlechten Tag für seine Prüfung erwischt."
„Es gibt Tage im Leben, da bleibt man am besten im Bett."
„Es ist schon irgendwie komisch. Manchmal redet er nach drei Gläsern schon wirres Zeug und manchmal hat er ein unwahrscheinliches Stehvermögen!"

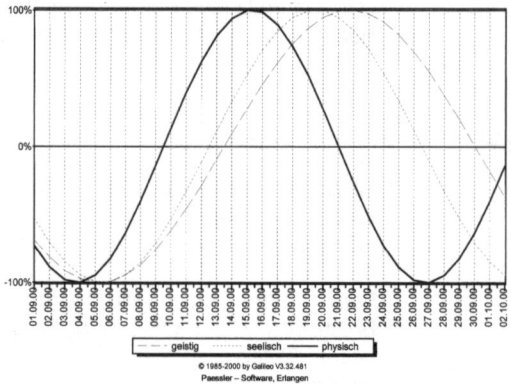

© 1985-2000 by Galileo V3.32.481
Paessler – Software, Erlangen

Sie kennen sicherlich solche Formulierungen und die meisten von uns haben das ihnen Gemeinsame irgendwann im Leben schon selbst an sich oder anderen erlebt.

Wir kennen gute und schlechte Tage in unserem Leben. Es gibt Tage, die man am liebsten aus seinem Kalender streichen würde und solche, die sich immer wiederholen könnten. Es gibt in unserem Leben Tage, die ohne Bedeutung vergehen, und solche, die unter Umständen unser ganzes Dasein verändern. Und irgendwann haben Sie sicherlich schon einmal bemerkt, dass Sie nicht jeden Morgen gut gelaunt aufstehen. Heute gehen Ihnen womöglich Dinge gut von der Hand, die Ihnen zu anderer Zeit schon große Schwierigkeiten bereitet haben.

Neben regelmäßigen Schwankungen in den unterschiedlichsten täglichen Lebensäußerungen lassen sich über größere Zeiträume hinweg solche beobachten, die man heute als Biorhythmen bezeichnet, wobei dieses Wort älter ist, als man gelegentlich annimmt.

Schon im Jahre 1932 erschien in Deutschland ein unscheinbares kleines Buch mit dem Titel „Die Lebenskurve nach dem Ellerbeck'schen Gesetz – Ebbe und Flut im Blut". Hier heißt es u. a.:

„Beachte das Gesetz der Zellenschwingungen in deinem Organismus! Wer das Gesetz des Lebensrhythmus (Biorhythmus) missachtet oder nicht kennt, muss Misserfolg haben. Den richtigen Zeitpunkt zu allem Tun und Handeln erfassen, das allein ist der Schlüssel zum Erfolg."

Die Lehre vom Biorhythmus, so wie sie heute vorgetragen wird, geht davon aus, dass jeder Mensch in seinen körperlichen, seelischen (gefühlsmäßigen) und geistigen Lebensäußerungen Schwankungen unterliegt. Sie kennen vielleicht den Ausdruck von der „biologischen Uhr". Die Lehre vom Biorhythmus basiert auf der Annahme, dass es beim Menschen periodisch verlaufende Kreisläufe unterschiedlicher Dauer gibt.

Konkret besagt diese Theorie, und da ist sich die entsprechende Literatur einig, dass jeder Mensch von Geburt an durch drei unterschiedliche sowie ständig wechselnde Energieströme beeinflusst wird:

Gesprochen wird zunächst vom „Körperrhythmus", der eine Dauer von 23 Tagen hat und alle 11½ Tage wechselt. Er nimmt Einfluss auf die den Körper und den Willen antreibenen Kräfte.

Eine Dauer von 28 Tagen hat der „seelische Rhythmus". Er bestimmt unsere Gefühle, Stimmungen sowie unser schöpferisches Vermögen und wechselt alle 14 Tage.

Schließlich kennen wir noch den „Geistesrhythmus" mit einer Dauer von 33 Tagen und einem sich alle 16½ Tage vollziehenden Wechsel. Unter seine Einflussnahme fallen Konzentration und Geistesgegenwart. Hier wird bereits ersichtlich, dass die drei Phasen unterschiedliche Zeitlängen haben. Die Folge für den Menschen: Es kommt ständig zu Kombinationen der körperlichen, seelischen und geistigen Befindlichkeiten. Dabei gilt es nie zu vergessen: Der Biorhythmiker behauptet lediglich, dass seine Theorie nur von der periodischen Wiederkehr bestimmter Funktionsabläufe im Organismus handelt.

Die Beschreibungen des Körperrhythmus mit einer Dauer von 23 Tagen und die des seelischen Rhythmus mit einer von 28 Tagen gehen auf den deutschen Arzt Wilhelm Fließ (1858–1928) und den österreichischen Psychologen Hermann Swoboda (1873–1963) zurück. Die zeitliche Festlegung des geistigen Rhythmus auf 33 Tage resultieren aus den langjährigen Forschungen von Friedrich Teltscher.

Völlig falsch wäre es nun, seine gesamte Lebensgestaltung nach Biorhythmen auszurichten und an den so genannten schlechten Tagen im Bett zu bleiben. Walter A. Appel, sicherlich einer der bekanntesten Vertreter der Theorie vom Biorhythmus in Deutschland, meint hierzu:

„Ich bin der Überzeugung, dass es einer gewissen Lebenskunst bedarf, sein Gefühls- und Geistesleben unter Beachtung einer vorgegebenen Rhythmik zu gestalten; aber auch eine gehörige Portion Selbstdisziplin ist notwendig. Aber wäre unser Dasein nicht langweilig und belanglos, wenn es nicht Stimmungsschwankungen und Leistungsänderungen unterworfen wäre? Entscheidend ist doch, dass wir unseren Einsatz überlegt steuern und nicht Gefahr laufen, in einer Hochstimmung zu übertreiben und in einer Depressionsphase zu verzweifeln … Im Grunde handelt es sich ja nur darum, der körpereigenen Schwingungen und Schwankungen inne zu werden und daraus die erforderlichen, je nach Veranlagung möglichen Schlüsse zu ziehen."

Per Mausklick können Sie sich heute im Internet von den unterschiedlichsten Anbietern Ihren persönlichen Biorhythmus berechnen lassen. Bei aller Differenziertheit dieser Berechnungen liegt ihnen die oben genannte Auffassung vom Körper-, Geist- und Seelenrhythmus zu Grunde.

Betrachten wir den Körperrhythmus. Für ihn wird eine Dauer von 23 Tagen angenommen. Er beeinflusst Ihre gesamte körperliche Verfassung. Stellen Sie sich den Verlauf des Körperrhythmus analog dem Verlauf einer Sinuskurve vor. Ihre „Sinuskurve" beginnt bei Null, umschreibt eine Hochphase (Plusbereich), geht wieder zu Null und umschreibt dann eine Tiefphase (Minusbereich). Im übertragenen Sinne bedeutet das für Ihren Körperrhythmus (23 Tage), dass Sie sich $11\frac{1}{2}$ Tage in einem zunächst körperlichen „Hochgefühl" befinden, welches dann von einem $11\frac{1}{2}$ Tage dauernden „Tiefgefühl" abgelöst wird. Der ca. 24 Stunden umfassende Wechsel von einem Hoch zu einem Tief wie auch umgekehrt wird als „kritischer Tag" bezeichnet.

In den „positiven $11\frac{1}{2}$ Tagen" sind Sie in körperlicher Hinsicht in bester Verfassung. Sie legen eine beachtliche Leistungsfähigkeit an den Tag und sind äußerst belastbar. Sie fühlen sich rundum wohl und in Ihren Handlungen zeigen Sie sich ausdauernd. Sie fühlen in sich so etwas wie einen ungebremsten Tatendrang und Arbeitseifer. Sie haben das bekannte Gefühl, „Bäume ausreißen zu können". Sportler vollbringen erfahrungsgemäß gerade in dieser Phase Höchstleistungen. Wer sich mit der Absicht trägt, eine mit schwerer körperlicher Arbeit verbundene Aufgabe zu erledigen, ist gut beraten, das in dieser Phase zu tun.

Der so genannte kritische Tag sollte niemanden in Panik versetzen, man sollte aber Vorsicht walten lassen. Es gibt Untersuchungen, die gerade diesen Tag in den engsten Zusammenhang mit möglichen Unfallgefahren bringen.

In den „negativen $11\frac{1}{2}$ Tagen", der Name sagt es schon, sind Sie weit davon entfernt, „die Welt aus ihren Angeln" heben zu wollen. Sie verspüren ein gewisses Bedürfnis nach Ruhe und Entspannung, Sie fühlen sich müde.

Mit den Auswirkungen der anderen beiden Biorhythmen in ihren verschiedenen Phasen soll Sie die folgende Tabelle vertraut machen.

Rhythmus	Geltungs-bereich/Mess-größen	Hoch	Tief	Kritisch insta-biler Zustand
Seelenrhyth-mus 28 Tage lang; Wechsel zwischen Hoch und Tief alle 14 Tage	seelischer Be-reich, Gemüt, seelische Ge-fühlswelt, Unbewusstes, Empfindungs-fähigkeit, Ein-fühlungskraft, Kontaktfähig-keit, Harmo-nie, Zusam-menarbeit, moralische Kraft, Intuiti-on, Kreativität,	Energieabgabe, positive Le-benseinstel-lung, gute Harmonie, Zu-sammenarbeit, günstig für Prüfungen, Wettbewerbe, öffentliche Auftritte, Be-kanntschaften, Freude an Geselligkeit	Energie-aufnahme, negative Ge-fühle belasten Teamwork und Zusammenar-beit, zwi-schenmensch-liche Beziehun-gen beachten, Neigung zu Kontaktarmut, Eintönigkeit, evtl. Depres-sionen	spitze Bemer-kungen, Streit, sinnlose Frustration, Verschlechte-rung eines Krankheitszu-standes, ver-langsamte Reaktions-fähigkeit
Geisterrhyth-mus 33 Tage lang; Wechsel zwischen Hoch und Tief alle 16$\frac{1}{2}$ Tage	geistiger, intel-lektueller Bereich, Bewusstes, Denkfähigkeit, Begreifen, An-passungsfähig-keit, Logik, Urteilskraft, Aufmerksam-keit, Reak-tionsvermö-gen, Beweg-lichkeit, Gedächtnis (Lebenskraft, Lebensbe-jahung)	geistige Aufge-schlossenheit, Aufnahme-fähigkeit für Neues, gutes Gedächtnis, Anpassungs-fähigkeit, güns-tig für neue Aufgaben, Auslandsrei-sen, Studium schwacher Sachgebiete, Planen, Ent-scheidungen, Prüfungen	mangelnde Denkfähigkeit, Konzentrati-onsfähigkeit, nachlassendes Gedächtnis, mangelnde Ausdrucks-fähigkeit, güns-tig für Routi-nearbeiten, Sammeln und Einordnen, Repetieren	Gedächtnis-schwäche, Neigung zu Fehlern und Irrtümern, geistige Kurz-schlüsse, Nachlassen der Aufmerk-samkeit, der Geistesgegen-wart und der Reaktions-fähigkeit, Un-fallgefahr

Es wird Sie die Frage interessieren, wie man seinen Biorhythmus berech-nen kann. Wie gesagt, verfügen Sie über einen Computer und Internet-anschluss, stellt das kein Problem dar. Es genügt, das Suchwort „Bio-rhythmus" einzugeben und schon geht es los.

Am Anfang aller Berechnungen wird die Frage nach dem Geburtsdatum stehen. Dahinter steht ganz einfach die Annahme, dass der Körper-, Geist-

und Seelenrhythmus dann zu schwingen beginnt, wenn der Mensch als selbstständiges Individuum ins Leben tritt. Wieso berücksichtigt man hier nicht die Embryonalentwicklung des Menschen? Zum einen ist der Zeitpunkt der Empfängnis im Nachhinein nur schwer, wenn überhaupt zu berechnen. Zum anderen ist während der Schwangerschaft das werdende neue Leben auf die vielfältigste Art und Weise mit den Schwingungszyklen der Mutter verbunden.

Ich nehme an dieser Stelle ein einfaches Beispiel und denke mir einen Menschen aus, der, sagen wir, am 01.01.1995 geboren wurde. Wie sah seine körperliche, seelische und geistige Verfassung am 10.03. des gleichen Jahres aus?

Zwischen dem Geburtstag und dem hier genannten Datum liegen (1995 war kein Schaltjahr!) 69 Tage:

Der körperliche 23-Tage-Rhythmus wurde genau dreimal durchlaufen und ein vierter beginnt. Damit stehen wir vor der Tatsache eines sogenannten kritischen Tages. Da es sich bei unserer ausgedachten Person um einen Säugling handelt, besteht die Möglichkeit, dass ihn eine Krankheit mehr belastet als sonst.

Der seelische 28-Tage-Rhythmus wurde zweimal durchlaufen und unsere ausgedachte Person befindet sich damit am 7. Tag einer seelischen Hochphase. Man wird den Säugling häufig lachen sehen.

Der geistige 33-Tage-Rhythmus wurde gleichfalls zweimal durchlaufen und unsere imaginätr Person befindet sich damit am 3. Tag einer geistigen Hochphase. Nun wird man in unserem Beispiel von Logik oder Urteilskraft nicht sprechen können. Es ist aber anzunehmen, dass unser Säugling in diesem Zeitraum im Rahmen seiner geistigen Möglichkeiten besonders empfänglich ist für die Aufnahme von Eindrücken aus seiner Umwelt.

Der Zeitraum zwischen unseren Geburtstagen und dem gerade aktuellen Datum ist ein wesentlich größerer und es macht schon eine gewaltige Mühe, die dazwischen liegenden Tage einfach zusammenzuzählen.

Hierfür gibt es heute eine Vielzahl von Erleichterungen: Computerprogramme, Tabellen usw., die – das ist verständlich – hier in meinem Buch nicht im Einzelnen wiedergegeben werden können. Probieren Sie es einfach aus!

Der Mensch und die Farben

„Farben weisen eine bestimmte Bewegung auf, die wir durch bloßes Betrachten nachvollziehen und empfinden können. Diese Eigenbewegung entspricht jeweils einem bestimmten Platz in der Wertskala unserer Stimmungen und Gefühle. Farben sind somit Spiegel und Ausdruck unserer Seele. Farben haben eine Bedeutung als Symbole allgemein menschlicher Werte."

(aus einem Werbetext)

Wissen Sie eigentlich, warum der „blaue Montag" blauer Montag heißt? Ein Blick in einschlägige Wörterbücher macht deutlich, dass dieser Tag ursprünglich der Montag vor dem Fasten gewesen ist und dann nach der an diesem Tage vorgeschriebenen liturgischen Farbe benannt wurde.

Später dann erließ Papst Pius V. im Jahre 1570 genau zu befolgende Regeln über die Nutzung von Farben bei Gottesdiensten, an denen später auch Luther und die Reformation nichts ändern sollten. Grün steht für die Dreifaltigkeit und das Leben, die Farbe Rot entspricht dem Heiligen Geist und den Märtyrern des Glaubens. Zeiten der Buße und des Fastens fanden ihre Entsprechung in der Farbe Violett. Weiß steht für Freude, Schwarz für Trauer und Tod.

Die Gesellen des mittelalterlichen Handwerks übernahmen übrigens die Bezeichnung „blauer Montag" für den ihnen nach altem Handwerkerbrauch zustehenden freien Montag.

Hier wird bereits deutlich, dass Farben ganz offensichtlich mehr sind als die Eigenschaft einer durch das Auge aufgenommenen Empfindung, ausgelöst durch Schwingungen mit bestimmter Größe.

Wir wissen, dass der Mensch deshalb in der Lage ist, Farben wahrzunehmen, da sich im menschlichen Auge auf der Netzhaut drei farbempfindliche Organe, die Zäpfchen, befinden. Diese reagieren auf die Farben Gelb, Blau und Rot. Je in Abhängigkeit von der Stärke der einzelnen Farbanteile vermittelt dann unser Gehirn den Farbeindruck. Indem es die Farben Gelb, Blau und Rot „mischt", kann jede andere Farbe „hergestellt" werden. Sie erinnern sich: Der Mensch nimmt wahr, was er denkt!

Das Erstaunliche ist nun, dass wir Menschen auf unterschiedliche Wellenlängen nicht nur mit Farbempfindungen reagieren. Wir reagieren ganz offensichtlich in einer Weise, die weit über die Physik der Farben hinausgeht und ihren Niederschlag in einer Vielzahl von entsprechenden Analogien gefunden hat. Denken wir nur an unsere Alltagssprache:

- „rot sehen ..."
- „gelb vor Neid werden ..."
- „sein blaues Wunder erleben ..."
- „eine rabenschwarze Seele haben ..."
- „in ihren Adern fließt blaues Blut ..."
- „ja nicht den roten Faden verlieren ..."

- „rote Zahlen schreiben …"
- „alles im grünen Bereich …"
- „das ist doch dasselbe in Grün …"

Oder es muss doch auffallen, dass wir nicht immer von irgendwelchen Farben sprechen. Wir hören oft solche Formulierungen wie:

> „giftgrün, freundliche Farben, warme Farben, himmelblau, Neonfarben, feuerrot, schneeweiß, stechende Farben, kalte Farben, sprühende Farben, dezente oder bedeckte Farben, helle Farben, dunkle Farben, belebende und erdrückende Farben".

Hier bringen sich menschliche Wertvorstellungen ins Spiel, von denen wir bereits sagten, dass sie immer subjektiv sind. Farben haben für jeden von uns eine Bedeutung, die weit über ihren physikalischen Kontext hinausgeht. Farben können unsere Befindlichkeit beeinflussen und man sollte meinen, dass sie auch unsere Befindlichkeit widerspiegeln – so z. B. in der Vorliebe für die Farbe Rot und die Ablehnung der Farbe Gelb. Auf alle Fälle ist die Einstellung eines jeden Menschen zu einer Farbe oft recht unterschiedlich, weil Menschen den Farben eine Bedeutung unterlegen.

In unserer Frühgeschichte hing der Farbgebrauch eng mit rituellen magischen Handlungen zusammen. Farbige Amulette versinnbildlichten göttlichen Schutz, ihre Anfertigung oblag den Schamanen.

Nehmen Sie unser heutiges alltägliches Schminken. Was da jeden Tag vor dem Spiegel im Badezimmer stattfindet, hat uralte magische Wurzeln. Farben galten als heilig, durch das Bemalen des Körpers (z. B. die Kriegsbemalung der Indianer) glaubte man, an übernatürlichen Kräften. Diese Bemalungen wurden alles andere als rein sporadisch oder zufällig angefertigt. Hinter ihnen verbarg sich eine tiefe Symbolik.

Die Wappen unserer Vorfahren sind nicht irgendwie schön bunt, ihre Farben haben Bedeutung. Gold steht für die Ehre, Silber oder Weiß für Treue, Blau für Frömmigkeit, Grün für Jugend und Rot für Mut. Das Purpur war königlichen Familien vorbehalten, dieses Privileg stammt aus der römischen Antike. Nur dem Kaiser stand es an, eine purpurne Toga zu tragen. Man brachte diese Farbe in den Zusammenhang mit dem Rang und der Würde des Gottes Jupiter, der den Römern das war, was den Griechen Zeus bedeutete.

Was meinen Sie, warum die Feuerwehren auf der ganzen Welt rot sind? Rot, so sagt man, ruft fast immer Aufmerksamkeit hervor. Rot weist auf etwas hin, was wichtig und von Bedeutung ist, denken Sie an das Rot der Ampel, sicherlich keine zufällige Farbwahl. Doch wir sehen nicht entweder Rot oder kein Rot, wir sehen sowohl Rot als auch Rot. Farben haben immer eine gedoppelte oder gegensätzliche Bedeutung.

Ein bekannter amerikanischer Spielfilm hieß „Ein Mann sieht Rot". Sein Held war ein verzweifelter, zu allem entschlossener Mensch, der von sich meinte, nichts mehr zu verlieren zu haben, und jedweden Kompromiss mit anderen, aber auch für sich, radikal ablehnte.

Wir begegneten am Anfang dieses Kapitels den vier Temperamenten. In längst vergangenen Zeiten wurde die Welt in vier Elemente eingeteilt, von denen man meinte, sie entsprächen genau diesen vier Temperamenten. Die Farbe des Feuers ist Rot und wurde dem Choleriker zugeordnet. Luft, ein weiteres Element, wurde in Beziehung zu Gelb gesetzt und dem Sanguiniker zugeordnet. Wasser ist blau und steht in Analogie zum Phlegmatiker. Das vierte und letzte Element war die Erde und sie wurde in Grün gesehen. Dieses Grün fand seine Entsprechung im Melancholiker.

Über die Anzahl der so genannten Grundfarben gibt es unterschiedliche Auffassungen. Wir kennen das Modell der sechs Grundfarben: Gelb, Orange, Rot, Violett, Blau und Grün. Andere empfinden Gelb, Rot, Blau und Grün als Grundfarben. Ob nun vier oder sechs „Grundfarben" – sie alle beeinflussen uns auf unterschiedlichste, rein physiologische, aber auch auf verstandes- und gefühlsmäßige Art und Weise.

Das wussten übrigens schon die alten Inder. Für die Gestaltung und Formung der menschlichen Psyche machten sie nicht nur den Verstand, Arbeit, Nahrung usw. verantwortlich, sondern auch die Farben. Hier ging es nicht nur um einfaches, schlichtes „Sehen von Farben". Vielmehr brachte man Farben in Verbindung mit den Energiezentren des menschlichen Körpers. Dahinter verbirgt sich nichts anderes als die spätere hermetische Überzeugung, wonach alles in Schwingung ist und über die Resonanzfähigkeit „mitteilbar".

Farben, die in erster Linie unser Gefühlsleben beeinflussen, in uns Befindlichkeiten auslösen oder Befindlichkeiten erkennen lassen können, sind wie alle Gefühle nur schwer mitzuteilen.

Ich werde mich im Folgenden daher lediglich darauf beschränken, von dem zu sprechen, von dem man meint, dass es in der jeweiligen Farbe seine Entsprechung hat.

Rot: Gefühl, Spürsinn, Vorahnung, Wärme, Stärke, Ehrlichkeit und Offenheit, Lust am Leben, Leidenschaft, Unbesonnenheit

Gelb: Ratio, Logik, Verstand, Geisteskraft, Gedankenschärfe, Wissensdurst und Neugierde, Sachlichkeit

Orange: Sinnlichkeit, Gefühl, Kunst, Großzügigkeit, Verschwendung, Leben im Heute

Violett: Glaube, Magie, Irratio, Analogie, Überspanntheit, Intuition, Inspiration

Blau: Ruhe, Besonnenheit, Konzentration, Idealismus, Wehmut

Grün: Hoffnung, Liebe, Jugend, Wachstum, Gefühl, Zärtlichkeit

In andere Richtung bewegen sich die Untersuchungen des Psychologen Max Lüscher. Aus seiner Sicht haben Farben die folgende Bedeutung:

Blau ist eine kalte Farbe und das Sinnbild von Treue und Freundschaft. Diese Farbe spricht von der Fähigkeit zur Selbstbeherrschung und Mäßigung sowie einer gewissen Empfindlichkeit, Liebesbedürftigkeit und Introvertiertheit.

Grün steht schlechthin für das Leben in seiner gesamten Ausdehnung. Diese Farbe spricht für Menschen mit einer unkomplizierten Lebensphilosophie, die darüber hinaus die Fähigkeit besitzen, sich veränderten Situationen rasch anzupassen, ohne sich dabei selber aufzugeben.

Rot steht als der Inbegriff aller der seelischen Vorgänge, die sich mitunter impulsiv artikulieren. Es ist die Farbe der Leidenschaft, die sich in der Regel einer rationalen Kontrolle entzieht. Menschen, die diese Farbe favorisieren, haben erfahrungsgemäß ein sehr lebhaftes und ungezügeltes Temperament, einen starken Willen und ein ausgeprägtes Selbstbewusstsein.

Gelb spricht für Wärme, Leichtigkeit und Heiterkeit. Menschen, die Gelb besonders mögen, sind in der Regel vielseitig interessiert, aber auch in vielen Dingen unbeständig. Sie haben oft einen nicht zu übersehenden Hang zu Neid und Ehrgeiz. Im Leben geben sie sich äußerst beweglich und finden rasch Kontakt zu anderen.

Violett spricht die Sprache der Unausgeglichenheit und einer möglichen inneren Zerrissenheit.

Charakterkunde im Alltag

Unser „Revierverhalten"

Hier begegnen wir einer solchen Vielzahl menschlicher Ausdrucksformen, die in ihrer Beschreibung und Deutung den Rahmen eines einzelnen Buches sprengen würden. Deshalb werde ich mich im weiteren Verlauf dieses Kapitels nur auf „Ausschnitte" beschränken können. Aber auch diese wenigen Ausschnitte, so meine ich, gestatten Rückschlüsse auf menschliche Charaktere.

Versuchen Sie sich an Ihre Schulzeit zu erinnern und Ihnen wird einfallen, dass es das „Vorrecht" des Lehrers war, der Klasse eine Platzordnung zu diktieren: Die „Guten" durften meistens in den hinteren Reihen sitzen, die „Schlechten" saßen vorn, oder auch umgekehrt. Heute ist das Gott sei Dank anders und der Pädagoge ist übrigens gut beraten, wenn er seine Schüler sich so setzen lässt, wie sie das gerne möchten. Denn sie setzen sich nicht irgendwie. Gleiches beobachtet man später z. B. in den Seminarräumen unserer Hoch- und Fachschulen und noch später in den Schulungsräumen von Firmen und Unternehmen.

„Setzt sich nicht irgendwie ..." bedeutet im übertragenen Sinne, dass in jedem von uns noch so etwas wie ein Rest Revierverhalten vorhanden ist.
Jeder von Ihnen, der irgendein Haustier hat, kann das tagtäglich beobachten und Katzenhalter wissen, dass die Katze nicht bei Ihnen lebt, sondern Sie bei Ihrer Katze wohnen.

Menschen sind geneigt, sich über ihr „Revierverhalten" in die für sie
günstige Position zu bringen. Nehmen wir das Beispiel eines Seminarrau-
mes oder Hörsaals. Zu Beginn der Veranstaltung sind die Reihen noch frei
und nur langsam beginnt sich der Raum zu füllen. Es wäre eigentlich egal,
wer sich wohin setzt. Und trotzdem kann der Beobachter feststellen, dass
irgendwie ein stilles Prinzip waltet. Manche besetzen zielstrebig die ersten
Reihen, andere platzieren sich auf den linken oder rechten Plätzen, andere wiederum bevorzugen die Mittelreihen und andere schließlich, obwohl
vorne noch alles frei ist, setzen sich ganz hinten hin. Gerade das will einem nicht einleuchten, sieht und hört man doch vorne schließlich alles
besser.

Ich habe im Laufe meiner langjährigen Trainertätigkeit die Erfahrung
gemacht, dass hier in der Tat ein Prinzip am Werke ist, welches bei einer
gewissen Menschenkenntnis durchschaut werden kann. Sicherlich sind
Schulungsräume anders aufgebaut als Hörsäle; entscheidend war aber
immer der „Abstand" zwischen dem Platz des Vortragenden und den Teilnehmern.

Und da gibt es nun diejenigen, die sich sofort nach „vorne" setzen, und
sei es nur, weil eine einzelne Aktentasche signalisiert, dass dies der Platz
des Trainers sein könnte. Stellt sich heraus, dass es die Tasche eines zu
früh gekommenen Teilnehmers ist, wird der Platz sofort gewechselt.

Nun habe ich die Erfahrung gemacht, dass es sich bei diesen Menschen
um diejenigen handelt, die ehrgeizig, selbstbewusst und gelegentlich etwas von sich selbst eingenommen sind.

Ehrgeizig deshalb, weil sie tatsächlich der Ansicht sind, dass dieses Se-
minar oder die Schulung wichtig für das eigene berufliche Fortkommen ist.
Sie wollen sich nicht ein Wort entgehen lassen. Ihr Selbstbewusstsein mache ich an der Tatsache fest, dass es in der Regel so ist: Fragt der Trainer diesen oder jenen Teilnehmer etwas, wendet er sich erfahrungsgemäß
zunächst an die, die in seiner Nähe sitzen. Das wissen allerdings auch jene, die ihre Plätze gleich rechts oder links von ihm einnehmen. Sie scheu-
en die damit verbundenen „Gefahren" nicht, ja, rechnen unter Umständen
sogar damit, zu einer Antwort animiert zu werden.

Was die Selbsteingenommenheit betrifft, so konnte ich die meist bei
Teilnehmern registrieren, die in der Vergangenheit schon oft an Kursen
oder Seminaren teilgenommen haben.

Irgendwie betrachten sie den „Abstand" zwischen sich und dem Schu-
lungsleiter oder Trainer als nicht mehr so entscheidend („Kennen wir eigentlich alles schon!") oder wollen damit auch eine gewisse Distanz zu

den übrigen Teilnehmern demonstrieren. Ganz auffällig werden diese Menschen dann, wenn sie den Vortragenden häufig mit Formulierungen wie „Sagen Sie, kann es sein, dass ich das bei Herrn X schon einmal anders gehört habe ..." oder „In der einschlägigen Literatur stellt sich das aber ganz gegenteilig dar ...!" unterbrechen.

Ganz hinten oder weit weg vom Vortragenden sitzen in der Regel die ängstlichen, schüchternen Naturen. Gestattet es die Raumanordnung, ist mir aufgefallen, dass diese Menschen liebend gern in der Nähe der Ausgangstüren Platz nehmen. Selbst der Bitte eines bekannten Kollegen, der gleichzeitig an der Schulung teilnimmt, doch gemeinsam mit vorne Platz zunehmen, wird in der Regel nicht entsprochen. Und wenn, bemerkt man an diesen Menschen die ganze Zeit über ein gewisses Unwohlsein. Man ist gut beraten, ihnen nicht gleich mit direkten Fragen zu kommen. Man sollte sie, wie man so schön sagt, aus der Reserve locken und sie langsam ins Geschehen einbeziehen.

Die meisten sitzen in der Mitte, auch dann, wenn es eng werden kann. Das Spektrum der Deutungen ist hier sehr weit. Es beginnt, die Erfahrung habe ich gemacht, bei den Gleichgültigen und reicht bis zu denen, die ganz einfach nicht auffallen wollen. Oft findet man allerdings hier diejenigen, die eine manchmal als störend empfundene Rechthaberei an den Tag legen. „Vorne" trauen sie sich nicht, aber in der Anonymität der Mitte suchen sie die dauernde Bestätigung eigener Ansichten zum Thema bei den Nachbarn.

Menschliches „Revierverhalten" spiegelt sich auch in dem Phänomen wider, das ich in einem meiner Bücher „Distanzzonen" genannt und mit Durchschnittswerten beschrieben habe. Jeder hat mit dieser Tatsache schon irgendwann in seinem Leben Bekanntschaft gemacht. Wir kennen sie aus dem Tierreich: Wird die so genannte Fluchtdistanz eines Raubtieres beispielsweise vom Menschen unterschritten, kann er zu Recht annehmen, dass es ihn angreift.

Treten Sie einem fremden Menschen unerwartet zu nahe, werden sie bemerken, dass er sich bedrängt sowie unwohl fühlt und abwehrende Haltungen und Bewegungen registrieren. Und bemerken wir das nicht alle an uns selber, wenn wir in einer überfüllten Bahn vom Arbeitsort nach Hause fahren müssen? Hier wird selbst die intime Distanz (0 bis 60 cm), die jeder nur ganz wenigen Mitmenschen zugesteht, erheblich unterschritten. Für die persönliche Distanz habe ich 60 bis 120 cm, die gesellschaftliche 120 bis 300 und die allgemeine Distanz 300 cm und mehr Zentimeter genannt.

Was uns Raucher verraten

„Drei Wochen war der Frosch so krank,
Jetzt raucht er wieder, Gott sei Dank."

(Wilhelm Busch)

Hier folgt jetzt keine Diskussion über das Für und Wider einer Alltagserscheinung, die bei den Menschen unterschiedlichste Kontroversen auslösen kann. Ich bewege mich hier vollkommen im wertfreien Raum und möchte Sie nur mit einigen Beobachtungen vertraut machen, die jeder von uns, z. B. in den Pausen zwischen Seminaren, machen kann.

Da haben wir nämlich die Nichtraucher und die Raucher und um die Beobachtungen und Schlussfolgerungen im Zusammenhang mit Letzteren soll es mir gehen.

Interessant ist schon die Reaktion, wenn der eine den anderen um Feuer bittet. Da stellt sich zunächst der heraus, der prompt und ohne Umschweife in seine Hosentasche, Kollegmappe oder einen anderen Aufbewahrungsort greift. Der Ort ist hier vollkommen unwichtig, entscheidend ist die zielgerichtete Handbewegung. Es steht zu vermuten, dass diese Handbewegung einen zuverlässigen, ordnungsliebenden und korrekten Charakter offenbart. Dieser Mensch würde ganz wahrscheinlich nie ewig nach einem Kugelschreiber oder seinem Adressbuch suchen. Hier wird Übersicht demonstriert.

Ganz anders hingegen der, der auf die gleiche Bitte hin anfängt, regelrecht nervös in seinen Taschen oder anderen Utensilien zu suchen und zu wühlen. Das Ganze wird mit Bemerkungen wie „Moment, habe ich gleich ..." oder „Eben war es noch hier, Sekunde ..." unterlegt. So können sich Unpünktlichkeit, Unzuverlässigkeit oder eine gewisse Oberflächlichkeit verraten. Aber Vorsicht: Vermuten Sie an dieser Stelle nicht sofort Zerstreutheit bei Ihrem Gegenüber. Peter Falk macht als „Columbo" in einer bekannten amerikanischen Krimireihe hervorragend deutlich, dass ein solches Verhalten auch ganz bewusst an den Tag gelegt werden kann!

Sie werden im Alltag kaum noch jemanden antreffen, der sich seine Zigarette mit Streichhölzern anzündet. Da, wo es noch vorkommt, lassen sich zwei bemerkenswerte Beobachtungen machen, die entsprechende Schlussfolgerungen zulassen.

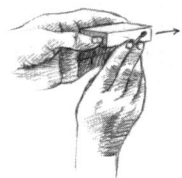

Menschen, die das Streichholz beim Anzünden von sich fort bewegen, gelten in der Regel als extrovertiert. Sie haben eine unkomplizierte Lebensphilosophie und stehen mit beiden Beinen auf dem Boden und im Leben.

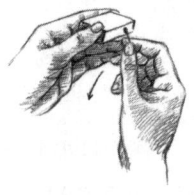

Wer das Streichholz beim Anzünden auf sich zu bewegt, ist meistens introvertiert. Sie beschäftigen sich so intensiv mit sich selbst, dass sie häufig nicht wahrnehmen, was in ihrer Umwelt geschieht.

Als Kind habe ich immer meinen Großvater bestaunt, wenn er sich am Sonntag nach dem Essen eine gute Zigarre nahm und herrliche Kringel in die Luft blies. Im Laufe der Zeit konnte ich feststellen, dass Menschen auf unterschiedlichste Art und Weise ihren Zigarren- oder Zigarettenrauch von sich geblasen haben. Später begann ich zu durchschauen, dass das mit den Charaktereigenschaften dieser Menschen in einem Zusammenhang steht.

Für Menschen, die den Rauch nach oben blasen, kann man in der Regel eine optimistische Grundeinstellung zum Leben geltend machen. Probleme des Alltags oder des Berufslebens werden zwar nicht auf die leichte Schulter, aber auch nicht übermäßig ernst genommen. Solche Menschen sind bestrebt, dem Leben seine positiven Seiten abzugewinnen.

Menschen, die den Rauch nach unten blasen, glauben sehr oft, dass die Umwelt ihnen feindlich gesinnt ist. Sie sehen überall Gefahren und geben sich außerordentlich vorsichtig.

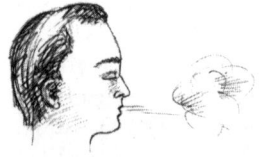

Menschen mit einem ausgeprägten Selbstbewusstsein blasen den Rauch ihrer Zigarette gerade aus. Da das auch dann geschieht, wenn sie sich in Gesellschaft befinden, steht ein gewisser Hang zu Rücksichtslosigkeit zu vermuten.

Man sieht es seltener, aber es gibt sie: Menschen, die den Rauch ihrer Zigarette seitwärts ausblasen. Sie gehören meistens zu denen, die nicht nur Pläne und Ziele haben, sondern alles daran setzen, sie auch zu verwirklichen.

Diese Art, den Rauch einer Zigarette in die Luft zu blasen, erinnert unwillkürlich an den Stier, der durch die Nüstern bläst. Und in der Tat, erfahrungsgemäß handelt es sich bei Menschen, die den Rauch durch die Nase blasen, um solche, die oft ein fast schon übersteigertes Selbstbewusstsein an den Tag legen und sehr geltungsbedürftig sind.

Der „paffende" Raucher könnte eigentlich jeden Tag mit dem Rauchen aufhören. Diese Menschen betrachten Rauchen erfahrungsgemäß als Statussymbol, dem sie sich unterworfen haben. Eine solche Einstellung kann man vielerorts in ihrem Leben vermuten.

Brennt die Zigarette, lässt zunächst die Art, wie sie von jemandem geraucht wird, eine Vielzahl von Schlüssen zu.

Da haben wir zunächst denjenigen, der sich ohne Eile und Hast seine Zigarette anzündet, um sie dann eben auch zu genießen: ruhige, gleichmäßige Züge und oft verbunden mit einem Blick, der den Rauchwolken hinterher wandert.

Es steht zu vermuten, einem „Kinästheten" gegenüberzustehen, der darüber hinaus nicht nur Genießer ist, sondern die Dinge abwägt und in aller Ruhe einschätzt, ehe er sein Urteil fällt.

Der „Visuelle" hingegen raucht hastig und verschluckt schon mal den Rauch, den er eigentlich nur inhalieren wollte. Fahrige Bewegungen zum Aschenbecher und häufiges Abstreichen der Asche fallen häufig auf. Man sollte meinen, an dieser Art zu Rauchen überhaupt innere Erregtheit, Unausgeglichenheit sowie Nervosität bemerken zu können.

Vielleicht kennen Sie jenen Typ, der seine Zigarette immer erst dann ausmacht, wenn andere ihm sagen, dass er inzwischen schon den Filter

raucht. Man bemerkt auch eine besonders heftige Glut an der Zigaretten-
spitze. Hier kann man sich des Gefühls nicht erwehren jemanden vor sich
zu haben, der keinen einzigen Zug verpassen möchte und das auch für
viele andere Lebenssituationen geltend macht.

Im Sommer hören wir oft im Radio und Fernsehen Warnungen über bestehende Waldbrandgefahren. Wenn rauchende Autofahrer dennoch ihre
Kippe bedenkenlos aus dem Fenster schnippen, haben wir den rück-
sichtslosen Typ vor uns, der sich auch sonst im Leben häufig recht leichtsinnig und unbedacht bewegt.

Wenn es nicht gerade aus Versehen passiert, ärgern wir uns zu Recht
über Menschen, die ihre Zigarettenasche sozusagen hemmungslos auf die
Tischplatte, den Fußboden oder gar den Teppich fallen lassen. Diese
Gleichgültigkeit lässt nicht nur auf eine schlechte Erziehung, sondern auf
Missachtung anderer schließen.

Dann fallen manchmal diejenigen auf, von denen man meint, sie haben
die Haltung ihrer Zigarette mühsam einstudiert: Sie wirkt geziert und man
kann sich des Eindrucks nicht erwehren, dass hier jemand raucht, der es
eigentlich nicht will und über diese gekünstelte Haltung seine Abneigung
dem Rauchen gegenüber zum Ausdruck bringt. Solche Menschen haben
es im Leben häufig schwer, über ihren eigenen Schatten zu springen.

Darüber hinaus lässt die Art, die Zigarette zu halten, weitere Deutungen zu.

Menschen, die ihre Zigarette so in den Fingern
halten, sind erfolgsorientiert und häufig bestrebt,
über sich hinauszuwachsen. In ihrem Tatendrang
wirken sie gelegentlich so heftig, dass die Art, die
Zigarette zu halten, eine gewisse Nervosität oder
Unruhe nicht verbergen kann.

Wer seine Zigarette so hält, ist wankelmütig und
flexibel zu gleich. Ansichten und Überzeugungen
können rasch gewechselt werden, eingenommene
Positionen werden nie lange beibehalten. Die Anpassungsfähigkeit solcher Menschen an neue Situationen ist erstaunlich.

Menschen mit einer guten körperlichen Konstitution halten ihre Zigarette meist so in den Fingern.
Sie vertrauen auf ihre physischen Kräfte, sind alles
andere als ängstlich und bringen so ihre bestehende unterschwellige Angriffslust zum Ausdruck.

Ist der intellektuelle Typ zugleich Raucher, kann man ihn an dieser Art, die Zigarette zu halten, erkennen. Diese Menschen leiden häufig unter Stimmungsschwankungen. Durch das gründliche Überdenken von Situationen und Gegebenheiten fällt es ihnen gelegentlich schwer, Entscheidungen zu treffen. Haben sie eine Position ergriffen, kann man davon ausgehen, dass sie wohldurchdacht ist.

Diese Art, die Zigarette zu halten, spricht für eine Nachdenklichkeit und Besonnenheit, die weniger aus der Ratio und mehr aus der Irratio gespeist wird. Solche Menschen vertrauen auf ihr Gefühlsleben und treffen von hier aus in der Regel ihre Entscheidungen. Dadurch wirken sie gewissenhaft, besonnen und Vertrauen erweckend.

Sensible und empfindliche Raucher halten ihre Zigarette in der Regel so. Ihr Gefühlsleben unterliegt meistens ständigen Schwankungen, denen sie körperlich oft nicht gewachsen sind. So wirken sie häufig müde und abgespannt.

Menschen, die ihre Zigarette so halten, zeichnen sich erfahrungsgemäß durch einen intensiven Tatendrang aus, der keine Widerstände duldet und vor etwaigen Hindernissen keine Angst hat. Dennoch darf man nicht verkennen, dass ihren Handlungen gut durchdachte Strategien zu Grunde liegen. Sie wirken auf andere kämpferisch.

Diese Art, die Zigarette zu halten, lässt den Eindruck entstehen, dass man jemanden vor sich hat, der andere, z. B. Nichtraucher, auf keinen Fall belästigen will. Im übertragenen Sinne lässt diese Haltung der Zigarette in der Hand auf Umsicht und Rücksichtnahme im Umgang mit anderen schließen.

Autofahren und Lebenseinstellungen

Das Lenken stellt den unmittelbarsten Kontakt eines Menschen mit seinem Auto her und gerade hier lassen sich hinsichtlich der ausgeführten Haltungen und Bewegungen die interessantesten Beobachtungen machen. Einige von ihnen habe ich ausgewählt und werde sie Ihnen samt Schlussfolgerungen im Folgenden vorstellen.

Menschen, die auch während längster Fahrten mit ihren Händen den oberen Halbkreis des Lenkrades festhalten, ohne dabei verkrampft zu wirken, haben erfahrungsgemäß eine sinnlich-heitere Lebensphilosophie, in deren Rahmen es durchaus möglich ist, die Auseinandersetzung mit anderen zu suchen.

Menschen, die ihre Hände vorrangig auf der unteren Hälfte des Lenkrades belassen, gehören in der Regel nicht zu den „Härtesten". Sie werden fast ausnahmslos jedes Geschwindigkeitslimit einhalten und lassen sich durch das ständige Überholen von anderen nicht aus der Fassung bringen.

Dieses verkrampfte Festhalten des Lenkrades erweckt den Eindruck, als wolle hier jemand die ganze Kraft seines Fahrzeug in sich aufnehmen. Menschen mit diesem Fahrstil gehören meistens zu denjenigen, denen Überholen oberstes Gebot ist. Sie fahren dabei meistens nicht gerade rücksichtsvoll und man sollte aufpassen, wenn man ihnen begegnet.

Liegen die Hände des Fahrers eng beieinander in
der unteren Hälfte des Lenkrades, so kann man
fast immer annehmen, dass sich hier eine gewisse
Lässigkeit und Leichtigkeit offenbaren will. Es handelt sich fast immer um Menschen, denen Autofahren eigentlich nicht sehr viel bedeutet. Es gehört
ganz einfach zu ihrem Alltag, der durch andere
Dinge wesentlich gekennzeichnet ist: Kunst, Literatur sowie das Berufs- und Familienleben. Alle
diese Dinge sind ihnen wichtiger. Es lässt sie
gleichgültig, wenn sie von viel kleineren Autos
überholt werden.

Auch ohne das bekannte „A" am Fahrzeug erkennt
man an dieser Haltung meistens den Anfänger
oder den, der sein Leben lang mit dem Autofahren
seine Probleme hat. Der dabei stark nach vorn ge-
beugte Körper sucht regelrecht den Kontakt zur
Straße, um Gefahren vorbeugen zu können. Da-
runter leidet eigentlich der ganze Fahrstil, der
nicht selten zur Gefahr für andere werden kann.

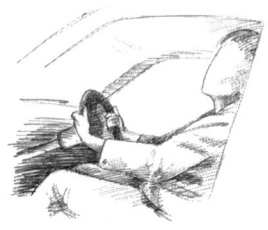

Hier gibt sich der sorglose Fahrer zu erkennen,
wobei er es mit seiner Sorglosigkeit nicht übertreiben sollte. Sie kann rasch in Unaufmerksamkeit
und Leichtsinn umschlagen.

Die Bezeichnung „Manta-Fahrer" hat fast schon
symbolischen Charakter und trifft hinsichtlich dieser Haltung am Lenkrad genau den Punkt. Irgendwo befindet sich die linke Hand im offenen Seiten-
fenster, das Auto wird nur mit der rechten gesteuert.

Wie steigen Sie aus Ihrem Auto ein und aus?

Woran es auch immer liegt, Männer steigen fast immer „gleich" aus dem Auto. Bei Frauen hingegen sieht das ganz anders aus. Wie gesagt, ich kann es nicht begründen. Vielleicht liegt es daran, dass Männer ein anderes Verhältnis als Frauen zum Auto haben. Letztere nehmen es nicht so ernst.

Frauen, die so aus dem Auto steigen, werden sofort bemerkt. Man sollte aber nie dem Irrtum verfallen, dass dies ausschließlich aus Absicht geschieht. Allzu oft geschieht es auch aus einer einfachen Gedankenlosigkeit heraus.

Diese Art des Aussteigens kann eine gewisse Zerstreutheit und Hilflosigkeit nicht verbergen. Vielleicht ist es auch Zeitdruck, der dazu zwingt, alle Gegenstände auf einmal auszuladen.

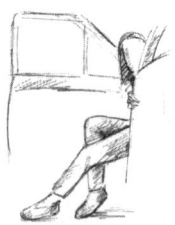

Diese Art des Aussteigens lässt vermuten, dass man hier einer Frau begegnet, die sich ihrer Reize und Schönheit bewusst ist und sie einzusetzen vermag. Ihre Entschlossenheit und Willensstärke erfahren so ihre besondere Unterstreichung.

Hier wird deutlich: „Zwei Seelen kämpfen, ach, in ihrer Brust!" Zum einen steht zu vermuten, mit dem Zeitgeist (Mode etc.) gehen zu wollen, der andererseits eigenen Überzeugungen irgendwie widerspricht. Andere Erfahrungen haben mir gezeigt, dass sich hinter dieser Art des Aussteigens eine gewisse Verträumtheit, aber auch Labilität verbirgt.

Frauen, die kein Problem mit ihrem Auto, aber auch keine im Leben haben, steigen vermutlich so ins Auto ein. Diese Art wirkt entschlossen und zupackend.

Der Mensch, der Stuhl und das Sitzen

Jeder von Ihnen kennt ihn: Den Menschen, dem es genügt, nur auf dem Stuhlrand zu sitzen. Dahinter verbirgt sich mehr. Man sollte meinen, dass es sich um ängstliche, vorsichtige Menschen handelt. Meistens sind sie sich ihrer selbst und der Situation, in der sie sich gerade befinden, nicht sicher.

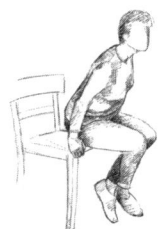

An manchen Menschen fällt auf, dass sie nicht nur auf dem Stuhlrand, sondern auch noch weit nach vorn gebeugt sitzen. Sie halten sich mit beiden Händen an der vorderen Stuhlkante fest und vermitteln so den Eindruck von Hilflosigkeit. Sie suchen, obwohl sie sitzen, noch nach einem zusätzlichen Halt. So machen sich Nervosität und innere Unruhe bemerkbar. Irgendwie hat diese Sitzhaltung etwas Unterwürfiges an sich.

Menschen, die so Platz nehmen, vermitteln einerseits Selbstbewusstsein und Entschlossenheit.
Aber ihr Zurücklehnen lässt vermuten, dass auch hier nach einem zusätzlichen Halt gesucht wird. So erscheinen Selbstbewusstsein und Entschlossenheit in einem ganz anderen Licht.

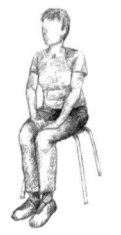

Menschen, die so sitzen, besitzen ohne Zweifel eine gehörige Portion aufrichtigen Selbstbewusstseins und vermitteln Tatkraft und Energie.

An Menschen, die so sitzen, vermutet man zunächst das Bedürfnis, sich zu entspannen.
Aber Vorsicht: Vielmehr liegen Selbstsicherheit und Überzeugung vom eigenen Persönlichkeitswert vor.

Der Händedruck als Schlüssel zum Charakter

der über-/untergeordnete Händedruck

Wenngleich die Besonderheit dieses Händedrucks in der anatomischen Beschaffenheit der jeweiligen Hände begründet ist, sollte man nicht die Augen davor verschließen, dass diese Art, sich die Hände zu geben, Rückschlüsse gestattet auf beide Beteiligte: Der eine weiß um die Größe seiner Hand und setzt sie wissentlich ein, um den anderen sozusagen zu vereinnahmen, ihm seine Überlegenheit mitzuteilen. Er greift mit der ganzen Hand zu und lässt zwangsläufig im anderen den Eindruck entstehen, sich in einer untergeordneten Position zu befinden. Seine Hand wird so fest umschlossen, dass ihr jegliche Bewegungsfreiheit abhanden kommt.

der unverbindliche Händedruck

Dieser Händedruck vermittelt den Eindruck gegenseitiger Unverbindlichkeit, die aber höflich und ein wenig bestimmt übermittelt werden soll.

der gleichgestellte Händedruck

Der Name sagt es schon: So begrüßen sich per Händedruck gleichgestellte Menschen, die um ihren jeweiligen persönlichen Wert und ihre soziale Stellung wissen. Dieser Händedruck hat nichts Hintergründiges an sich und wirkt offen.

der übereinkommende Händedruck

Menschen, die eine stillschweigende Übereinkunft geschlossen haben, besiegeln so ihr Abkommen. Die Stille des Händedrucks signalisiert, dass andere von dieser Übereinkunft vorläufig nichts zu wissen brauchen.

der aufgeschlossene Händedruck

Mit diesem Händedruck will der eine dem anderen auf herzliche Art und Weise mitteilen, dass er dessen Plänen, Absichten oder Zielstellungen offen gegenübersteht und ihn bei ihrer Verwirklichung aufrichtig unterstützen will.

der eiserne Händedruck

So geben sich Menschen die Hände, die von ihren unterschiedlichen Ansichten wissen. Durch diesen festen und eisernen Händedruck wollen sie sich gegenseitig mitteilen, auf keinen Fall von ihren Positionen abzuweichen.

der feste Händedruck

Diese Händedruck wird als angenehm empfunden, weil er von einem gesunden Selbstbewusstsein und der Achtung des anderen spricht. Dieser wird als gleichberechtigt betrachtet.

der kräftige Händedruck

Dieser Händedruck ähnelt in vielem dem festen, kann aber darüber hinaus in Abhängigkeit von der Stärke der Hand des einen die offene Freude über das endliche Zustandekommen eines lang gehegten Vorhabens bekunden.

Welche Schlafstellung bevorzugen Sie?

Embryonallage

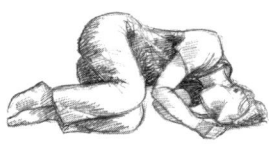

Der Name dieser Schlaflage verrät es eigentlich schon: Wer so schläft, sucht Geborgenheit und Schutz. Hier hat sich ganz offensichtlich jemand noch nicht vollkommen „abgenabelt" und offenbart seine Suche nach Sicherheit. Wir können auf einen Menschen schließen, der ein in sich gekehrtes Wesen an den Tag legt und ein intensives Gefühlsleben hat.

Rückenlage

Diese Schlaflage hinterlässt beim Betrachter den Eindruck, dass hier jemand schläft, der jederzeit wieder aufwachen könnte. Hier kann man durchaus auf innere Unruhe, Unausgeglichenheit oder Nervosität schließen. Das Tagwerk ist noch nicht abgeschlossen.

Bauchlage

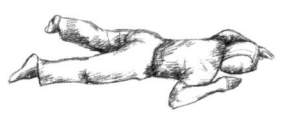

Diese Schlafstellung hat etwas Vereinnahmendes an sich. Und in der Tat, sie verrät vielen von uns, dass wir eigentlich „Ich-bezogener" sind als wir von uns selbst vermuten. Die Mehrheit aller Menschen nimmt im Laufe einer Nacht diese Schlafhaltung ein.

Seitenlage

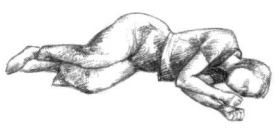

Wer so liegt, wenn er nicht alleine schläft, gönnt dem anderen Platz und Raum auf der gemeinsamen Schlafstätte und ist in seinem Wesen rücksichtsvoll. Schläft jemand so auch allein, spricht dies von Bescheidenheit und Zurückhaltung.

Schlafen mit ausgestreckten Gliedmaßen

So schläft jemand, der über ein gesundes Selbstvertrauen verfügt und auch im täglichen Leben, im Wachsein, bestrebt ist, sein Selbstwertgefühl durch nichts beeinträchtigen zu lassen.

Ihre Aktivitäten – TUN

- Treten Sie vor einen Spiegel und betrachten Sie sich ganz genau! Deuten Sie Ihr äußeres Erscheinungsbild!
- Beziehen Sie in diese Deutungen Ihren Partner, Ihre Bekannten und Mitmenschen ein!
- Machen Sie Ihre eigenen Beobachtungen im Alltag und schreiben Sie sie auf!

Kapitel 5

Körpersprache ist analog

Die ganzheitliche Körpersprache

Wir alle kennen Formulierungen wie „wenn Blicke töten könnten ...", der „redet mal wieder mit Händen und Füßen ..." oder „er steht ganz offensichtlich über den Dingen".

Hinter diesen schon fast sprichwörtlich gewordenen Redensarten verbirgt sich etwas, was wir tagtäglich anwenden: Körpersprache.

Sie ist keine Fremdsprache, die Sie erst erlernen müssen. Ihre eigene Körpersprache ist nicht erlern- und kaum beeinflussbar. Sie beherrschen sie seit Ihrer Geburt. Körpersprache wird, wenn es sich nicht um große theatralische Mimik und Gestik handelt, unbewusst gesteuert und wahrgenommen. Ja, wir haben sie so verinnerlicht, dass wir manchmal zur Körpersprachlosigkeit neigen.

Wir nehmen ein Beispiel. Sie unterhalten sich, reden, reden und reden. So richtig schön im Fluss bemerken Sie nicht, wie Ihr Gegenüber zwar unauffällig, jedoch bestimmt seinen Kopf von Ihnen abwendet. Spätestens an dieser Stelle sollte Ihnen klar sein, dass Sie jetzt keinen Dialog mehr führen, sondern einen Monolog. Mehr noch, Ihr „Gesprächspartner" hat Ihnen mit den Mitteln der Körpersprache inzwischen wortlos eine Missbilligung ausgesprochen, die sie, falls Sie immer noch reden, nicht verstanden haben. Zumindest hier legen Sie Körpersprachlosigkeit an den Tag, die manchmal unabsehbare Folgen für Ihre Kommunikationsfähigkeit und die Gestaltung zwischenmenschlicher Beziehungen haben kann.

Weil wir Körpersprache, also nicht verbale Kommunikation, in unserem Alltag meistens unbewusst, unwillkürlich und unkontrolliert einsetzen, verkennen wir eine ihrer wichtigsten Merkmale.

Im Gegensatz zu unseren gesprochenen Worten – denn hier können wir lügen – ist Körpersprache sehr ehrlich und glaubwürdig.

Körpersprachliche Signale senden wir aus, wenn wir anderen Menschen auf der Straße begegnen. Stellen Sie sich vor, Sie stehen an einer Bushaltestelle in einer Großstadt. Mit Ihnen warten andere Personen. Sie alle senden und empfangen Signale, ohne sich dessen bewusst zu sein. Mit dem Körper sprechen wir alle, ohne diese Sprache jemals gelernt zu haben.

Wir signalisieren auch, wie weit jemand an uns herankommen darf. Wir senden Signale, wenn unsere Reviergrenzen überschritten werden: Haben Sie schon einmal erlebt, dass Ihnen beim Einkaufen eine fremde Person von vorn sehr nahe kam? Wie haben Sie sich dabei gefühlt? Sie gingen einen Schritt zurück? Das ist eine Möglichkeit, sich weniger bedrängt zu fühlen. Haben Sie keine Ausweichmöglichkeiten, so sendet Ihr Körper Signale, die bedeuten sollen „Bis hierhin und nicht weiter!" Das können bereits Ihre Augen sagen. Wenn das nicht reicht, spiegelt sich in Ihrem Gesicht der Unwille wider. Bei sehr unaufmerksamen Zeitgenossen müssen

Sie vielleicht sogar die Hände zur Abwehr heben. Anders, wenn sich jemand seitlich nähert. Dann darf eine fremde Person näher an uns herankommen. Den Raum hinter uns beanspruchen wir nur in einem geringen Ausmaß. Unsere Reviergrenzen dehnen sich nach vorn weiter aus.

Im Gedränge setzen wir die Taktik ein, dass wir die fremden Menschen um uns herum ignorieren. Wir ziehen uns in uns selbst zurück.

Beobachten Sie einmal bewusst das Verhalten fremder Menschen, wenn Sie frontal auf sie zugehen! Oder wenn sich bei einer Party Gesprächsgruppen bilden. Stehen sich die Partner frontal gegenüber, dann weiß jeder, sie wollen unter sich bleiben. Es wäre unangebracht, sich in das Gespräch einzumischen. Stehen die Menschen im stumpfen Winkel zueinander, dann sind sie offen für weitere Gesprächspartner. Sie wären also gegebenenfalls willkommen.

Dem gesprochenen Wort, das mit dem Tonfall und der körperlichen Ausdrucksweise nicht übereinstimmt, werden Sie keinen Glauben schenken. Und das mit Recht! Fehlen bestimmte Signale ganz, sind Sie wahrscheinlich verunsichert.

Es wird nicht nur ein einzelnes Signal sein, das wir beobachten. An einem einzigen Signal können wir uns nicht orientieren. Es gehören weitere Signale dazu, um Schlussfolgerungen über Absicht oder Stimmung zu ziehen.

Stellen Sie sich folgende Situation vor: Sie sitzen mit Ihrem Partner am Frühstückstisch. Er hat sich hinter der Morgenzeitung verkrochen. Mit dem Zeigefinger weist er auf die Mitte des Tisches. Sie sind ratlos, denn Sie können ihn hinter der Zeitung nicht sehen. Ohne weitere Informationen können Sie nicht herausfinden, was er wünscht, denn auf der Tischmitte ist Verschiedenes angeordnet. Mit Ihrem fragenden Blick erreichen Sie so lange nichts, bis die „Zeitungsbarriere" vom Tisch verbannt wird. Dann kann die Verständigung wieder fast ohne Worte klappen.

Betritt jemand einen Raum, in dem mehrere Personen versammelt sind, und ist vollkommen außer Atem, so bringt der- oder diejenige eine störende Unruhe mit sich.

Der Klang der Stimme kann für einen Menschen einnehmen, wenn sie angenehm klingt. Spricht jemand sehr zaghaft oder brüllt polternd los, so mag das am geringen Selbstwertgefühl der Person liegen. Wer leise und hoch spricht, traut sich nicht, wer poltert, der hat zu viel Anlauf genommen und überspielt damit sein Problem. In jedem Fall nehmen wir erst einmal innerlich einen gewissen Abstand ein, weil auch diese Person unbewusst auf einen Sicherheitsabstand aus ist.

Im Laufe eines Gesprächs fallen Ihnen bei Formulierungen meist nur sehr gekonnte Rhetorik oder, entgegengesetzt, eine fehlerhafte Grammatik auf. Das Normale registrieren Sie kaum bewusst. Bedient sich jemand jedoch der vulgären Sprache, könnten Sie sich abgestoßen fühlen und möchten das Gespräch so schnell es geht beenden.

Kommt jemand mit einer „Leichenbittermiene" auf Sie zu, dann gehen Sie der Person unbewusst lieber aus dem Wege. Es sei denn, es ist ein enger Freund oder eine enge Freundin, den oder die Sie nach dem Grund des Kummers fragen werden.

Auch unsere momentane Stimmung drückt sich in der Körpersprache aus. Sind Sie durch einen Misserfolg niedergeschlagen, dann hängen Ihre Schultern und Sie senken den Kopf meist nach unten. Ihre Bewegungen sind langsamer als sonst. Ihre Gesichtszüge sind hängend, Ihr Blick glanzlos. Ihrer Stimme fehlen der Schwung und die Kraft.

Jetzt aber sind Sie fröhlich: Eine gute Nachricht könnte Ihre Stimmung schlagartig aufgebessert haben. Ihr Körper strahlt nun Spannkraft aus. Ihre Schritte werden leicht und beschwingt. Ihre Augen und Ihr Gesicht strahlen gleichermaßen. Alles, was Sie anpacken, fällt Ihnen leicht. Ihre Fröhlichkeit wirkt auf Ihre Mitmenschen ansteckend. Jeder Passant, der Ihnen auf dem Gehweg entgegenkommt, schaut Sie freundlich an.

Was aber, wenn kein positives Signal von außen kommt, weil Sie allein sind oder nur mit der Person zusammen, die für die negative Stimmung mitverantwortlich ist?

Verändern Sie zuerst einmal Ihre Körperhaltung. Straffen Sie Ihre Haltung und heben Sie das Kinn ein wenig. Nach geraumer Zeit spüren Sie, dass sich mit Ihrer eingenommenen äußeren Haltung auch Ihre innere verändert. Lächeln Sie sich im Spiegel an! Auch so können Sie Ihre Stimmung aufbessern, wenn Sie eine ganze Weile bewusst lächeln.

Sehen Sie sich ungerechtfertigten und böswilligen Angriffen ausgesetzt, so heben Sie das Kinn noch ein wenig höher und schließen den Mund. Die analoge Symbolik, die hinter dieser Gestik und Mimik steht, bedeutet: Ich schlucke dies nicht. Es (be)trifft mich nicht und geht an mir vorbei, gleitet ab. Ihre äußerlich gezeigte stolze Haltung nimmt auch Ihr Inneres ein.

Mit Ihrer inneren Einstellung ändert sich auch gleichzeitig Ihre Wahrnehmung. Beobachten Sie einmal zwei Menschen, die sich miteinander unterhalten! Sie können im wahrsten Sinne des Wortes erkennen, wie sie zueinander stehen. Wollen sie in ihrer Unterhaltung nicht gestört werden, dann stehen sie frontal zueinander. Halten sie Blickkontakt beim Sprechen? Nickt der Zuhörende gelegentlich zustimmend? Berühren sie sich hin und wieder körperlich?

Sitzen die Gesprächspartner, dann können Sie Ihre Aufmerksamkeit auf weitere Einzelheiten richten. Neigen sich die Oberkörper zueinander? Hat einer der Partner die Arme vor dem Körper verschränkt und lehnt sich zurück? Haben sie die Beine übereinander geschlagen, zeigen dann die Knie zueinander oder voneinander weg?

Sie werden, wenn Sie bewusst hinschauen, bei anderen Menschen mehr entdecken, als Sie sonst wahrgenommen haben. Sie müssen es sich vornehmen, auf diese Einzelheiten zu achten.

Noch einmal: Anhand der Körpersprache können Sie analog auf die innere Befindlichkeit des anderen schließen. Körpersprache ist analog – analog (entsprechend) zu Ihrer inneren Gefühlswelt. Körpersprache wird als Ganzheit wahrgenommen und ergibt erst so ein Bild. Die Gefühle, die die inneren oder aufgenommenen Bilder hervorrufen, strömen als Energie durch unseren Körper. Als Gefühle können wir nur unsere eigenen spüren. Doch die damit verbundene Energie fließt durch den Körper. Sie wird in Körpersprache umgewandelt. Die Situation, der ausgesendete oder empfangene Reiz, Mimik, Gestik, die verkörperte Rolle, Sprache, Tempo der Sprache und Bewegungen und der Geruch des Menschen beeinflussen die Wahrnehmungen.

Die Interpretation erfolgt ebenfalls analog. Die Körperhaltung eines Menschen, seine Gestik, Mimik sowie seine Sprechweise signalisieren diese Befindlichkeit, seine Gefühle. Sie können niemals die Gefühle eines anderen Menschen fühlen. Sie können sie aber anhand der Körpersprache deuten. Einige dieser unbewussten Botschaften unserer Befindlichkeit wollen wir im Folgenden aufzeigen.

Womöglich werden Sie sich wundern, dass Sie gelegentlich Dingen begegnen, die Sie im vorangegangenen Kapitel schon einmal gelesen haben, Aussagen z. B. zum Sitzen, den Falten der Stirn und den Händen. Ich bin der Meinung, dass das seine Berechtigung hat. Zum einen müssen wir bedenken, dass sich gewisse Energien unseres Körpers über die Zeitdauer von Jahren hinweg in unserem Äußeren soweit somatisiert haben, dass sie uns immer wieder auffallen, unabhängig z. B. von jeweiligen Situationen. Andererseits will gerade Körpersprache verdeutlichen, dass sich unser Körper kurzzeitig gewissen Gegebenheiten und Situationen unbewusst anpasst und sie so erlebt. In diesem Zusammenhang beobachten wir dann an anderen über die Körpersprache zeitlich begrenzte Befindlichkeiten mit einer entsprechenden Signalwirkung.

Körpersprachliche Signale und ihre analoge Deutung

Die Kopfhaltungen und -bewegungen deuten

„Wer wird denn gleich den Kopf hängen lassen ..."

(Redensart)

der erhobene Kopf

Der erhobene Kopf spricht von einem natürlich gesteigerten Selbstwertgefühl auf Grund einer Situation, die beherrscht und souverän überblickt wird. Im Hintergrund steht eine innere Sicherheit, die sowohl ein selbstständiges Urteilsvermögen als auch eine ausgeglichene und stabile Gefühlslage umgreift. Hier will nichts verborgen werden, im Gegenteil: Diese Kopfhaltung drückt sowohl Stolz auf Geleistetes als auch Durchsetzungskraft und Entschlossenheit angesichts zu bewältigender Aufgaben aus. In beiden Fällen begleitet sie eine optimistische Grundhaltung und signalisiert ein Bewusstsein um den eigenen Stellenwert. Wird diese Kopfhaltung über einen größeren Zeitraum hinweg beibehalten und in übertriebener Form an den Tag gelegt, schließt man nicht zu Unrecht auf eine gewisse Überheblichkeit oder zumindest bewusst artikulierte Unnahbarkeit.

der gesenkte Kopf

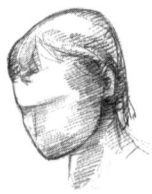

Diese Kopfhaltung spricht von momentaner Hoffnungslosigkeit und einem abhanden gekommenen Selbstvertrauen. Hier kann jemand eine gegebene Situation ganz offensichtlich nicht bewältigen, ist resigniert und von Schmerz, Trauer sowie Enttäuschung überwältigt. Der Kopf wird aber auch gesenkt gehalten, wenn die innere Befindlichkeit von Schuldgefühlen überschattet ist. Diese Kopfhaltung kann gleichfalls Demut und Bereitschaft zur Unterordnung offenbaren oder das Gefühl der Bedrohung zum Ausdruck bringen. Nicht vergessen werden sollte, dass der, der den Kopf senkt, womöglich intensiv nachdenkt oder in sein Inneres versenkt ist.

der nach rechts geneigte Kopf

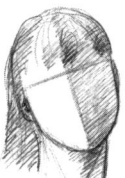

Will jemand auf uns zukommen, sich uns mitteilen, hält er häufig den Kopf nach rechts geneigt. Er signalisiert Gesprächsbereitschaft und ist gleichzeitig gewillt, anderen zuzuhören. Weiterhin besteht die Möglichkeit, aus dieser Kopfhaltung eine besondere Art des Nachgebens herauszulesen: Eigene Interessen werden vorübergehend in den Hintergrund gestellt, um andere zum Zug kommen zu lassen, ohne dabei eigene Positionen aufzugeben. In jedem Falle werden so Aufgeschlossenheit, Unvoreingenommenheit und Sympathien nonverbal unterstrichen.

der nach links geneigte Kopf

Neigt jemand im Gespräch den Kopf nach links, haben wir damit zu rechnen, dass das von uns Gesagte nicht ohne weiteres hingenommen wird. So bringen sich Skepsis, Zweifel, wenn nicht gar Argwohn oder Misstrauen ins Spiel. Im Hintergrund steht womöglich die Tatsache, noch wenig Überblick zu haben und mehr Informationen sowie Fakten zu benötigen, um das Bild einer Situation abzurunden.

der abgewandte Kopf

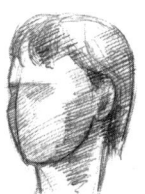

Angesichts dieser Kopfhaltung sollte man sich nicht allzu viel Hoffnung machen: Hier wird unmissverständlich eine ablehnende Haltung gegenüber dem Gesagten usw. zum Ausdruck gebracht, die nicht so schnell auszuräumen ist. Sie hat sich irgendwie verinnerlicht und spricht von Interesselosigkeit, Zurückweisung oder Verweigerung. Will jemand anderen seine Missachtung mitteilen, hält er häufig den Kopf abgewandt und unterstreicht so wortlos seine Missbilligung.

der zurückgeworfene Kopf

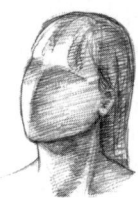

Wer den Kopf nach hinten wirft, schafft von vornherein Distanz zum anderen und ist sich im Bewusstsein um seine Dominanz sicher, jedenfalls
aus eigener Sicht. Es besteht durchaus die Möglichkeit, dass eine so zur Schau getragene Überlegenheit unter Umständen vorhandene Unsicherheiten verbergen will. Vor dem Hintergrund wirklicher
stabiler Geistes- und Gefühlslagen jedoch kann der
zurückgeworfene Kopf die Bereitschaft zur Annahme einer Herausforderung mitteilen und Konflikt-
bereitschaft signalisieren.

der zugewandte Kopf

Hier will sich Glaubwürdigkeit einbringen. Der zu-
gewandte Kopf spricht von Offenheit und Ehrlichkeit sowie einem starken Interesse an anderen
oder aufrichtiger, emotionaler Anteilnahme am Geschehen. Diese Haltung teilt Gesprächsbereitschaft
mit, der Zuhörer ist darüber hinaus an der gegebenen Situation innerlich beteiligt.

der nickende Kopf

Auf diese Kopfbewegung trifft man häufig in prüfungsähnlichen Situationen: das
von anderen Gehörte erfährt so seine Anerkennung und Bejahung. Wortlos soll
der andere ermutigt werden, seine Positionen und Ansichten vorzutragen, denn
man bringt ihm ganz offensichtlich Verständnis entgegen. Hier wird Zustimmung
signalisiert, die gleichzeitig als Aufforderung verstanden werden kann und mir
sagt: Du bist auf dem richtigen Weg!

der pendelnde Kopf

Hier kommt körpersprachlich das Gegenteil zum Ausdruck. Es werden Zweifel
signalisiert, wenn nicht gar die Überzeugung von der Falschheit des Gesagten.
Auf alle Fälle spricht diese Kopfbewegung von einem nicht zu übersehenden Mis-
trauen in die bestehende Situation. Man fühlt sich unwohl.

Die Falten der Stirn, Furchen der Seele

„Eines Menschen Tun und Wesen
An der Stirne ist's zu lesen ..."

(Sprichwort)

die senkrechten Stirnfalten

Zeigen sich diese Falten vorübergehend auf der Stirn eines Menschen, ist anzunehmen, dass er seinen Entschluss, etwas zu tun, unterstreichen will. Darüber hinaus sprechen diese Falten von momentanen körperlichen oder geistigen Anstrengungen, vielleicht auch von der Tatsache, dass sich hier jemand echt selbst übertroffen hat. Versteinert sich über diese Falten ein Gesicht, sind ohne Zweifel Zorn, Wut oder innere Erschütterung im Spiel. Es besteht auch die Möglichkeit, dass sich die Stirne dann in senkrechten Falten zusammenzieht, wenn man sich in einer gegebenen Situation unwohl fühlt und seine Unzufriedenheit so zum Ausdruck bringt.

die waagerechten Stirnfalten

Wenn jemand sein generelles Unverständnis dem Denken oder Handeln anderer mitteilen will, zieht sich die Stirn in waagerechte Falten. Allerdings kann das auch dann geschehen, wenn man sich sehr ängstigt oder durch ein plötzlich eintretendes Ereignis erschrocken wird. Sowohl angenehmes Erstaunen als auch unangenehme „aha-Erlebnisse" können sich so mitteilen.

die senkrechten und waagerechten Stirnfalten

Mit diesen Stirnfalten teilt sich in der Regel eine seelische Befindlichkeit mit, die momentan einem Chaos gleicht und alles andere als ausgeglichen ist. Da die Folgen im Umgang mit anderen nur schwer vorauszusehen sind, kann man hier sowohl mit Gereiztheit, Nervosität, unsachlichen Reaktionen als auch Hilflosigkeit oder Anzeichen von Überfordertsein rechnen. Auf jeden Fall sprechen diese Stirnfalten von einer ausgesprochenen Ratlosigkeit.

Die Augen, Spiegel der Befindlichkeit

„Die Augen, die matten Fenster der Seele, sagen viel über den menschlichen Geist."

(William Blake)

die aufgerissenen Augen

Aufgerissene Augen sprechen für ein starkes Interesse an anderen, ja, sie können eine unschwer zu erkennende Bewunderung für deren Gedanken und Handlungen zum Ausdruck bringen. Hoffnungen und Erwartungshaltungen können auf diese Weise widergespiegelt werden. Gleiches gilt für erfüllte Wünsche und die Freude darüber. Diese Augen können andererseits davon sprechen, dass sich angesichts bestimmter Ereignisse Angst breit macht, dass man sein Entsetzen mitteilen will, aber auch davon, dass man sich direkt bedroht fühlt.

die normal geöffneten Augen

Schaut man in solche Augen, kann man zu Recht auf Glaubwürdigkeit und Offenheit schließen. Mit diesen Augen tritt man an andere unvoreingenommen und vorurteilsfrei heran, signalisiert Aufgeschlossenheit und Aufmerksamkeit. Sie bekunden eine innerliche Teilnahme am Geschehen.

die verhängten Augen

Diese Augen sprechen für Langeweile und Gleichgültigkeit dem Geschehen gegenüber. Hier geht momentan das Leben an jemandem vorbei. Unter Umständen kann die Gefühlslage des Betreffenden so weit aus dem Gleichgewicht geraten sein, dass Resignation und eine zumindest zeitweilige Preisgabe des eigenen Selbstwertgefühls die Oberhand gewinnen. Es kann deshalb nicht verwundern, dass diese Augen von einer gewissen Selbstisolation sprechen, die bewusst den Kontakt zu anderen scheut oder zu vermeiden sucht.

die geschlossenen Augen

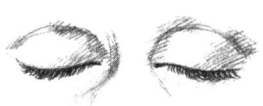

Sie bringen zunächst eine Steigerung des oben Gesagten zum Ausdruck. Die Geschlossenheit dieser Augen symbolisiert körpersprachlich die Abgeschlossenheit eines Ichs von seinen Mitmenschen und der Welt. Im übertragenen Sinne wird hier so verfahren, wie wir es vom Vogel Strauß kennen: Man glaubt, nichts zu sehen, und deshalb auch nicht gesehen zu werden.

Man sollte sich auf diese Deutung nicht festlegen. Häufig kommt es vor, dass jemand, der die Augen geschlossen hält, urplötzlich und unerwartet in Diskussionen eingreift und sehr gezielte Fragestellungen aufwirft. Dann sprechen diese Augen für jemanden, der äußerst aufmerksam das Geschehen verfolgt hat und sich lediglich durch nichts in seinen Überlegungen ablenken lassen wollte. Übrigens hält auch der häufig die Augen geschlossen, der sich dem vollen Genuss äußerer Eindrücke hingibt. Man kann das sehr oft in Konzertsälen beobachten.

die einseitig zugekniffenen Augen

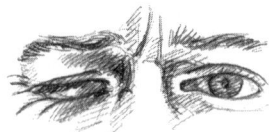

Hier wird der verstandes- oder gefühlsmäßige Gleichklang mit anderen signalisiert. Eine im Stillen und Verborgenen getroffene heimliche Übereinkunft bringt sich so andeutungsweise an die Öffentlichkeit.

die zugekniffenen Augen

In der Hauptsache kneift man beide Augen zu, wenn man seine Unzufriedenheit nicht nur mit der Umwelt, sondern auch mit sich selbst zum Ausdruck bringen will und sich irgendwie unwohl fühlt. Diese Augen können daher auch Ausdruck körperlicher wie seelischer Schmerzen sein. Sie sprechen bedrückende Gedanken und Vorstellungen aus. Häufig sind sie aber auch das Spiegelbild äußerster geistiger Konzentration und der Absicht, eine größtmögliche Anzahl von Eindrücken zu verarbeiten.

die schlitzartig verengten Augen

Wer so in die Welt schaut, will wissentlich und damit vorsätzlich das Selbstwertgefühl seiner Mitmenschen in Frage stellen. Diese Augen strahlen häufig übertriebenes Misstrauen aus. Schlitzartig verengte Augen sprechen für jemanden, der anderen von vornherein schlechte Absichten unterstellt und deshalb in seinem Umgang mit ihnen äußerste Vorsicht und Zurückhaltung an den Tag legt.

Wenn Blicke „töten" könnten

„ ... oft liegen Stimme und Worte in einem schweigenden Blick."

(Ovid)

der gerade Blick

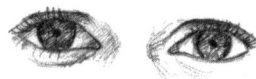

Dieser Blick ist Ausdruck von Geradlinigkeit, Aufrichtigkeit sowie Festigkeit im Denken und Handeln. Über diesen Blick teilen sich uneingeschränktes Interesse und Hilfsbereitschaft mit. Man kann ihm unvoreingenommen und vorurteilsfrei begegnen, denn er offenbart die gleichberechtigte Anerkennung des anderen und seines Selbstwertgefühls, das hier nicht in Frage gestellt werden will. Mit dem geraden Blick wird der des anderen ausgehalten, weil man nichts zu verbergen hat. Er strahlt Glaubwürdigkeit aus.

der ausweichende Blick

Mit diesem Blick will man ganz offensichtlich ein verunsichertes Selbstbewusstsein angesichts einer gegebenen Situation signalisieren. Womöglich wird auch die angenommene eigene Unterlegenheit anderen gegenüber zum Ausdruck gebracht. Auf jeden Fall will dieser Blick „ausweichen", weil der, der so schaut, sich in einer für ihn unangenehmen Lage befindet, die er aus eigener Kraft nicht verarbeiten kann. Dieses Eingeständnis momentaner Schwäche soll natürlich auf diese Weise vor anderen Menschen verborgen gehalten werden. Dieser Blick kann auch durch ein Schuldgefühl verursacht werden.

der Blick von oben herab

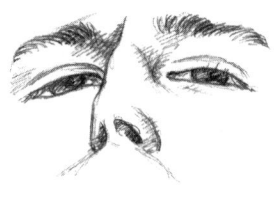

Manchmal spricht der Blick von oben herab von berechtigtem Stolz, in der Regel aber signalisiert er Überheblichkeit, Arroganz und Hochmut. Unmissverständlich will dann das Bewusstsein um die eigene Überlegenheit anderen gegenüber zum Ausdruck gebracht werden. Hiermit verbindet sich die bewusst vorgetragene und in Kauf genommene Geringschätzung anderer Menschen.

der Blick von unten

Auch hier steht zunächst zu vermuten, dass sich uns über diesen Blick mangelndes Selbstvertrauen und Zweifel am eigenen Selbstwertgefühl mitteilen. So drücken sich Minderwertigkeits- und Schuldgefühle aus. Im schlimmsten Fall signalisiert dieser Blick Selbstaufgabe, Ergebenheit in das eigene Schicksal und eine gewisse Unterwürfigkeit. Andererseits besteht die Möglichkeit, dass mit diesem Blick eine ablehnende Haltung anderen gegenüber unterstrichen werden soll.

der wandernde Blick

Über diesen Blick teilt sich häufig der Wunsch nach Kontaktaufnahme mit. Nicht selten verbirgt sich hinter diesem unruhig wirkenden Blick das Verlangen, so viel wie möglich an einer Situation oder Gegebenheit wahrzunehmen. Dann spricht er für Neugier, Interesse oder starke sinnliche Aufnahmebereitschaft.

der seitliche Blick

Wer so sein Gegenüber anschaut, will ganz offensichtlich den direkten Blickkontakt vermeiden. Die Ursachen hierfür können verschieden sein. Es besteht die Möglichkeit, dass es sowohl aus eigener Unsicherheit oder Selbstzweifel heraus geschieht, als auch aus der Absicht, eine momentane Befindlichkeit verdeckt zu halten, um nicht durchschaut zu werden. Des Weiteren können Verlegenheit und Schüchternheit hinter diesem Blick vermutet werden, der übrigens auch dann auftritt, wenn jemand einer Tatsache verständnislos gegenübersteht.

der fixierende Blick

Dieser Blick will andere einer kritischen und prüfenden Betrachtung unterziehen. Man kann sich des Eindrucks nicht erwehren, dass dieser Blick nicht gewillt ist, an der Erscheinung stehen zu bleiben. Hier besteht ganz offensichtlich die Absicht, Wesentliches zu erfassen, mehr in Erfahrung zu bringen, als das äußere Erscheinungsbild hergibt. So gesehen, verweist dieser Blick auf die nonverbale Unterstreichung von Erkenntnisdrang und Wissensdurst, kann aber auch Ausdruck von Zweifel und Skepsis, momentanem Unglauben sein.

der unruhige Blick

Hier handelt es sich um eine eindeutige nonverbale Widerspiegelung körperlicher als auch seelischer Unausgeglichenheit. Viel deutlicher kann sich die Unzufriedenheit eines Menschen mit einer äußeren Situation oder inneren Befindlichkeit nicht zu erkennen geben.

der lebhafte Blick

Zunächst einmal signalisiert dieser Blick geistige Aufgeschlossenheit und spricht von der Bereitschaft, auch eine Vielzahl sinnlicher Eindrücke aufzunehmen. Er strahlt ein äußerst vielseitiges Interesse an einer gegebenen Situation aus und artikuliert Unternehmungslust sowie Handlungsbereitschaft.

der schmachtende Blick

Mit diesem Blick „himmelt" jemand sein Gegenüber an. Hier wird tiefe Zuneigung, vielleicht auch Verehrung signalisiert. In den meisten Fällen strahlt dieser Blick die Bereitschaft zur seelischen, aber auch körperlichen Hingabe aus.

der lauernde Blick

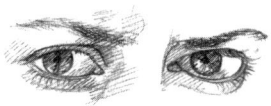

Dieser Blick lässt nichts Gutes erhoffen. Man kann sich des Eindrucks nicht erwehren, dass der, der so schaut, regelrecht auf einen Anlass wartet, um z. B. einen bereits vorprogrammierten Streit nun endlich zu entfachen oder eigenen Frust abzureagieren.

der ablehnende Blick

Mit diesem Blick können eine Vielzahl negativer Botschaften versendet werden, die in ihrer Zusammenfassung sagen wollen: Dich kann ich nicht leiden, du bist mir egal, oder: Es wäre am besten, wenn du mir in Zukunft aus dem Weg gehen würdest, es hat wirklich keinen Sinn, dass du dich um mich bemühst.

der schräge Blick

Wer diesen Blick auflegt, signalisiert eine hintergründige und heimliche Neugier. Man will sehen, ohne dass es von anderen bemerkt wird.

der freche Blick

Diesem Blick kann man nur selten standhalten und darin besteht auch sein Sinn: Mit ihm sollen andere eingeschüchtert werden und sie werden nicht als gleichberechtigt betrachtet.

Die Nase sagt's ...

„ ... wer die Nase hart schneuzt, zwingt Blut heraus; und wer den Zorn reizt, zwingt Hader heraus."

(König Salomo)

die gerümpfte Nase

Diese Nase bringt Antipathien der unterschiedlichsten Art zum Ausdruck und spricht für momentane Unlust, Unbehagen sowie Widerwillen. Es können sich Gefühle zeigen, die von Abscheu, Unappetitlichkeit oder gar Ekel sprechen. Alles in allem ist hier von Unzufriedenheit die Rede, wobei diese sich gegen andere, aber auch auf sich selbst beziehen kann.

die bebende oder zitternde Nase

Auch Menschen, die sich ansonsten gut beherrschen können, sieht man zumindest an ihren bebenden Nasenflügeln die innere Erregung an. Diese kann in Wut, Zorn, Ärger oder großer Enttäuschung ihre Ursachen haben oder auf unterdrückte Empörung hinweisen.

die aufgeblähte Nase

Diese Nase will die eigene Sinnlichkeit unterstreichen oder offenbart, dass etwas als sehr angenehm empfunden wird. Freude, Spaß, Erfüllung oder Selbstzufriedenheit können sich so artikulieren. Mitunter geschieht es, dass eine solche Nase angesichts zu erwartender sinnlicher Eindrücke oder deren Gegenwart auffällt.

... der Mund verschweigt's

„mit dem Mund reden, ohne ein Wort gesagt zu haben ..."

(Redensart)

der offene Mund

Der offene Mund spiegelt erfahrungsgemäß Über-
raschung oder Angst angesichts eines unerwartet
eingetretenen Ereignisses wider. Es besteht weiterhin die Möglichkeit, ihn als Ausdruck allgemeinen Erstaunens zu deuten.

der betont geschlossene Mund

Wenn jemand eine schwierige Überlegung oder
körperlich anstrengende Handlung zu Ende gebracht hat, kann er das mit dem betont geschlos-
senen Mund seinen Mitmenschen mitteilen. Diese
Mimik zeigt sich auch dann, wenn man unter allen
Umständen sein Schweigen nicht brechen und andere auf diese Tatsache aufmerksam machen will.
Auf jeden Fall bringen sich so körperliche oder seelische Anspannungen ins Spiel, die man momentan
für sich behalten und anderen nicht mitteilen will.

der geschlossene Mund

Dieser Mund spricht wortlos von einer eingetretenen inneren Ruhe und Ausgeglichenheit, die ganz
offensichtlich für den Augenblick beibehalten werden möchte. Stellungnahmen oder Meinungen sind
nicht zu erwarten, man befindet sich in einer neut-
ralen Grundhaltung.

die gesenkten Mundwinkel

Die gesenkten Mundwinkel sprechen von Enttäuschung, können Trauer offenbaren und signalisieren einen schmerzlichen Verlust. Als Widerspiegelung eigener Gefühlsregungen sind diese Mundwinkel Zeichen zeitweiliger Depressionen, die die
unterschiedlichsten Reaktionen erwarten lassen:
Teilnahmslosigkeit oder Ablehnung des Kontakts
zu anderen.

die angehobenen Mundwinkel

Mit dieser Mimik wollen sich aktuelle Freude sowie eine positive Grundstimmung mitteilen.

der prüfende Mundzug

Hier drückt sich eine abwartende, abwägende oder abschätzende Haltung aus. Sie ist am Anfang von Überlegungen oder Handlungen zu finden, über deren Sinn oder Ende man sich nicht im Klaren ist.

der genießende Mundzug

Dieser Mundzug kündigt innere Vorfreude auf kommende angenehme Ereignisse oder sinnliche Genüsse an.

der „verbissene" Mundzug

Diese Mimik bringt innere Unzufriedenheit nach außen und kann davon sprechen, dass jemand ein schweres persönliches Problem hast, das derzeit nicht gelöst werden kann. Zeigt sich der „verbissene" Mundzug über einen längeren Zeitraum hinweg, ist zu vermuten, dass Verbitterung infolge andauernder Enttäuschungen oder Misserfolge im Leben Ursache dieser Mimik ist.

der sorgenvolle Mundzug

Auch diese Mimik resultiert in der Regel aus innerer Unzufriedenheit, bekundet aber mehr die Anteilnahme an den Problemen oder Schwierigkeiten anderer. Man macht sich Sorgen um die Befindlichkeit seiner Mitmenschen oder zeigt aufrichtige Anteilnahme an ihrem Schicksal.

Was uns das Lachen mitteilen kann

„Lachen, Weinen, Lust und Schmerz,
Sind Geschwisterkinder..."

(Johann Wolfgang v. Goethe)

das Lachen auf A oder ha-ha-Lachen

Dieses Lachen spricht von uneingeschränkter Freude an einer gegebenen Situation. Es ist echt und aufrichtig und spricht manchmal auch von einer positiven emotionalen Spannungsentladung.

das Lachen auf E oder he-he-Lachen

In diesem Lachen schwingt unüberhörbare Schadenfreude mit. Dies lässt es für andere unangenehm klingen. Es handelt sich um ein Lachen, das oft im Zusammenhang mit einem verbalen „Ich hab es doch gleich gesagt ..." anzutreffen ist und auf eine aufdringliche und von sich überzeugte Rechthaberei hinweist.

das Lachen auf I oder hi-hi-Lachen

Hier handelt es sich um das typische „in sich hinein Lachen". Es bringt die Freude um eine innere Gemütslage oder an einer äußeren Situation zum Ausdruck, an der andere nicht unbedingt teilnehmen sollen. So gesehen hören wir hier das heimliche, stille Lachen.

das Lachen auf O oder ho-ho-Lachen

Mit diesem Lachen will sich zunächst allgemeine Verwunderung ausdrücken. Diese kann allerdings sowohl eine abwehrende Haltung artikulieren als auch Protest signalisieren.

das Lachen auf U oder hu-hu-Lachen

Mit einem solchen Lachen werden meist Ängste vorgetäuscht, die so ernst nicht zu nehmen sind. Man hört es oft auf Jahrmärkten in Gespensterbahnen.

Bitte lächeln!

„Manche, so da lächeln, fürcht' Ich, tragen im Herzen tausend Unheil..."

(William Shakespeare)

das ängstliche Lächeln

Mit diesem Lächeln soll meistens eine gewisse innere Unsicherheit oder Gehemmtheit überspielt werden, die durchaus aus einer unterschwelligen Angst resultieren können.

das unechte Lächeln

Hier sind verschiedene Deutungen möglich. Zum einen kann ein solches Lächeln darauf verweisen, dass die eigene Verunsicherung überdeckt werden soll. Mitunter kommt es vor, dass geheuchelte Zustimmung in dieser Mimik ihren Ausdruck findet. Unechtes Lächeln kennt man auch als Verlegenheitslächeln. Schließlich ist möglich, dass jemand mit diesem Lächeln gute Miene zum bösen Spiel macht.

das süßliche Lächeln

Mit diesem Lächeln wollen unter Umständen mehr Gefühle zum Ausdruck gebracht werden, als eigentlich empfunden werden. Das süßliche Lächeln ist eng mit dem unechten verwandt und wird dann bemerkt, wenn sich jemand bei anderen einschmeicheln will.

das Schmunzeln

Schmunzeln bringt zunächst eine momentane positive Befindlichkeit oder stille Freude an der gegebenen Situation zum Ausdruck, die von anderen nicht unbedingt erfahren werden muss. Manchmal ist Schmunzeln Ausdruck einer gewissen Lebenserfahrung und zeugt damit von einem gewissen Abstand zu den Dingen, die von anderen in übertriebener Weise ernst genommen werden.

Ihr Gehen verrät alles

das rasche Gehen

Diese Art zu Gehen spricht für augenblickliche Zielbewusstheit im Denken und Zielstrebigkeit im Handeln. Wer sich so angesichts einer gegebenen Situation fortbewegt, kommt eigentlich auf etwas zu und will Entschlusskraft und -freude mitteilen. Darüber hinaus wird Ungeduld signalisiert. Hier hat ganz offensichtlich jemand keine Zeit, ist gut motiviert und will sein Ziel rasch erreichen.

das langsame Gehen

Diese Gangart spricht für momentane Gelassenheit sowie innere Ruhe. Nichts will überstürzt werden. Es kann die Absicht zum Ausdruck kommen, zunächst einmal das Geschehen an sich herankommen zu lassen, wenn nicht gar eine Entscheidung hinauszuzögern. Ist diese Fortbewegungsform ständige Gangart, kann man durchaus auf ein weniger lebhaftes Temperament schließen.

das schleppende Gehen

Diese Gangart vermittelt eine nicht zu übersehende Ziellosigkeit oder Unklarheit über eine bestehende Situation. Das Interesse an ihr ist nicht besonders groß und mehr nach innen gerichtet. Die Ursache dafür kann eine momentane traurige Gemütslage sein.

das stockende Gehen

Über diese Art der Fortbewegung kann Unschlüssigkeit in der Verfolgung von Zielen sichtbar werden, die in inneren Zweifeln oder Unsicherheiten ihren Ursprung hat. Bei jemandem, der so neben einem herläuft, vermutet man nicht zu Unrecht Schüchternheit.

das Gehen mit ausgreifenden Schritten

Hier steuert jemand gut motiviert und erfolgsorientiert sein Ziel an. Es ist anzunehmen, dass sich jemand, der so geht, momentan nicht stoppen und von seinem Vorhaben abbringen lässt.

das Gehen mit kleinen Schritten

An dieser Gangart lassen sich häufig Ängstlichkeit und Vorsicht ablesen. So bewegt man sich in einer Situation, über die man noch keinerlei Entscheidung getroffen hat, und signalisiert Unschlüssigkeit, der man mit einem gewissen Unwohlsein begegnet. Auf jeden Fall wird das Bestreben deutlich, eventuellen Gefahren aus dem Weg zu gehen.

das „schlurfende" Gehen

Diese Gangart offenbart fehlende innere Antriebsstärke, wenn nicht gar die Tatsache, dass sich da momentan jemand durchhängen lässt. Hier geht jemand nicht durch die Welt, sondern die Welt geht an jemandem vorüber.

Mit beiden Beinen im Leben stehen

das normale, aufrechte Stehen

Wer so steht, steht sprichwörtlich mit beiden Beinen im Leben. Diese Körperhaltung spricht von einem gesunden Selbstbewusstsein. Die momentane Situation hat man im Griff und demonstriert Überblick. Man ist bereit, Herausforderungen aus der Umgebung anzunehmen und bewahrt sich einen großen Spielraum für Entscheidungsfindungen.

das aufgelockerte Stehen

Aufgelockertes Stehen vermittelt eine erwartungsfrohe und positive Lebenseinstellung. Diese Körperhaltung signalisiert Gesprächsbereitschaft sowie Kontaktfreudigkeit, ohne sich festlegen zu wollen. Hier ist jemand aufgeschlossen gegenüber seiner gesamten Umgebung und darüber hinaus sehr flexibel und anpassungsfähig eingestimmt.

das breitspurige Stehen

Mit dieser Körperhaltung soll ein überzogenes Selbstbewusstsein mitgeteilt werden, welches gleichzeitig Überheblichkeit signalisiert. Das geschieht aus dem Wissen um die momentane eigene Dominanz anderen gegenüber heraus. Diese Art des Stehens will einschüchtern, andere verunsichern und ängstigen. Sie kann ein vorübergehendes Abhängigkeitsverhältnis unterstreichen, das die bewusste Missachtung des Selbstwertgefühls anderer in Kauf nimmt.

das wippende Stehen

Diese Körperhaltung strahlt Unruhe und Nervosität aus. Man scheint sich in seiner Umgebung nicht wohl zu fühlen und trägt sich mit dem Gedanken, hier nicht „stehen zu bleiben". Man trifft das wippende Stehen aber auch bei Menschen an, die so anderen ihre Überlegenheit mitteilen wollen.

Was die Sitzmanieren mitteilen wollen

das bequeme Sitzen

Über diese Art zu sitzen äußern sich momentane Zufriedenheit mit sowie Vertrauen in eine gegebene Situation. Das spricht für eine als angenehm empfundene Gefühlslage und bringt den Willen zum Ausdruck, in dieser Situation noch für eine ganze Weile zu verbleiben, sich in ihr einrichten.

das Sitzen in Wartestellung

Wer so sitzt, ist innerlich bereit, sofort einen Situationswechsel zu vollziehen. Diese Sitzhaltung hat etwas „Abwartendes" an sich und unterstreicht so die genannte Bereitschaft. Es wird eine gewisse innere Unruhe und Unzufriedenheit mit der momentanen Situation ausgestrahlt.

das ungezwungene, lockere Sitzen

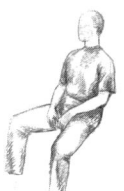

Sitzt jemand so, kann man darauf vertrauen, dass er nicht mit sich selbst beschäftigt ist und anderen gut zuhören will. Mit dieser Art zu sitzen will jemand sein Gegenüber aufmuntern und Zustimmung signalisieren.

das betont zurückgelehnte Sitzen

Dieses Sitzen vermittelt ein unangemessenes Überlegenheitsgefühl und will so andere abwerten. Es wirkt einschüchternd und will körpersprachlich den Versuch unterstreichen, andere dazu zu bringen, die eigene Position als unantastbar zu akzeptieren.

Stellungen und Bewegungen der Arme

die normale Stellung der Arme

Über diese Gestik teilen sich Ruhe, Ausgeglichenheit sowie Aufrichtigkeit und Glaubwürdigkeit mit. Sie signalisiert uns Gesprächs- und Handlungsbereitschaft.

die schlaff pendelnden Arme

Diese Körperhaltung vermittelt uns eine Vielzahl negativer Befindlichkeiten. Zum einen kann sich so Willenlosigkeit artikulieren. Es besteht auch die berechtigte Annahme, jemanden vor uns zu haben, der hoffnungslos ist und die momentane Selbstaufgabe eigenen Aktivitäten vorzieht. Auf jeden Fall wird so ein Bild allgemeiner Hilf- und Ratlosigkeit vermittelt.

die angewinkelten Arme

So hält jemand seine Arme, wenn er auf die Entfaltung der eigenen Persönlichkeit drängt und sich damit auch nicht allzu lange aufhalten will. Das soll nicht isoliert geschehen, vielmehr sollen so andere aufgefordert werden, sich an entsprechenden Aktivitäten zu beteiligen.

die verschränkten Arme

Diese Armhaltung hat etwas Abwartendes an sich. Das kann für eine momentane Befindlichkeit sprechen, aber auch signalisieren, dass man, falls überhaupt ein Dialog zu Stande gekommen ist, in seinem Verlauf verbal wenig beizusteuern gedenkt und sich aufs Zuhören beschränkt. Die Ursache hierfür können Hemmungen und eigene Unsicherheiten sein.

die hinter dem Rücken verschränkten Arme

Hier wird eine abwartende Haltung zum Ausdruck gebracht, da sich jemand in einer gegebenen Situation offensichtlich noch nicht zurecht findet. Sie wirkt unschlüssig und verbreitet den Eindruck von Unsicherheit.

die weit auseinander greifenden Arme

So will jemand anderen sein Entgegenkommen mitteilen. Diese Gestik spricht von der Bereitschaft zum Handeln und wirkt mitreißend.

die schwungvoll gestikulierenden Arme

So kann sich Begeisterung mitteilen, die auf andere übertragen werden soll. Es handelt sich um eine intensive Aufforderung zur Beteiligung am Geschehen.

Was unsere Hände sichtbar machen

die geöffnete Hand mit der Handfläche nach oben

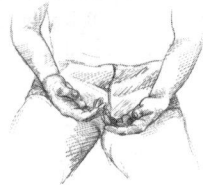

So kann man seinen Mitmenschen den vernünftigen Umgang miteinander anbieten. Erwartungshaltungen werden offenbart. Darüber hinaus sprechen diese Hände von Ehrlichkeit und Glaubwürdigkeit.

die geöffnete Hand vor der Brust

Diese Hände sind ein Zeichen von Abwehr, Ablehnung und Zurückweisung. Sie können gleichfalls ein Signal der Beschwichtigung sein. Manchmal verbirgt sich hinter dieser Handhaltung auch die Absicht, angesichts einer gegebenen Situation Widerstand zu leisten.

die senkrecht gehaltene Hand

Mit der so gehaltenen Hand kann die Absicht bekundet werden, eine Auseinandersetzung, eine Diskussion sowie einen Streit als beendet zu betrachten. Anstehende Probleme werden als gelöst angesehen. Es kommt vor, dass eine überschaubare Aufforderung so ihre Gewichtung erfährt. Auf jeden Fall will mit dieser Handbewegung irgendetwas „abgeschlossen" werden.

die zusammengelegten Hände

Wer seine Hände zusammenlegt, will zunächst in Ruhe über etwas nachdenken. Es sind noch keine Entscheidungen gefallen. In diesem Augenblick ist keine Bereitschaft zu sehen, mit anderen in Kontakt zu treten.

die gefalteten Hände

Diese Hände sprechen zunächst für eine in sich gekehrte Grundstimmung. Was hierbei gedacht oder erhofft wird, lässt sich nicht hinterfragen. Hinweise können lediglich aus dem situationsbedingten Umfeld kommen. Sie können aber auch die Bereitschaft mitteilen, sich die Meinungen oder Standpunkte anderer anzuhören.

die zur Faust geballten Hände

Sie stellen eine symbolische Bedrohung dar. Auf den Konflikt mit anderen gerichtetes Denken und Handeln kann so seine körpersprachliche Unterstreichung erfahren.

Der Händedruck – Ausdruck der Persönlichkeit

„Lass diesen Händedruck dir sagen,
Was unaussprechlich ist ..."

(Johann Wolfgang v. Goethe)

der weiche Händedruck

Mit diesem Händedruck wird in der Regel eine gewisse Reserviertheit bekundet, die sehr deutlich zu spüren ist.

der hohle Händedruck

Mit diesem Händedruck werden Misstrauen, Vorbehalte und Bedenken gegenüber anderen bekundet. Geht er einem Gespräch voran, steht zu erwarten, dass in seinem Verlauf noch lange nicht alles zur Sprache kommt, was eigentlich gedacht wird.

der flüchtige Händedruck

Hier zeigt sich Angst: Angst vor dem anderen, vor der Welt und vor sich selbst. Wenn jemand so die Hand gibt, ist äußerste Zurückhaltung zu erwarten.

der Händedruck mit Fingern

Die Flüchtigkeit dieses Händedrucks, der eigentlich keiner mehr ist, wirkt vorsätzlich. Dem anderen soll die eigene Überlegenheit mitgeteilt werden. So können sich Missachtung und Geringschätzung anderer artikulieren. Deren Selbstwertgefühl wird nicht akzeptiert.

Der Finger-Zeig

„Wie ist es doch schön, wenn die Finger auf dich weisen und alles spricht: Der ist es ..."

(Persius)

der Daumen

Sein körpersprachlicher Einsatz will Dominanz signalisieren. Ist er nach oben gerichtet, bringt er ein Verlangen zum Ausdruck oder unterstützt eigene Aufforderungen an andere. Nach unten gerichtet, kann er die Absicht unterstreichen, anderen den eigenen Willen aufzuzwängen.

der Zeigefinger

Dieser Finger in Aktion unterstreicht in der Regel Ermahnungen, Belehrungen oder Verbote. Darüber hinaus will er die Aufmerksamkeit anderer auf etwas richten und bestimmt einen Zielpunkt. Mit dem erhobenen Zeigefinger können dem gesprochenen Wort nonverbale Gewichtungen verliehen werden.

der Mittelfinger

Im körpersprachlichen Einsatz soll er das eigene Selbstwertgefühl unterstreichen, will die eigene Überlegenheit unter Umständen auf aggressive Weise sichtbar machen und spricht von Missachtung oder Geringschätzung der anderen.

die ineinander greifenden Finger

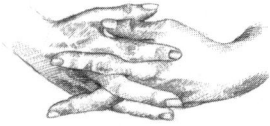

Finger, die so ineinander greifen, sollen anderen Abwehr signalisieren. Argumente eines Gesprächspartners werden nicht mehr zur Kenntnis genommen.

Über die Schultern geschaut

hängende Schultern

Sie signalisieren Erschöpfung und Antriebs-
schwäche und bringen ein Gefühl des Überfordertseins zum Ausdruck. Sie offenbaren aber auch
Schuldgefühle oder sprechen von der Tatsache,
von schweren Problemen bedrückt zu werden.

hochgezogene Schultern

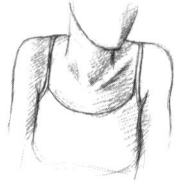

Hochgezogene Schultern sprechen von momentaner Angst, sie signalisieren ein Gefühl des Be-
drohtseins.

das Schulterzucken

Sie wollen Gleichgültigkeit oder Verständnislosigkeit demonstrieren. Hier kommen
aber auch die eigene Unschlüssigkeit oder Selbstzweifel zum Ausdruck.

Der Oberkörper – Ausdruck des Dabeiseins

der vorgeneigte Oberkörper

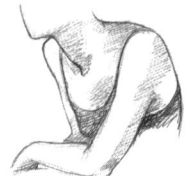

Diese Körperhaltung bekundet ein allgemeines In-
teresse an anderen und fordert regelrecht zum
Gespräch auf. Hier können Bemühungen um
Annäherung abgelesen werden.

der zurückgeneigte Oberkörper

 Diese Körperhaltung strahlt eine gewisse Reser-
viertheit aus. Sie spricht von Gleichgültigkeit und
dem nur schwachen Bedürfnis, sich anderen mitzuteilen.

der aufgerichtete Oberkörper

Diese Körperhaltung wirkt mitunter gekünstelt und will in übertriebener Weise
signalisieren, dass das eigene Leben vorzugsweise auf Ordnung und Selbstdisziplin ausgerichtet ist.

Eine haarige Angelegenheit

gefärbte Haare

Gefärbte Haare haben in jedem Fall eine Signalwirkung. Man will bewusst auffallen oder hat sich aus den unterschiedlichsten Gründen einer Mode angepasst.
Gefärbte Haare können auch von einer inneren Protesthaltung sprechen, die
sichtbar gemacht werden soll. Vielerorts dienen gefärbte Haare auch der Retu-
schierung der eigenen Befindlichkeit.

graue Haare

Graue Haare können verschiedene Ursachen haben. Zum einen weisen sie auf
das Erreichen eines hohen Lebensalters hin und gelten als Symbol von Lebenserfahrung und Weisheit. Zum anderen können sie für dauerhaften Kummer und
Sorge sprechen.

Ihre Aktivitäten – TUN

- Haben Sie sich in diesen oder jenen analogen Deutungen unserer Körpersprache wiedererkannt?
- Überlegen Sie sich, ob Sie in Zukunft nonverbales Verhalten auch bewusst einsetzen können!
- Achten Sie in Ihrer Familie, Ihrem Bekanntenkreis auf die unterschiedlichsten körpersprachlichen Ausdrucksformen Ihrer Mitmenschen! Versuchen Sie, sie zu deuten!

Kapitel 6

Das Netz der Wirklichkeit

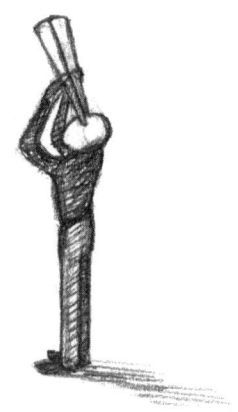

Der Mensch nimmt wahr, was er denkt

„Achte auf Deine Gedanken,
denn sie werden Worte.
Achte auf Deine Worte,
denn sie werden Handlungen.
Achte auf Deine Handlungen,
denn sie werden Gewohnheiten.
Achte auf Deine Gewohnheiten,
denn sie werden Dein Charakter,
Achte auf Deinen Charakter,
denn er wird Dein Schicksal."

(Talmud)

In den vorangegangenen Kapiteln und Abschnitten habe ich Sie unter anderem. mit der sinnlichen Wahrnehmungsfähigkeit des Menschen bekannt gemacht. An dieser Stelle will ich noch einmal darauf zurückkommen. Und deshalb frage ich Sie jetzt, was eigentlich vorgeht, wenn Sie z. B. ein Bild an der Wand sehen, einen Ton hören, etwas Hartes fühlen, etwas Deftiges schmecken oder Angenehmes riechen? Ich vermute einmal, dass Sie jetzt der Meinung sind, die Beantwortung dieser Frage dürfte ja wohl nicht so schwer sein. Sie sehen das Bild an der Wand, weil es da hängt, sie hören eindringende Töne, weil gerade jetzt die Feuerwehr mit Martinshorn an Ihrem Haus vorbeifährt usw.

Richtig. Nehme ich jetzt aber das Bild von der Wand, sehen Sie es nicht mehr und ist die Feuerwehr vorbeigefahren, hören Sie nichts mehr.

Ich hänge das Bild erneut an seinen angestammten Platz zurück und Sie sehen es wieder. Und was wir uns eigentlich nicht wünschen, es brennt wieder irgendwo, die Feuerwehr fährt aus und Sie hören erneut diese Töne.

Jetzt werden Sie vielleicht einwenden, dass Sie das Bild sehen, auch wenn es nicht an der Wand hängt und immer noch jenen Ton im Ohr haben. Denken Sie jetzt bitte an den SEPP zurück: Im Gehirn hat er bestimmte Aufgaben. Er nimmt alle Sinneswahrnehmungen auf und ordnet sie ein. Ich brachte an dieser Stelle den Vergleich mit Bildern, die Sie in ein Fotoalbum einkleben, welches sie dann in einem Regal ablegen.

Ich sage Ihnen das deshalb noch einmal, um zu verdeutlichen: Das Auge kann nur sehen, das Ohr nur hören, die Finger Ihrer Hand nur spüren, die Nase nur riechen und der Mund nur schmecken, was ihnen jeweils unmittelbar dargeboten wird. Nimmt man den Gegenstand weg, ist er für die menschlichen Sinnesorgane nicht vorhanden. Unsere gesamte Sinnlichkeit ist also nichts anderes als Aufnahmefähigkeit. Nicht mehr, aber auch nicht weniger. Menschliches Erkennen, Denken (GEIST) beginnt immer mit sinnlichen Eindrücken.

Sie sehen das Bild an der Wand vor Ihren Augen und in diesem Zimmer. Es ist Ihr Wohnzimmer und das Wohnzimmer befindet sich in Ihrem Haus. Ihr Haus befindet sich in ländlicher Gegend usw.

Sie können das Bild ganz offensichtlich nur deshalb sehen, weil es sich in diesem Zimmer und damit in einem Raum befindet. Räumliches Sehen ist dreidimensionales Sehen. Hier dann ist entscheidend: Sie sehen keine drei Dimensionen, sondern dreidimensional. Sie bringen diese Vorstellung in das, was wir Wahrnehmung nennen, von vornherein schon mit ein. Wenn Sie sehen, sehen Sie immer räumlich. Dieses Vermögen haben Sie in sich und aus keiner Welt da draußen. Sie sehen den Dackel Ihres Nachbarn und behaupten gleichzeitig, Sie würden einen Hund sehen. Sie hören die Feuerwehr und behaupten, Sie würden Töne hören. Sie sehen weder einen Hund noch hören Sie einen Ton. Dass der Hund ein Dackel und der Ton das Heulen des Martinshorns sein soll, verdanken Sie sich selbst, Ihrem Denken.

Man hört so oft im Leben, dass es darauf ankommt, sich in der Welt zurecht zu finden. Andere meinen, die Welt verändern zu müssen und halten sich darüber hinaus für Weltverbesserer. Ganz andere wiederum sind davon überzeugt, an dieser Welt noch einmal kaputtzugehen.

„Diese Welt ist absurd ...“

lässt der französische Philosoph und Schriftsteller Albert Camus (1913–1960) seine Leser wissen. Welche „Welt", sollte man hier hinterfragen. Der, der meint, dass es darauf ankommt, sich in der Welt zurecht zu finden, kann nach dem bisher Gesagten nur „seine Welt" meinen. Der vermeintliche Weltverbesserer verliert dann seinen Glorienschein, wenn man bedenkt, dass er eigentlich nur „seine Welt" besser machen will. Und es war „die" Welt des Albert Camus selber, die ihm absurd erschien.

„Das All ist Geist, das Universum ist geistig ...“

heißt es im „Kybalion", einer Abhandlung über die mündlich überlieferten hermetischen Lehren.

Sie kennen vielleicht den Ausdruck, wonach etwas „hermetisch abgeriegelt" ist und bezeichnen damit Bahnhöfe, Flugplätze oder Ausfallstraßen, die so dicht verschlossen sind, dass niemand hinein oder herauskommt. Weniger bekannt ist jedoch, dass dieser Ausdruck auf Hermes Trismegistos (griech. Hermes, der dreimal Größte) zurückgeht. Seine Biografie verläuft mehr oder weniger im Dunkeln. In „Eine(r) Studie über die hermetische Philosophie des alten Ägypten und Griechenlands" heißt es von ihm:

> „Er war der Vater der okkulten Weisheit, der Begründer der Astrologie und der Entdecker der Alchemie. Die Einzelheiten seine Lebens ... sind nicht überliefert. Das Datum seines Aufenthaltes in Ägypten ... ist nicht bekannt. Aber man hat es auf die ersten Anfänge der ältesten ägyptischen Dynastien festgelegt, lange vor den Tagen des MOSES ... Als die

Jahre vergingen ..., machten die Ägypter HERMES zu einem ihrer Götter und nannten ihn ‚THOTH'. Später erhoben ihn die alten Griechen ebenfalls zu einem ihrer vielen Götter mit dem Namen ‚Hermes, Gott der Weisheit '... In allen alten Ländern wurde der Name Trismegistos verehrt und dieser Name war gleichbedeutend mit ‚Quelle der Weisheit' ..."

Die Quellen dieser Weisheit liegen heute vielerorts verschüttet. Dass das so ist, vermute ich, hängt damit zusammen, dass wir Menschen in unserer Vergangenheit einen Zeitpunkt festgelegt haben, an dem der endgültige Bruch zwischen Mythos und Logos erfolgt sein soll. Zumindest anhand kleiner Textpassagen werde ich Ihnen im weiteren Verlauf dieses Buches deutlich machen, dass es einen solchen Bruch unter dem Vorzeichen eines „entweder – oder" eigentlich nie gegeben hat. Logisches und mythisches Denken greifen weit mehr ineinander, als wir annehmen und es liegt an uns, mit beiden vom Standpunkt des „sowohl – als auch" umzugehen.

Kehren wir zu unserem Ausgang zurück und nennen noch einmal dieses Grundprinzip des hermetischen Denkens (das übrigens neben sechs weiteren Grundprinzipien steht), wonach das All Geist, das Universum geistig ist. Hier geht es nicht um jene altbekannte Denkungsart, die die Welt in Sein und Bewusstsein einteilt, um im Anschluss daran zu behaupten, dass das Sein das Bewusstsein oder umgekehrt bestimme. Generationen von Philosophen haben sich hieran versucht. Es handelt sich auch nicht um die berühmte Diskussion der Frage, was denn nun eigentlich zuerst da gewesen sei, die Henne oder das Ei.

Es handelt sich doch vielmehr um die „einsichtige" und nichtsdesto trotz tiefe und weitreichende Einsicht, dass alles, aber auch alles, was ich von der Welt und über der Welt wahrnehme, subjektiv ist.

Ich kann nicht mit Sicherheit sagen, dass die Sonne im Mittelpunkt des Universums steht. Ich kann es lediglich denken und behaupten, problem- und gefahrlos.

Das war nicht immer so. Zwischen 1615 und 1616 fand in Rom ein erster Prozess der Inquisition gegen Galileo Galilei (1564–1642) statt, ihm folgte zwischen 1632 und 1633 ein weiterer und das nur, weil Galileo anders über das Universum dachte als bislang üblich. Dem Universum an sich war dieses andere Denken gleichgültig.

Für Galilei befand sich die Sonne und nicht, wie bisher gedacht, die Erde im Mittelpunkt des Universums. Er durfte zwar weiter schreiben, verblieb aber in Haft. Sein Denken von Welt hat man ihm bis weit ins 19. Jahrhundert hinein nicht verziehen, erst 1835 nahm man seine Schriften vom Index der katholischen Kirche. Sie sehen selbst, wie „gefährlich" es sein kann, im Denken wahrzunehmen.

Dieses uralte Prinzip der Hermetik hat aber noch weiter reichende Konsequenzen. Aus der Tatsache nämlich, dass ich immer nur von „meiner Welt" reden kann, ergibt sich eine bald grenzenlose Verantwortung für meine Welt, die ich mit niemandem teilen kann. Ich trage die Verantwortung für „meine", er die Verantwortung für „seine" Welt. Und ich kann, wenn ich dieses hermetische Prinzip verstanden habe, Schuldzuweisungen nicht mehr so ohne weiteres verteilen.

In *In Sieben Tagen zum Spitzenverkäufer* schrieb ich dazu:

„Ihre Gedanken schaffen Ihre Wirklichkeit. Sie sind die Antriebe für Ihr TUN ... **Sie sind, was Sie denken.**"

Ihre Gedanken können Sie bewusst beeinflussen und damit „Ihre Welt". Ihre Gedanken steuern Ihr TUN!

Auf eines will ich Sie an dieser Stelle aufmerksam machen. In der Tat ist es so, dass Gedanken unser TUN steuern. Nur erhebt sich hier immer wieder die Frage: Wer steuert meine Gedanken und somit meine Energien? Habe ich meine Ideen, Vorstellungen, Absichten usw. völlig im Griff? Bin ich, um es einmal so zu sagen, der Chef meines SEPP oder führt er die Regie? Denke ich oder lasse ich denken, bin ich Spieler oder Spielball?

Ich kann Ihnen diese Entscheidung nicht abnehmen. Ich will Sie aber darauf aufmerksam machen, dass jeder von uns sein Leben lang immer wieder vor diese Entscheidung gestellt wird und es darüber hinaus möglich ist, sich zu entscheiden. Geben Sie sich auf Dauer nicht mit dem Gedanken ab, so zu sein, wie sie nun einmal sind. Beruhigen Sie sich nicht einfach bei diesem Gedanken, wenn an Sie der Vorwurf herangetragen wird, eben Spielball und nicht Spieler zu sein. Das hat etwas Endgültiges, Absolutes und der Mensch neigt nun einmal dazu, sich angesichts einer solchen Absolutheit „aufzugeben" und zu unterwerfen.

Dieses Absolute löst sich aber auf, wenn Ihnen klar geworden ist, dass Ihre Gedanken Ihre Wirklichkeit sind und diese bewusst beeinflussbar ist. Dann werden Sie auch den tiefen Sinn gerade der beiden letzten Zeilen jener uralten jüdischen Weisheit verstehen, die ich an den Anfang dieses Abschnittes gestellt habe:

„Achte auf Deinen Charakter,
denn er wird Dein Schicksal."

Die Wirklichkeit als Entsprechung

Im vorangegangenen Abschnitt habe ich darauf aufmerksam gemacht, dass unsere Sinnesorgane nur das registrieren, was ihnen unmittelbar dargeboten wird und: Alles, was der Mensch im Anschluss daran wahrnimmt, denkt er (sich).

Das erweckt den Eindruck, dass unsere Wahrnehmung immer und ausschließlich davon abhängig ist, was wir zunächst als Empfindung bemerken. Als Menschen sehen wir uns aber mit der unabweislichen Tatsache konfrontiert, dass unsere Sinnesleistungen bei Lichte besehen doch recht eingeschränkt sind.

Jede Hundenase ist unseren olfaktorischen Leistungen haushoch überlegen, wir tappen schon lange im Dunkeln, wenn die Hauskatze selbst in tiefster Finsternis noch auf Beute lauert oder die Fledermaus unbeirrt durch die Nacht fliegt. Wir bewundern den scharfen Blick eines Raubvogels und sehen das pulsierende Leben in einem Tropfen abgestandenen Wassers nur mit Hilfe eines Mikroskops. Von einem plötzlich aufziehenden Gewitter werden wir erfahrungsgemäß regelrecht überrascht, während die Herde des Schäfers schon lange Zeit vorher unruhig geworden ist.

So betrachtet, drückt sich unsere Empfindungsskala bescheiden aus, doch unser Denken ist alles andere als so arm, wie nun anzunehmen wäre. Ja, wir denken sogar „Dinge", die sich unserer Vorstellungskraft entziehen: Wir betrachten den Sternenhimmel und denken Unendlichkeit, wenngleich sie uns unvorstellbar ist. Wir sehen einen einzelnen Stern und „wissen" womöglich, das dieser Lichtreiz eigentlich von einer Katastrophe im All spricht: Dieser Stern ist vor 20 Millionen Lichtjahren „explodiert".

Eine solche Zeit, eine solche Größe ist unvorstellbar. Genau so geht es uns mit dem „Kleinen". Eine Millionstel Sekunde ist uns auch nicht gerade vorstellbar und trotzdem sprechen wir von Vorgängen in der Natur, die sich in solchen Zeiträumen abspielen.

Ein Grundsatz hermetischen Denkens ist: „wie oben, so unten – wie unten, so oben". Sie kennen vielleicht die von Voltaire (1694–1778) erzählte Geschichte über Isaak Newton und den Apfelbaum?

Newton verließ London für zwei Jahre, als dort die Pest wütete und verbrachte diese Zeit im Norden Englands. Eines Tages begab er sich zur Ruhe in einen Garten und legte sich unter einen Apfelbaum. Hier beobachtete er etwas eigentlich ganz Alltägliches: Ein Apfel fiel vom Baum. Das tat ein Apfel bereits gestern, es tat einer heute wieder und es stand zu vermuten, dass er es auch am kommenden Tag wieder tun wird. Für Newton war nun interessant festzustellen, dass alle Gegenstände nach unten fallen, Äpfel wie Steine. Das alles, wie wir heute vielleicht sagen würden, fand im Mikrokosmos des Isaak Newton statt. Das Geniale nun aber war, dass Newton diesen seinen Mikrokosmos auf die Betrachtung des Universums übertrug und hier das bestätigt fand, was er im Kleinen beobachtet hatte. Dieser unscheinbaren Beobachtung unter einem Apfelbaum in einem Garten irgendwo im Norden Englands vor rund 300 Jahren verdanken wir die Entdeckung des Gravitationsgesetzes.

Sie brachte der Menschheit ein Weltbild und jedem von uns ein verständnisvolles Lächeln ins Gesicht, wenn er gefragt wird, warum alle Jahre wieder die Äpfel in unserem Garten vom Baum fallen.

Dahinter verbirgt sich die Überzeugung, dass die Welt sich nicht in Unten und Oben einteilen oder besser: zweiteilen lässt. Das deckt sich mit den Erkenntnissen der modernen Naturwissenschaft, für die gleichfalls dieses vermeintliche Unten und Oben eine Einheit bilden. Unterschiede ergeben sich einzig und allein aus Entfernungen und Bewegungen.

> „Kameraaufnahmen von der Marsoberfläche haben eine unübersehbare Ähnlichkeit mit der Wüste von Arizona ans Licht gebracht. Offenbar gibt es überall im Universum ‚Landschaften', genau so schön und vielfältig wie die auf der Erde, aber meist grundverschieden von unserem gewohnten Lebensraum. Die Sonne etwa ist ein riesiger glühender Ball … Diese leuchtende Gaskugel wird genauso wie die Erde durch Gravitationskräfte zusammengehalten … All diese Naturerscheinungen beruhen auf universellen Gesetzmäßigkeiten, die Himmel und Erde zu einer umfassenden Einheit verbinden … Sie zu verstehen heißt: einheitliche Züge in der Natur zu entdecken…"

Im „Kybalion" heißt es dann weiter:

> „Die alten Hermetiker betrachten dieses Prinzip als eines der wichtigsten geistigen Werkzeuge, mit denen der Mensch die Hindernisse beiseite räumen konnte, die das Unbekannte dem Blick entzogen … Wie die Kenntnis des Prinzips der Geometrie den Menschen befähigt, weit entfernte Sonnen und ihre Bewegungen … zu erkennen, so befähigt die Kenntnis des Prinzips der Entsprechung den Menschen, verständnisvoll vom Bekannten zum Unbekannten seine Schlüsse zu ziehen …".

Nehmen wir hierfür ein Beispiel. Sie stehen im Sommer abseits eines Wanderwegs in einem Wald und beobachten das emsige Hin und Her auf einem Ameisenhaufen, das Ihnen wie Unordnung erscheint. Langsam bemerken Sie jedoch eine gewisse Ordnung. Die Ameisen bewegen sich nicht irgendwie, ja, Sie glauben, Straßen zu bemerken. Manche Ameisen transportieren erbeutete Insekten, andere transportieren „Baumaterialien". Nehmen Sie einen Stock und stecken Sie ihn nur ein kleines Stück in den Haufen hinein, bemerken Sie, wie wiederum andere ganz aufgeregt versuchen, kleine, weiße und längliche Gebilde tiefer ins Innere des Haufens zu bringen. Die Ihnen zunächst erscheinende vermeintliche Unordnung beginnt, einer gewissen Ordnung zu weichen, die dem ganzen Treiben einen Sinn gibt:

Sie wissen nämlich, dass es für die Lebensweise der Ameisen typisch ist, in „Staaten" zu leben. Sie wissen, das es „Arbeiterinnen", „Soldaten" und eine „Königin" gibt, zwischen denen „Arbeitsteilung" herrscht. Wenn Ihnen das alles zu Bewusstsein kommt, wenn Sie also wie in diesem Falle den Ameisenhaufen so wahrnehmen, denken Sie analog. Sie schreiten, wie es die alten Hermetiker formulierten, verständnisvoll vom Unbekannten zum Bekannten. Schließlich bleibt eben alles Begreifen, Verstehen nur analogisch, wie es Arthur Schopenhauer einmal so schön meinte.

Sie unterlegen einer Welt, die zunächst nicht die Ihrige ist, Ihre eigene Welt, um sie zu begreifen, um in ihr einen Sinn zu sehen. Sie sind wie alle anderen Menschen Gefangene Ihres Universums. Sie beurteilen alles aus Ihrer Wirklichkeit heraus.

Und nach längerem Nachdenken wird Ihnen klar werden, dass Sie eigentlich alles, was über Ihren Mikrokosmos (es gibt so viele verschiedene Mikrokosmen, wie es wahrnehmende und damit denkende Menschen gibt) „hinausgeht" und Makrokosmos ist, nur im analogen Denken „verstehen", deuten können. Nur so wird Ihnen zunächst Unvorstellbares auch vorstellbar.

Sehen Sie, die alten Griechen kannten für fast jeden der ihnen unerklärlichen Bereiche des Makrokosmos – Sonne, Mond, Sterne, Himmel, Feuer, Ozeane usw. – eine Gottheit. Auffallend an allen griechischen Göttern und Göttinnen ist, dass sie menschliche Züge trugen und mit menschlichen Charaktereigenschaften versehen waren: rachsüchtig, eitel, nachtragend, weise, kriegerisch, liebevoll und sanft. Sie erklärten sich den Makrokosmos über den Mikrokosmos, analog.

Die Lehre vom Mikrokosmos – Makrokosmos, so heißt es im „Kybalion", ist die

„Lehre von der Entsprechung zwischen dem Universum und seinen kleinsten Bauteilen, besonders aber dem Menschen samt seiner seelischen und geistigen Innenwelt. Zwischen diesen beiden Welten besteht eine gegenseitige Beziehung, da beide aus den gleichen Elementen bestehen und ihre materielle Gestalt nur der sichtbare Ausdruck der Kräfte ist, die beide durchströmen."

Nun, wir machen heute keinen Zeus mehr für Donner und Blitz verantwortlich und erklären die Gezeiten „naturwissenschaftlich". Wir sollten uns aber darüber im Klaren sein, dass alle diese naturwissenschaftlichen Erklärungen letztlich Modelle sind oder, wie wir an anderer Stelle schon sagten, „Landkarten" und damit Analogien, Entsprechungen.

Nehmen wir noch ein Beispiel. Sie kennen die Formulierung vom „Löwen, dem König der Tiere". Woran denken Sie, wenn Sie das Wort „König" hören? Richtig, Sie denken an Macht, Unantastbarkeit, absolute Herrschaft, Souveränität und Überlegenheit. Und wenn Sie zu sich ehrlich sind, werden Sie bemerken, dass Ihnen genau über diese Entsprechungen die

Rolle des Löwen im Tierreich noch am ehesten einsichtig wird. Denn sehen Sie, wie erklären Sie Ihren Kindern und Enkeln die Ordnung im Tierreich? Genau, mit Fabeln oder Märchen. Und da ist der Fuchs immer „schlau".

Über dieses analoge Denken nehmen Sie dem Makrokosmos die Wirkung, die er auf uns ausübt. Er erscheint nicht mehr als fremd, bedrohlich und unfassbar.

Sie nehmen ihn wahr und indem Sie ihn wahrnehmen, denken Sie ihn! Von Ihrem Denken und damit TUN wird es letztlich abhängen, wie Sie mit dem „Makrokosmos" umgehen.

Sie gehen hier nicht mit „etwas" um, sondern mit sich selbst!

„Dasjenige, welches Unten ist, ist gleich demjenigen, welches Oben ist: Und dasjenige, welches Oben ist, ist gleich demjenigen, welches Unten ist, um zu vollbringen die Wunderwerke eines einzelnen Dinges."

(Hermes Trismegistos, Tabula smaragdina)

Die Resonanzfähigkeit von Menschen und Situationen

„Eines Tages, nachdem wir den Wind, die Wellen, die Flut und die Schwerkraft gemeistert haben, werden wir die Energien der Liebe zu lenken lernen. Dann wird der Mensch ein zweites Mal das Feuer entdeckt haben."

(Teilhard de Chardin; 1888–1955)

Den Begriff der Resonanz kennen wir eigentlich aus der Physik. Er beschreibt das Mitschwingen eines Systems bei Anregung durch eine Schwingung, wenn das System die gleiche Eigenfrequenz hat wie die anregende Schwingung.

In unserer Umgangssprache stoßen wir ebenfalls auf diesen Begriff. So kann es z. B. in einer Zeitung am Tag nach der Rede eines Politikers heißen: „Die Worte des Herrn X ... fanden bei den Anwesenden eine ungeheure Resonanz." In der Übersetzung meint Resonanz hier Widerhall, Anklang, Verständnis oder Wirkung.

Sie kennen auch andere Umschreibungen dieses Phänomens: „Er sprach mir aus der Seele ...", „ich haben einen Draht zu ihm ..." und „wir haben eine gemeinsame Wellenlänge". Man sagt „Charisma" und meint die besondere Ausstrahlungskraft eines Menschen.

„Nichts ist in Ruhe, alles bewegt sich, alles ist in Schwingung ..."

heißt es im „Kybalion" und dann weiter:

> „Derjenige, der das Prinzip der Schwingung versteht, hat das Zepter der
> Macht ergriffen, ..."

Hier geht es nicht um Macht im üblichen Sinne des Wortes, wie wir noch
sehen werden.

Wir haben ja schon von tierischen Sinnesleistungen gesprochen, die
den unseren ganz offensichtlich überlegen sind. Die menschliche Hör-
grenze umfasst z. B. einen Frequenzbereich zwischen 16 000 und
20 000 Hz, während Katzen Geräusche zwischen 20 Hz und 65 KHz hören.
Fledermäuse können sogar Ultraschall hören, was es ihnen ermöglicht, in
der Nacht noch auf eine Entfernung von ca. 20 m ein Insekt zu orten.

Denken Sie sich an dieser Stelle einen einfachen Radioempfänger. Haben Sie die UKW-Taste gedrückt, können Sie sich bemühen wie Sie wollen: einen Sender, der auf Mittelwelle ausstrahlt, wird Ihr Radio nicht
empfangen. Polizeifunk ist nur für den abhörbar, der den Frequenzbereich
des Senders kennt und seinen Empfänger darauf einstellt. Der Empfänger
muss in sich eine Entsprechung haben, die beim Empfang des Senders
mitzuschwingen beginnt. Diesen Vorgang nennen wir Resonanzfähigkeit
und das oben Gesagte lässt vermuten, dass wir Menschen auch über diese Fähigkeit verfügen.

> „Jeder Mensch kann immer nur jene Bereiche der Wirklichkeit wahr-
> nehmen, für die er eine Resonanzfähigkeit besitzt. Dies gilt nicht nur für
> den Bereich der rein sinnlichen Wahrnehmung, sondern für die gesam-
> te Erfassung der Wirklichkeit."

Zu dieser Wirklichkeit gehörte schon immer die Begegnung von Menschen
untereinander. Menschen nehmen wie gesagt nur wahr, was sie denken.
Ihr Denken, Ihre Gefühle sind Energien und damit Schwingungen, die von
anderen empfangen werden können. Ich sage hier bewusst „können",
denn „sendet" der eine auf UKW und der andere „empfängt" auf „Mittelwelle", passiert gar nichts.

Wir Menschen haben den großen Vorteil, unsere Gedanken beeinflussen zu können. Durch Willensanstrengung können wir in uns selbst Gefühle erzeugen. Und nicht nur das: Wir können uns auch auf die „Wellenlänge" des anderen einstellen, und damit im anderen bestimmte geistige
Zustände, Gefühle oder Gedanken hervorrufen.

Hier geht es nicht um Manipulation, sondern um den verantwortungs-
vollen Umgang von Menschen untereinander.

Jeder Mensch hat auf Grund seiner Persönlichkeit eine gewisse Resonanz. Der Grad des Selbstwertgefühls macht die Persönlichkeit aus. Das
Selbstwertgefühl wird davon beeinflusst, ob der Mensch das lebt, was er
leben will. Darin sind auch seine Schattenbereiche inbegriffen. Sie strah-

len also Ihre Einstellung zu sich selbst aus, die von Ihren Mitmenschen empfangen wird. Sie empfangen andererseits nichts anderes als die Einstellung Ihrer Mitmenschen zu sich selbst.

Unsere Gedanken beeinflussen meint hier, dass wir in der Lage sind, ein positives Bild von uns selbst zu verinnerlichen. Es wird von anderen angenommen werden, ohne dass wir erst stundenlange Erklärungen und Erläuterungen abgeben müssen. Sie erhalten nach und nach die Resonanz Ihres Selbstbildes von Ihren Mitmenschen.

In einem meiner früheren Bücher schrieb ich:

> „Erwarten Sie, dass Ihnen aufgeschlossene Menschen begegnen, so werden Sie sie treffen. Sie werden immer das bekommen, was Sie erwarten."

Genau das verstehe ich unter einer bewussten Gestaltung unserer zwischenmenschlichen Beziehungen und das meint hermetische Philosophie, wenn sie vom Zepter der Macht spricht.

Das Prinzip der Polarität

An den Anfang dieses Abschnitts möchte ich drei kurze Textpassagen stellen.

> „Alles ist zwiefach, alles hat zwei Pole, alles hat sein Paar von Gegensätzlichkeiten; gleich und ungleich ist dasselbe; Gegensätze sind identisch in der Natur, nur verschieden im Grad; Extreme berühren sich; alle Wahrheiten sind nur halbe Wahrheiten; alle Widersprüche können miteinander in Einklang gebracht werden."

Nun:

> „Wer die tiefsten Geheimnisse der Natur ergründen will, der sehe auf die Minima und Maxima am Entgegengesetzten und Widerstreitenden und fasse diese ins Auge. Es ist eine tiefe Magie, das Entgegengesetzte hervorlocken zu können, nachdem man den Punkt der Vereinigung gefunden hat."

Diese Gedanken stammen von Giordano Bruno (1548–1600). Er war zunächst Dominikanermönch und später einer der bedeutendsten Naturphilosophen seiner Zeit. Nach seiner Verhaftung durch die römische Inquisition und langjähriger Gefangenschaft wurde er öffentlich als Ketzer auf dem Scheiterhaufen verbrannt.

Und schließlich schrieb Georg Friedrich Wilhelm Hegel(1770–1831) von der Polarität als

„von einem Unterschiede, in welchem die Unterschiedenen untrennbar verbunden sind."

Der erste kleine Text stammt aus dem „Kybalion", der Sammlung meist mündlich überlieferter hermetischer Grundsätze, über deren genaues Alter man sich nicht festlegen kann. Hier ist es vielleicht hilfreich zu wissen, dass die so genannten auf Hermes Trismegistos zurückgehenden hermetischen Schriften eine Sammlung griechischer, lateinischer und arabischer Texte aus dem 2. und 3. Jahrhundert n. Chr. darstellen.

Rund 1 600 Jahre „jünger" sind die Gedanken eines Giordano Bruno. Die des Berliner Philosophen Hegel sind gar erst knappe 190 Jahre alt. Und alle berühren sie doch ein- und dasselbe Thema: die Polarität.

Wie selbstverständlich erscheint uns doch der folgende Vorgang: Beim Einlegen neuer Batterien in z. B. eine Taschenlampe achtet man genau darauf, dass man die Symbole für plus und minus nicht verwechselt, nicht plus mit plus und minus mit minus in Verbindung bringt. Man weiß ganz einfach, dass der eine Pol vom anderen „lebt". Die für das Leuchten der Lampe notwendige Elektrizität entsteht aus der Spannung zwischen den beiden Polen.

Was hier so leicht erscheint, fällt uns im Leben hingegen offensichtlich sehr schwer. Unser wahrnehmendes Denken vollzieht sich immer in Gegensätzen. Wie wir inzwischen wissen, kann man eine solche Gegensätzlichkeit für die Welt da draußen, die „an sich seiende Welt" nicht geltend machen. Es ist immer schon meine Welt, die ich in Polaritäten zerlege und zergliedere: in schön und hässlich, in links und rechts, hoch und tief, in klein und groß oder dunkel und hell.

Das ist eigentlich nur allzu verständlich und auch ganz normal. Wir wissen spätestens seit Heraklits Tagen (etwa 540–480 v. Chr.), dass Gutes und Böses eins sind. Eine auf den ersten Blick bestürzende Feststellung, die eigentlich meint, dass der Gedanke des Guten ohne den des Bösen sinnlos wäre.

Wahrnehmendes Denken, Erkenntnis ist so erst möglich. Wir erkennen durch das Vergleichen der Dinge und Erscheinungen untereinander. Ich kann nur etwas als schön betrachten, wenn ich gleichzeitig weiß, was hässlich bedeutet. Liebe kann nur der empfinden, der Hass kennt.

Schauen Sie auf dieses Bild! Was sehen Sie? Einen Kelch? Zwei Gesichter, die einander zugewandt sind? Sie können nur das eine oder das andere wahrnehmen. Beides zugleich funktioniert nicht. Das Bild kippt um, sobald Sie es versuchen.

Liebe, Hass, Schönheit, Dunkelheit, Helligkeit verbinden sich für jeden von uns mit Wertvorstellungen. Die Vielheit der menschlichen Bedürfnisse und Gefühlsweisen erklärt die Verschiedenartigkeit der Wertung. Was dem einen von hohem Wert ist, besitzt für den anderen geringen oder gar keinen:

„Meerwasser ist das Reinste und das Scheußlichste, für Fische trinkbar und heilsam, für Menschen ungenießbar und verderblich ...",

schrieb der griechische Philosoph Heraklit (etwa 540–480 v. Chr.) Dieser tiefe Gedanke wird den Schiffbrüchigen kaum beschäftigen. Für ihn ist das Meer einfach ungenießbar und verderblich. Dass es gleichzeitig lebensspendend ist, muss ihm in seiner bedauerlichen Lage entgehen. Seine Situation gestattet ihm nur eine Betrachtungsweise: entweder – oder, entweder die See oder ich!

Ich habe dieses krasse Beispiel bewusst gewählt, um Ihnen zu verdeutlichen, dass wir zunächst ständig in solchen Begriffspaaren denken und denken müssen. Jeder von uns denkt in diesen Gegensätzen und fast alle sind wir der Ansicht, dass diese Gegensätze sich ausschließen. Ein Gegenstand ist entweder groß oder klein, ein Bild ist entweder schön oder hässlich, etwas ist entweder heiß oder kalt. Werfen wir an dieser Stelle einen erneuten Blick ins „Kybalion":

„Z. B. Hitze und Kälte, obgleich ,Gegensätze', sind in Wirklichkeit dasselbe, die Unterschiede bestehen lediglich in den verschiedenen Graden desselben Dinges. Sieh Dein Thermometer an und schau, ob Du entdecken kannst, wo die ,Hitze' aufhört und die ,Kälte' beginnt. Es gibt nicht so etwas wie ,absolute Hitze' oder ,absolute Kälte', die beiden Ausdrücke ,Hitze' und ,Kälte' bezeichnen lediglich verschiedene Grade desselben Dings und dieses ,selbe Ding', das als ,Hitze' und ,Kälte' in Erscheinung tritt, ist nur eine Form bzw. ein Grad der Schwingung. So sind ,Hitze' und ,Kälte' nur die beiden Pole dessen, was wir ,Wärme' nennen – und die Erscheinungen, die sich daraus ergeben, sind nur Manifestationen des Prinzips der Polarität."

Unser Denken in Gegensätzen, die sich ausschließen, unterliegt einem Fehler, einem Denkfehler. Wir müssen dazu kommen, Gegensätze als sich gegenseitig bedingend wahrzunehmen. Wir müssen den Schritt weg vom entweder – oder und hin zum sowohl – als auch gehen.

Wählen wir ein Beispiel. Sie haben momentan trotz bester Voraussetzungen und Absichten beruflich einen Misserfolg nach dem anderen zu verzeichnen. Misserfolg kann nur am Erfolg (und umgekehrt) gemessen werden. Beide bedingen einander, bilden ein polares Verhältnis. Nach mehreren Misserfolgen kann es nun passieren, dass in Ihrem Bewusstsein Erfolg gar nicht mehr vorkommt (Gegensätze schließen ja einander aus): Da, wo Misserfolg eintritt, ist Erfolg unmöglich, Misserfolg wird Ihr ständiger Begleiter. Solange Sie entweder Erfolg oder Misserfolg denken, werden Sie sich unweigerlich für eine der beiden Möglichkeiten entscheiden. Indem Sie also in Gegensätzen denken, verwehren Sie sich den Erfolg auch weiterhin.

Ich sagte, dass wir alle aus unserer Wirklichkeit heraus beurteilen. Nun stellen Sie sich vor, ein Bekannter von Ihnen bringt seine neue Partnerin erstmals zu einer lange schon geplanten Unternehmung mit. Ihr erster Eindruck fällt dabei nicht besonders gut aus.

Von diesem ersten Eindruck aus schließen Sie auf den gesamten Menschen. Sie sind sich sogar noch sicher, dass Sie dabei die Wahrheit erfasst hätten. Diese ist für Sie unumstößlich und wird von Ihnen als absolut betrachtet. Die Folge: Die Partnerin Ihres Bekannten kann sich, wie man so schön sagt, in Zukunft bemühen wie sie will. Sie werden, wenn Sie ihr begegnen, ständig nach der Bestätigung Ihrer Wahrheit suchen. Zeichen, die Ihrer Wahrheit nicht entsprechen, ignorieren Sie. Und wir können noch einen Schritt weitergehen, Sie legen ihr Ihre Wahrheit „regelrecht in den Mund". Sie verkennen in diesem Augenblick, dass Ihre Wahrheit nur die halbe Wahrheit ist.

Ich las kürzlich, dass die Beziehungen zwischen den Menschen nichts Selbstverständliches mehr an sich haben. Ohne diese Aussage verabsolutieren zu wollen, meine ich schon, dass die Ursachen hierfür vielerorts in unserer polaren Denkart zu suchen sind. Ich denke entweder mich selbst oder den anderen und grenze ihn damit von vornherein aus. Wie sollen da zwischenmenschliche Beziehungen überhaupt zu Stande kommen?

Das „Kybalion" gibt uns hier einen Rat, den ich zitieren möchte:

„Nennen wir ein radikales und extremes Beispiel – das von ‚Liebe' und ‚Hass', zwei geistige Zustände, die augenscheinlich völlig verschieden sind. Und doch gibt es Grade von ‚Liebe' und ‚Hass', und einen mittleren Punkt, wo wir die Ausdrücke ‚Zuneigung' und ‚Abneigung' gebrauchen, die so allmählich ineinander übergehen, dass wir manchmal in Verlegenheit sind, zu wissen, ob wir ‚gern mögen' oder ‚nicht mögen' oder ‚keines von beiden'. Alles dies sind lediglich Grade desselben Dinges, was man erkennt, wenn man nur ein wenig nachdenkt ... Das Verständnis dieses Prinzips befähigt einen, seine eigene Polarität zu ändern, sowie die der anderen, falls man die Zeit und das Studium darauf verwendet, diese Kunst zu erlernen."

Wir Menschen haben unterschiedliche Wertmaßstäbe. Es sind eigene, aber auch solche, die wir insbesondere über unsere Erziehung aufgenommen haben. Uns sind Grenzen durch unsere Umwelt gesetzt. Jeder von uns bewegt sich im Spannungsfeld seiner eigenen Bedürfnisse und in den vermuteten und tatsächlichen Grenzen. Leben bedeutet, mit diesen Konflikten umzugehen. Den Punkt zwischen den Polen Anpassung und Widerstand zu finden, stellt einen Kompromiss dar, mit dem sowohl der Mensch als auch seine Umwelt leben kann. Anpassung um jeden Preis (entweder) kostet persönliche Opfer. Ständig gegen den Strom zu schwimmen (oder) kostet dagegen sehr viel Kraft, und der Mensch kommt nur wenig voran. Was Polarität meint, zeigt uns Johann Wolfgang von Goethe sehr schön in seinem „Westöstlichen Diwan". Dort lesen wir:

„Im Atemholen sind zweierlei Gnaden:
Die Luft einziehen, sich ihrer entladen.
Jenes bedrängt, dieses erfrischt;
So wunderbar ist das Leben gemischt.
Du danke Gott, wenn er dich presst,
Und dank ihm, wenn er dich wieder entlässt!"

Dieser ständige Wechsel, wie er sich beim Atemholen so sinnfällig darstellt, bildet die Grundstruktur des Rhythmus. Mit dem Atem beginnt und endet unser Leben, es reicht vom ersten bis zum letzten Atemzug. Ein- und Ausatmen wechseln sich ständig ab. Ohne Einatmen kein Ausatmen wie auch umgekehrt. Wer dieses polare Verhältnis unterbricht (entweder – oder), unterbricht das Leben. Leben ist Rhythmus und damit sind wir schon beim nächsten Abschnitt.

Alles fließt – alles ist in Bewegung

„Die Menschen wissen nicht, wie das Verschiedene mit sich selber übereinstimmen kann. Es ist ein Zusammenklingen gegensätzlicher Spannungen, wie des Bogens und der Lyra."

(Heraklit; etwa 540–480 v. Chr.)

Bekannter ist vielleicht der schon fast berühmte Gedanke des Philosophen von Ephesos, dem zufolge alles fließt: „panta rhei"! Oder:

„Du kannst nicht zweimal in denselben Fluss steigen, denn frische Wasser fließen immer auf dich zu."

Hermetische Philosophie formuliert es ähnlich:

„Dieses Prinzip enthält die Wahrheit, dass sich in allem eine abgemessene Bewegung zeigt, hin und her; ein Hin- und Zurückfließen, eine pendelgleiche Bewegung, eine gezeitengleiche Ebbe und Flut, ein hoher und niedriger Stand, das alles zwischen den beiden Polen, die gleichmäßig dem Prinzip der Polarität bestehen ... Es gibt immer eine Aktion und Reaktion, ein Vorwärtsschreiten und ein Zurückgehen. Und dies in den Geschehnissen des Universums, der Sonnen, der Welten, der Menschen, Tiere, des Geistes, der Energie und der Materie ..."

Es hat seinen Sinn, dass hermetische Philosophie das Prinzip des Rhythmus immer und gerade im engsten Zusammenhang mit dem der Polarität darlegt. Das Letztere darf uns nicht dazu verführen, Polaritäten wie hoch und tief, gut und böse usw. als absolute Gegenüberstellungen zu begreifen. Polaritäten sind nie endgültig: „Reise weit genug nach Norden und Du wirst Dich nach Süden reisend wiederfinden und umgekehrt". Wenn für einen Menschen heute etwas schön ist, muss es das in fünf Jahren nicht mehr sein. Er hat inzwischen andere Vorstellungen von Schönheit und damit einen anderen Begriff von dem, was hässlich ist.

Polaritäten verschieben sich, weil auch sie in ständiger Bewegung sind. Alles ist in Bewegung. Das Einzige, was bleibt, ist das Prinzip der Polarität. Es unterliegt unserem wahrnehmenden Denken und gibt all dem, was wir wahrnehmen, seine Daseinsberechtigung: sowohl – als auch!

Das verstanden zu haben kann bedeuten, ein Unwetter nicht mehr Unwetter und ein Unkraut nicht mehr Unkraut zu nennen. Das verstanden zu haben kann bedeuten, der Nacht ihre Angst, der Krankheit ihre Sinnlosigkeit und dem Tod seinen Schrecken zu nehmen.

Und das verstanden zu haben kann bedeuten, tief in jenen Satz J. W. von Goethes einzudringen, den man heute so oft und leider manchmal ohne zu überlegen zitiert:

„Zwei Seelen wohnen ach! In meiner Brust ...".

Diese „Seelen" bezeichnen nichts Endgültiges, kennzeichnen keine festen Markierungen an den jeweiligen Enden eines Spannungsfeldes, in welchem sich der Mensch sein Leben lang bewegt. Gemeint ist vielmehr das, was bereits hermetisches und griechisches Denken wusste: Auch der Mensch ist in ständiger Aktion und Reaktion. Er fühlt sich zwischen seinen Leidenschaften hin- und hergerissen. Er kennt Hochs und Tiefs, Freude und Leid, er meint sich zu kennen und kennt sich doch nicht, er will Liebe geben und bewirkt das Gegenteil. Er sieht am Morgen in den Spiegel und sieht doch nicht den, den er gestern gesehen hat.

Und genau an dieser Stelle nun meint hermetische Philosophie zu allem Überfluss, dass man dieses Prinzip nicht außer Kraft setzen kann: Leben ist Bewegung. Unterbreche ich dieses Prinzip, halte ich das Leben an.

Welchen Sinn machen dann solche Formulierungen wie innere Ruhe, seelische Ausgeglichenheit, psychisches Gleichgewicht? Was ist, wenn mir mein polarisierender SEPP andauernd Bilder von Spannungsfeldern abliefert? Bin ich als Mensch tatsächlich zu dauernder Bewegung und damit Unruhe, wenn nicht gar innerer Zerrissenheit verurteilt?

Sie können zwar dem Prinzip der Polarität, Sie können dem Fluss der Dinge nicht entfliehen. Sie müssen es aber dahin bringen, von ihm nicht beherrscht zu werden. Vom physikalischen Pendel sagt man, dass es um seine Ruhelage schwingt, zumindest nehmen Sie es so wahr. Sie müssen diesen Standpunkt für sich selbst einnehmen und das meinte ich, als im zweiten Kapitel vom Spannungsfeld zwischen Geist und Materie die Rede war. Zu „Entladungen" kann es nur im TUN kommen.

Und hier bemerken Sie, dass ich Ruhe, Harmonie auch immer relativ betrachte. Sie haben irgendein Problem, das Sie womöglich seit Tagen oder Monaten beschäftigt, es bewegt Sie. Sie denken darüber nach, wie sie es lösen können und Sie wissen auch, dass dieses Problem im Moment zu Ihrem Leben gehört. Aber Sie bleiben hierbei stehen und Sie kommen zusehends in Disharmonie mit sich selbst. Versetzen Sie sich auf den Standpunkt des Pendels und durchlaufen die Phase vermeintlicher Ruhe, indem Sie etwas TUN! Nehmen Sie mit anderen Worten selbst Einfluss auf die andauernden Bewegungen Ihres Lebens und lassen sich nicht bewegen.

„Wenn wir diese Formel nicht erfassen, so nützt uns kein Lernen ...", schrieb Heraklit von Ephesos und über 2 000 Jahre später fügte Hegel hinzu: „Lernen vieler Dinge lehrt nicht Verständnis."

Von der Ursache und der Wirkung

Wenn ein Stein zu Boden fällt und man sich fragt, warum das so ist, könnte man geneigt sein zu antworten: Weil das Gravitationsgesetz es so vorschreibt. Und obwohl dieses Gesetz in vergangenen Zeiten noch nicht bekannt war, kann man davon ausgehen, dass bereits im alten Rom und noch früher Steine gefallen und beim Loslassen nicht oben geblieben sind. Die Gravitation ist danach verantwortlich (Ursache), dass alle Äpfel dieser Welt auf den Boden fallen (Wirkung) oder Menschen überhaupt auf der Erdoberfläche laufen können (Wirkung). Noch bevor Newton sein berühmtes Erlebnis mit dem Apfel hatte, hatte Descartes das Kausalitätsprinzip aufgestellt, nachdem jede Veränderung (Wirkung) eine Ursache hat, das Gesetz von Ursache und Wirkung.

„Wir sprechen von einem Universum, das sinnvoll ist und eine Struktur hat. Der strenge Beweis dieser Rationalität ist die Verlässlichkeit des Prinzips von Ursache und Wirkung. Jedermann weiß, das nichts ohne eine Ursache passiert. Die Ursache mag offen liegen oder so verborgen sein, dass wir sie nicht erkennen können, doch sie ist stets vorhanden; davon gehen wir jedenfalls aus. Wir führen langwierige und kostspielige Untersuchungen durch, um die Ursache eines Unglücks wie etwa die Explosion der Raumfähre ‚Challenger' herauszufinden. Extrem niedrige Temperaturen, Probleme mit den Dichtungsringen. Niemand meint ernsthaft, dies sei ‚halt nun einmal passiert und damit basta'. Jede Wirkung hat eine Ursache, und dies bedeutet, dass es Ketten von Ursachen und Wirkungen gibt, Ketten, von denen wir nicht erwarten, dass sie ins Leere führen.

Auch wenn der Zufall dabei eine Rolle spielte – dass es zu gleicher Zeit widriges Wetter und Probleme mit den Dichtungsringen gibt ... –, würde niemand behaupten, dass das ‚Gesetz‘ von Ursache und Wirkung dadurch außer Kraft gesetzt wird. Die Wetterverhältnisse selbst hatten eine Geschichte von Ursache und Wirkung ... Das Ganze hat eine Vorgeschichte, und wenn wir diese zurückverfolgen könnten, könnten wir auch das Unglück erklären ...“

Ich will Sie anhand dieser Textstelle auf mehrere Dinge aufmerksam machen. Zunächst geht es darum, dass jede Ursache ihre Wirkung und jede Wirkung ihre Ursache hat. Nichts, aber auch nichts ist und bleibt dem Zufall überlassen. Das meinte Descartes und Newton übernahm dieses Prinzip zur Erklärung des Universums. Wir finden dieses Prinzip übrigens nicht erst bei Descartes, ausdrücklich formuliert hat es bereits Demokrit (Demokritos; 460–371 v. Chr.), genannt der „lachende Philosoph“. Wir finden es weiterhin bei Epikur (342/41–271/70 v. Chr.) und den Stoikern. Und wir finden es in der hermetischen Philosophie.

So, wie in der obigen Textstelle „das Ganze“ eine „Vorgeschichte“ hat (ich will ergänzen: im Großen wie im Kleinen!), hat jeder von uns seine „Vorgeschichte“:

„Denke einmal einen Augenblick nach. Wenn in einer weit zurückliegenden dunklen Periode des Steinzeitalters ein bestimmter Mann nicht ein bestimmtes Mädchen getroffen hätte, würdest Du, der Du diese Zeilen liest, jetzt nicht hier sein.“

Menschen denken seit ewigen Zeiten über dieses Verhältnis von Ursache und Wirkung nach. Wir fragen uns häufig, „was wäre gewesen, wenn ...“. Diese Kette von Ursache und Wirkung lässt sich nach „hinten“ wie nach „vorne“ immer weiterverfolgen, „ad infinitum“, ins Unendliche.

Menschen können hier von Ruhe- und Ratlosigkeit vereinnahmt werden. Man sucht nach den „ersten Ursachen“ und mittlerweile muss man feststellen, dass uns da auch die moderne Wissenschaft nicht weiterhelfen kann. Nach all der Forschung und den Fortschritten, die auf diesem Gebiet gemacht wurden, müssen sich die Wissenschaftler vor der Frage nach der „ersten Ursache“ geschlagen geben. Es scheint, als hätten nun doch die Theologen Recht behalten:

„Für den Naturwissenschaftler, der bislang fest an die Macht der Vernunft geglaubt hatte, endet die Geschichte wie ein böser Traum. Er hat die Berge der Unwissenheit erklommen, er steht davor, den höchsten Gipfel zu erobern, und in dem Moment, da er über den letzten Felsen klettert, wird er von einer Schar Theologen begrüßt, die bereits seit Jahrhunderten dort oben sitzen ...“

Hier geht es nicht darum zu entscheiden, wer schon immer alles besser gewusst hat, es geht auch nicht darum, „Gott zu entdecken", es geht ganz einfach darum aufzuzeigen, dass dem menschlichen rationalen, ursächlichen Denken ganz offensichtlich Grenzen gesetzt sind.

Rationalem, digitalem Denken tut dieser Punkt weh. Einerseits vermag es kausales Denken, uns die Welt zu erklären, andererseits bleiben eine Vielzahl von Fragen offen.

Kausales Denken hat sich in der Zwischenzeit bei der Betrachtung von Makrokosmos und Mikrokosmos so bewährt, dass man meinen könnte, es handele sich um ein Gesetz außer uns, eine Gesetzmäßigkeit, der wir nichts entgegenzustellen haben. Die Angelegenheit wird dann brisant, wenn hier noch polarisierendes Denken ins Spiel kommt. Übertragen auf unsere Problematik bedeutet das nämlich: Entweder Notwendigkeit (Ursache – Wirkung) oder Freiheit. Aber genau hier beginnt sich die Lösung bereits abzuzeichnen: Wir können nicht wissen, ob die Welt da draußen aus Polaritäten besteht, die sich ausschließend gegenüberstehen. Wir nehmen die Welt nur so wahr.

Genauso können wir nicht wissen, ob diese Welt da draußen eine unendliche Kette von Ursache und Wirkung ist. Wir nehmen die Welt nur so wahr, und indem wir so wahrnehmen, denken wir diese Welt auch so. Sie und ich haben noch nie die Kausalität wahrgenommen, wir reflektieren sie nur in ihren unterschiedlichsten Erscheinungsbildern, diese aber sind bereits unsere eigene Welt. Hierüber haben wir vergessen, dass wir es sind, die der Welt da draußen Ursache, Wirkung und Notwendigkeit unterstellen und den Zufall konstruieren, um der Notwendigkeit zu entgehen. Wir sprechen von einem Gesetz und meinen ein Prinzip.

> „Eine sorgfältige Prüfung wird ergeben, dass das, was wir ‚Zufall' nennen, lediglich eine Bezeichnung ist, die auf dunkle Ursachen hinweist, auf Ursachen, die wir nicht feststellen können … Aber wenn man die Sache genau prüft, sieht man, dass beim Fallen des Würfels gar kein Zufall im Spiele ist. Jedes Mal, wenn ein Würfel fällt und eine gewisse Zahl zeigt, gehorcht er einem Gesetz, das ebenso unfehlbar ist wie das, welches die Bewegung der Planeten und der Sonnen beherrscht. Hinter dem Fall des Würfels liegen Ursachen oder Ketten von Ursachen weiter zurück, als der Verstand folgen kann …"

Und in der Tat, betrachtet jeder von uns seine eigene „Vorgeschichte", kommt er nicht umhin, Generationen vor ihm unter dem Blickwinkel von Ursache und Wirkung zu betrachten. Selbst dann, wenn die Namen von Vorfahren nicht mehr nachzuweisen sind, denken wir unsere Herkunft nach diesem Modell. Dass sind wir wieder am Ausgangspunkt unserer Betrachtungen angelangt: Wenn in einer weit zurückliegenden dunklen Periode des Steinzeitalters ein bestimmter Mann nicht eine bestimmte Frau … usw.

Das ist alles vollkommen richtig, denn auch hier gilt das, was ich im Zusammenhang mit dem Prinzip der Polarität bereits ausgeführt habe: Wir erkennen nur durch das Vergleichen der Dinge untereinander und wir erkennen „Geschehnisse" und „verstehen" sie nur, wenn wir sie in den kausalen Zusammenhang „setzen". Darüber haben wir vergessen, dass Kausalität als Bezeichnung für ein Ursache-Wirkungs-Verhältnis die „brauchbarste Analogie" ist, die wir kennen. Es ist nicht die Wirklichkeit da draußen, die sich mir erklärt, ich erkläre mir diese Wirklichkeit. Hierfür verwende ich Analogien, wenn Sie so wollen, „Kunstgriffe" unseres Denkens.

Menschliches Denken benutzt diese Kunstgriffe, um sich die Welt zu erklären und praktische Zwecke zu erreichen. Unsere Urahnen hatten für alle Erscheinungen des Lebens ihre Götter, für das Feuer, für das Wasser, für den Himmel und für die Erde. Später dann erklärten wir das Unerkläriche durch die Wissenschaft und ihre Gesetze − wie dem Ursache-Wirkungs-Prinzip!

Das Denken gebraucht alle diese Kunstgriffe, um seine praktischen Zwecke zu erreichen, meint Hans Vaihinger (1852−1933) und fährt sinngemäß fort: Einer dieser Zwecke ist auch eben die Lust des Begreifens. Jahrtausendelang begnügte sich der Mensch damit.

Ursache und Wirkung lassen sich analogisch am besten als Wille und Handlung verstehen und so ist Kausalität

„ ... nur eine Etikette, eine Analogie, gleichsam die Bezeichnung eines Verhältnisses mit einem Wort aus einer anderen Sprache ...".

Die Mehrzahl der Menschen, so heißt es im „Kybalion", wird dahingetragen wie der fallende Stein und gehorcht ihrer Umgebung, ...

„äußeren Einflüssen und inneren Stimmungen, Wünschen usw., ganz zu schweigen von dem Wunsch und Willen anderer, die stärker sind als sie ..., die sie dahintragen, ohne dass sie Widerstand leisten oder ihren Willen in Anspruch nehmen. Sie werden wie Figuren auf dem Schachbrett des Lebens hin- und hergerückt, spielen ihre Rolle und werden beiseitegelegt, wenn das Spiel vorbei ist ...

Sie werden sich dem kausalen Denken nicht entziehen können, denn es ist Ihr Denken und auf Dauer können Sie nicht vor sich selbst fliehen. Es liegt aber an Ihnen, wie Sie mit Ihrem Denken „umgehen" und damit die Welt zu Ihrer Welt machen. Nehmen Sie die Welt ausschließlich kausal wahr, würden Sie auf Dauer, wie es Kant einmal sehr drastisch formulierte, tatsächlich zur Marionette. Denken Sie allerdings auch analog und übersetzen Ursache mit Wille, ihrem eigenen Willen, verstehen Sie besser, was ich mit TUN meine!

In den „Smaragdtafeln" (tabula smaragdina; sie gehen auf Hermes Trismegistos zurück) heißt es:

„Schau auf die Ursache, die du erschaffst, und du wirst sicherlich sehen, dass alles Wirkung ist."

Das Prinzip der Natur

„Geschlecht ist in allem, alles hat männliche und weibliche Prinzipien, Geschlecht offenbart sich auf allen Ebenen."

(Kybalion)

Das Wort „Geschlecht", so wie wir es heute kennen, hat seine Ursprünge im Lateinischen. Es leitet sich von „genere" ab und bedeutet soviel wie zeugen, erzeugen, erschaffen, hervorbringen, machen.

Worum es hier geht, wird vielleicht dann am deutlichsten, wenn ich mit Ihnen einen kleinen, aber weiten Ausflug in die Geschichte unternehme. Wir reisen ins alte China des 4. und 3. Jahrhunderts v. Chr.

Chinesische Philosophie stand zu dieser Zeit in voller Blüte und war unter anderem davon überzeugt, dass Himmel, Erde und Mensch drei Bestandteile eines einheitlichen Systems sind und in den innigsten Wechselbeziehungen zueinander stehen.

Alle Erscheinungen des Makrokosmos (!) finden im körperlichen, geistigen und sittlichen Leben des Menschen ihre Entsprechung (Analogie). All das, was das menschliche Zusammenleben (Mikrokosmos) regelt, organisiert und aufrechterhält, ist „Richtschnur" für das Universum (Makrokosmos).

Die alten Chinesen glaubten an eine durchgängige Übereinstimmung und Harmonie, die zwischen Makrokosmos und Mikrokosmos besteht und sie sahen den Grund darin, dass die großen Erscheinungen des Universums (Planeten, Jahreszeiten usw.) mit den verschiedenen „irdischen" Erscheinungen und vor allem denen des Menschenlebens übereinstimmen.

Erde, Wasser, Feuer, Holz und Metall sind die fünf Elemente, die von den Chinesen nicht als materielle Substanzen, sondern als Kräfte, Energien vorgestellt werden. Der Erde entsprechen hierbei unter anderem das Gefühl, die Farbe Gelb, der Wind, der Saturn, die Treue und das Verlangen.

Die fünf Kräfte sind nicht die „letzten Dinge", welche die Chinesen kannten. Vielmehr verdanken diese ihr Dasein den beiden Urgewalten Yang und Yin, interpretiert als die Ursachen des ewigen Wechsels aller Dinge.

Yang ist in diesem Verständnis das männliche, aktive, zeugende, schöpferische und lichtvolle, Yin das weibliche, passive, empfangende, hingebende und dunkle Prinzip. Yang und Yin sind Gegensätze, die sich ergänzen, voneinander abhängen. Sie stehen, wie wir heute sagen würden, in der Relation des „sowohl – als auch" zueinander. Wir finden sie im Wechsel der Jahreszeiten. Im Sommer steht die Kraft des Yang auf ihrem vollen Höhepunkt, im Herbst findet ein „Kräfteaustausch" zu Gunsten des Yin statt, der im Winter zur höchsten Entfaltung kommt usw. Auf die Ebbe folgt die Flut, auf den Tag die Nacht.

An keiner Stelle begegnet uns hier ein Denken, das sich auf ein folgenreiches Entweder – Oder reduziert. Erst das Yin gibt dem Yang seinen Sinn und umgekehrt! Das gilt für den Makrokosmos wie auch für den Mikrokosmos, gilt für das Frühlingserwachen wie das Fallen der Blätter im Herbst, gilt für die Menschen, gilt für Mann und Frau und gilt für beider Denken, wie uns Thorwald Detlefsen und Rüdiger Dahlke in ihrem Buch *Krankheit als Weg* mitteilen:

> „Die(se) klassischen Polaritäten lassen sich zwanglos auch auf die Ergebnisse der Hirnforschung übertragen. So ist die linke Hemisphäre Yang männlich, aktiv, oberbewusst und entspricht dem Symbol der Sonne und so der Tagseite im Menschen. Die linke Hirnhälfte innerviert ja auch die rechte, d. h. die aktive bzw. männliche Seite des Körpers. Die rechte Hemisphäre ist Yin, negativ, weiblich. Sie entspricht dem Mondprinzip bzw. der Nachtseite oder dem Unbewussten im Menschen und innerviert dementsprechend die linke Körperhälfte des Menschen."

Yang und Yin wurden von den alten Chinesen als die Ursachen des „ewigen Wechsels aller Dinge" begriffen. Sie erschaffen, bringen hervor und machen. Alle unsere heutigen modernen Worte wie Zeugnis, Erzeugnis, erzeugen haben ihre Entsprechung in jenem Wort, welches da Zeugung heißt und die menschliche Fortpflanzung meint.

Dieses sinnfälligste Erscheinungsbild menschlichen Lebens in seiner symbolträchtigen Bedeutung – in den meisten Schöpfungsmythen spielen eine erste oder Urzeugung immer eine ganz besondere Rolle – wurde auf das Geschehen der Welt übertragen, um es zu verstehen.

Wir finden diese Interpretation der Welt da draußen wie gezeigt bei den alten Chinesen, wir finden sie, wenn auch mit anderen Worten, in der antiken Philosophie und wir finden sie in der Hermetik.

Im „Kybalion" lesen wir nun:

> „Das männliche Prinzip des Geistes entspricht dem ‚objektiven, bewussten, freiwilligen, aktiven' Geist und der weibliche Geist dem so genannten ‚subjektiven unbewussten, unfreiwilligen, passiven' Geist."

Hier wird das vorweggenommen, was ich bereits an verschiedenen Stellen mit der „Gegenüberstellung" von kausalem (rationalem) und analogem (irrationalem) Denken umschrieben habe. In diesem Sinne habe ich für mich die alte hermetische Philosophie „wiederentdeckt" und will sie so an meine Leser weitergeben. Deshalb habe ich im ersten Kapitel formuliert, dass eine rationale Sichtweise nur dann einen Sinn erfährt, wenn sie mit dem Irrationalen vernünftig umgeht. Betrachten Sie ruhig diesen vernünftigen Umgang mit dem Irrationalen als das Hervorbringen einer alten/neuen Wahrnehmung von Welt. Und bedenken Sie dabei, dass Sie nur das wahrnehmen, was Sie gleichzeitig denken.

So erklären Dethlefsen und Dahlke:

„Immer mehr Menschen erkennen ..., dass die Funktion, die von den ‚maskulinen' linken Hemisphäre des Gehirns beherrscht werden ... für sich allein weder genügen noch unbedingt zuverlässig sind. Mehr und mehr Aufmerksamkeit schenkt man neuerdings den Funktionen, die von der ‚femininen' rechten Hemisphäre bestimmt werden ... der Intuition, die nicht bloß Fakten wahrnimmt, sondern auch die weniger greifbaren Zusammenhänge zwischen einzelnen Fakten erkennt. Die Aussicht, dass die beiden Hemisphären des Gehirns in einem Gleichgewicht zusammenarbeiten und sich in ihren Aufgaben gegenseitig ergänzen, bestärkt die Hoffnung auf eine neue individuelle Ganzheit, eine neue psychische Harmonie, ein neues inneres Gleichgewicht."

Dieses Gleichgewicht meint nicht das von, wie es im „Kybalion" heißt, „Ich" und „Mich" bzw. seinem falschen Verständnis. Das „Mich" betrifft, um es einmal so zu sagen, die Äußerlichkeiten meines „Ich":

„Das Mich vieler Menschen ... besteht in weitgehendem Maße aus dem Bewusstsein um ihren Körper und ihren psychischen Wünschen usw. Da ihr Bewusstsein zum großen Teil an ihre körperliche Natur gebunden ist, leben sie praktisch dort ..."

Anders gesagt: Viele Menschen reduzieren ihr Selbst auf Äußerlichkeiten. Oder: Der Blick auf den anderen wie auf mich selbst fällt immer durch die Brille seiner oder meiner äußeren Erscheinung. Mir fällt an dieser Stelle immer Gottfried Kellers (1819–1890) Novelle „Kleider machen Leute" ein.

Für diese Menschen besteht die Gefahr, in Abhängigkeiten von ihren Kleidern, ihrem Äußeren zu geraten. Wenn diese Menschen Schiffbruch erleiden würden und Wilde ihnen ihre Kleider stählen, so das Kybalion, würden „diese ‚kleiderbewussten' Leute ihre Persönlichkeit verlieren".

Diese konstruierten Abhängigkeiten führen unter anderem dazu, persönliche Erfolge ausschließlich in Beziehung zu Äußerlichkeiten zu setzen und sie, wie gesagt, von ihnen abhängig zu machen. Das blockiert letztlich den Blick auf das eigene Ich und lähmt, was noch viel schlimmer ist, mein eigenes Wollen. Ich will eigentlich nur noch, was andere wollen.

Was geschieht an dieser Stelle? Das „Kybalion" schreibt, dass das weibliche Prinzip die Arbeit der Erzeugung neuer Gedanken, Begriffe, Ideen einschließlich der Tätigkeit der Fantasie leistet und das männliche sich mit der Arbeit des Wollens in seinen verschiedenen Ebenen „begnügt".

Will ich also nur noch, was andere wollen, habe ich sozusagen mein eigenes „ausgelagert" und ich „begnüge" mich mit Ideen, Zielvorstellungen und Gedanken, TUN findet nicht statt.

„Geschlecht ist in allem, alles hat männliche und weibliche Prinzipien ...", mit diesen Worten begann dieser Abschnitt und sie stehen für erzeugen, hervorbringen und machen und ich will ergänzen: für TUN.

Trenne ich das männliche vom weiblichen Prinzip, trenne ich Yin von Yang, trenne ich die Ratio von der Irratio, verbleibe ich im NICHT-TUN.

Kapitel 7

Zur Symbolik des Körpers und seiner Organe

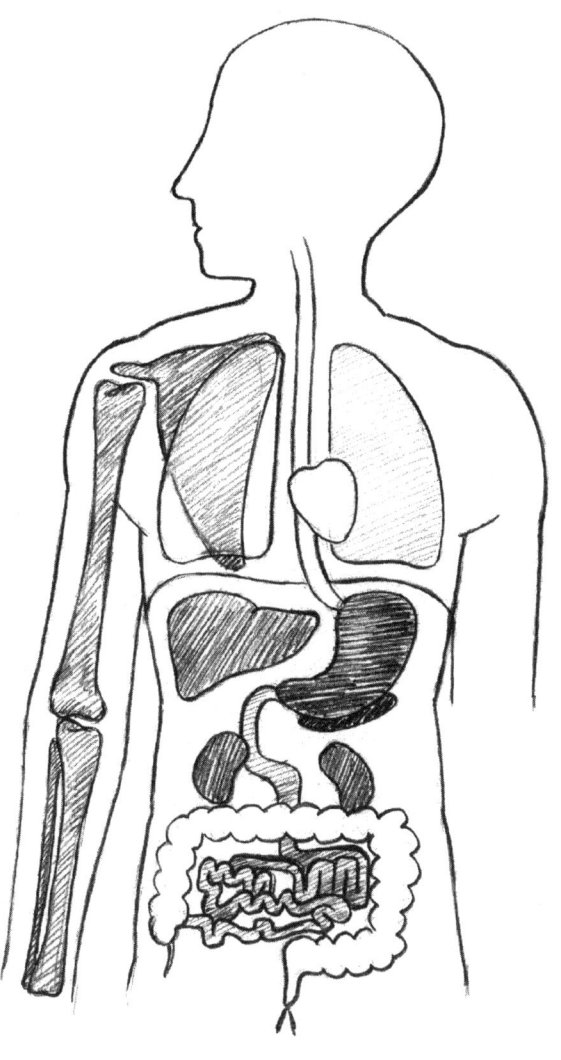

Analoges Denken, bezogen auf den Körper und seine Organe, kann uns beim bewussten Umgang mit unserem gesamten Organismus hilfreich sein. Viele Aspekte, Erklärungen und Deutungen aus den Bereichen Menschenkenntnis, Charakterkunde und Körpersprache haben hier ihren Ursprung.

Körper, Geist und Seele bilden eine Einheit. Geist sowie Seele können vom Körper nicht abgetrennt werden. Die Befindlichkeiten des Geistes sind im Körper „zu Hause", sie nehmen von hier entsprechend ihrer Bedeutung ihren Ausgang. Der Geist oder die Seele sind nicht materiell, aber wir spüren sie tagtäglich.

Der Körper ist der materielle Träger der Seele und dadurch lebendig. In unserem Körper, in unseren Organen, ja bis in unsere Zellen hinein, manifestiert sich unser Bewusstsein. Wir alle haben schon die Erfahrung gemacht, dass sich das, was wir denken und fühlen, in körperlichen Reaktionen ausdrückt. Oft wird uns „ganz schlecht" bei einem unangenehmen Gedanken, bereitet uns ein Problem „Kopfschmerzen". Unsere körperliche Befindlichkeit, unsere Gesundheit, hat eine ganz bestimmte Relation zum Unbewussten. Diese Beziehungen erkannt zu haben ist eine wesentliche Voraussetzung für Ihren bewussten und vor allen Dingen verantwortlichen Umgang mit Ihrem eigenen Körper.

Wenn Sie oder jemand in Ihrer Umgebung immer wieder von denselben körperlichen Problemen geplagt wird, bietet es sich an, zu analysieren woher dieser Schmerz, diese Entzündung oder Ähnliches, kommen mag. Ob man immer wieder mit dem Rücken, dem Magen oder dem Nacken zu kämpfen hat: All dies lässt Rückschlüsse auf den seelischen Zustand des Menschen zu. Gezielte Veränderungen im geistigen Bereich, also in unserem Leben, unseren Einstellungen und Verhaltensweisen, können dann helfen, die körperlichen Probleme zu lösen. Im Laufe der Jahre haben sich für mich Bedeutungen der jeweiligen Körperteile herauskristallisiert, die ich Ihnen im Folgenden vorstellen will.

Der gesamte Organismus

rechte Körperseite

Sachlichkeit
gebende, austeilende Seite
verstandesmäßigen Willen kundtuend

linke Körperseite

Gefühl und Herzlichkeit
aufnehmende, empfindsame Seite
gefühlsmäßige Botschaften

Von Kopf bis Fuß

Kopf
- Haupt des Körpers
- zentrale Steuerung des Organismus
- Orientierung
- Träger fast aller Wahrnehmungen
- analoge Redewendungen: „den Kopf oben behalten", „jemandem den Kopf verdrehen", „den Kopf voll haben", „sich den Kopf zerbrechen", „die Köpfe zusammenstecken", „einen klaren Kopf bewahren", „sich etwas durch den Kopf gehen lassen", „wie vor den Kopf geschlagen sein"

Haar
- Freiheit
- Antennen nach außen
- Macht
- analoge Redewendungen: „krauses Haar, krauser Sinn", „langes Haar, kurzer Verstand", „jemandem stehen die Haare zu Berge", „Haare lassen müssen"

Gesicht
- das, was der Welt präsentiert wird, die Visitenkarte
- die Individualität
- Spiegel der Stimmungen
- analoge Redewendungen: „das Gesicht wahren", „Gesicht verlieren", „sein wahres Gesicht zeigen", „ein langes Gesicht machen", „jemanden aus dem Gesicht verlieren", „der Wahrheit ins Gesicht schlagen"

Stirn
- Konfrontation und Kraft des Geistes
- Schutzschild fürs Denken

- Geisteskraft
- analoge Redewendungen: „die Stirn haben ...", „jemandem die Stirn bieten", „sich an die Stirn fassen", „jemandem auf der Stirn geschrieben stehen"

Augen
- bildliche Wahrnehmung
- Einsicht
- Aussicht
- Gesichtskreis
- analoge Redewendungen: „jemandem gehen die Augen auf", „da bleibt kein Auge trocken", „große Augen machen", „jemandem die Augen öffnen", „ein Auge riskieren", „beide Augen zudrücken", „Augen im Kopf haben", „Augen haben wie ein Luchs", „aus den Augen, aus dem Sinn"

Tränendrüsen
- Abgabe von überschäumender Seelenenergie
- Ausspülen von Trauer, Schmerz und Freude
- analoge Redewendungen: „auf die Tränendrüse drücken"

Nase
- Dominanz
- Macht
- Sexualität
- Stolz
- Sinneswahrnehmung: Geruch
- Filtern der Atemluft
- analoge Redewendungen: „jemandem passt meine Nase nicht", „die richtige Nase haben", „eine feine/gute Nase für etwas haben", „die Nase vorn haben", „die Nase hoch tragen", „die Nase überall hineinstecken", „sich eine goldene Nase verdienen", „auf die Nase fallen", „jemandem auf der Nase herumtanzen", „jemanden vor die Nase gesetzt bekommen"

Nebenhöhlen
- Auflockerung der Knochenstruktur
- Luftigkeit
- Leichtigkeit

Mund
- Ein- und Ausgang des Körpers
- Wahrnehmung: Geschmack
- Sinnlichkeit
- Ausdrucksorgan der Sprache

- analoge Redewendungen: „einen großen Mund haben", „sich den Mund verbrennen", „den Mund auf dem rechten Fleck haben", „den Mund zu voll nehmen", „nicht auf den Mund gefallen sein", „jemandem über den Mund fahren", „jemandem den Mund verbieten", „von Mund zu Mund gehen", „jemandem Honig um den Mund schmieren"

Lippen
- Sinnlichkeit
- Aufnahme
- Kontakt
- Sprache formulieren
- analoge Redewendungen: „eine große Lippe riskieren", „etwas nicht über die Lippen bringen", „es geht jemandem leicht von den Lippen", „an seinen Lippen hängen"

Zunge
- Geschmacksorgan
- Transport der Nahrung
- Artikulation der Sprache
- analoge Redewendungen: „eine lose Zunge ...", „eine scharfe Zunge ...", „eine spitze Zunge ...", „sich eher die Zunge abbeißen", „seine Zunge im Zaum halten", „etwas auf der Zunge haben", „sich etwas auf der Zunge zergehen lassen", „mit gespaltener Zunge reden", „das Herz auf der Zunge haben"

Zähne
- härtester Teil des Körpers
- Waffen
- ein Stück vom Leben abbeißen
- Problembewältigung: „große Brocken zerkleinern"
- analoge Redewendungen: „jemandem die Zähne zeigen", „jemandem den Zahn ziehen", „sich an etwas die Zähne ausbeißen", „jemandem auf den Zahn fühlen", „bis an die Zähne bewaffnet sein", „die Zähne zusammenbeißen"

Zahnfleisch
- Halt und Versorgung der Zähne
- analoge Redewendungen: „auf dem Zahnfleisch kriechen"

Kinn
- Wille
- Zielstrebigkeit
- Durchsetzung
- Trotz

Kiefer
- die Waffen des Körpers in Bewegung setzen
- Mund öffnen und schließen

Ohren
- Gehör
- Empfang
- Gehorchen
- analoge Redewendungen: „seinen Ohren nicht trauen", „auf den Ohren sitzen", „auf diesem Ohr schlecht hören"

Gleichgewichtsorgan
- im Innenohr
- hält alles im Lot
- meldet Schlingern und Schaukeln des Lebensschiffes

Hals
- trägt das Haupt
- umschließt die Versorgungskanäle wie Schlagader, Luftröhre und Speiseröhre
- empfindliche Körperregion, wird bei Gefahr zuerst geschützt
- analoge Redewendungen: „den Hals umdrehen"

Halswirbel
- Beweglichkeit
- Umsicht
- Halsstarrigkeit bei Unbeweglichkeit auf der Ebene des Miteinander
- analoge Redewendungen: „Wendehals"

Nacken
- Willen
- Hartnäckigkeit
- Ort der Kraft
- Verbindung des Kopfes zur Schulter
- Schutz des Rückenmarks
- analoge Redewendungen: „den Nacken steif halten", „jemandem im Nacken sitzen", „die Faust im Nacken spüren", „jemandem sitzt die Angst im Nacken", „einen Nacken wie ein Stier haben"

Kehlkopf
- enthält die Stimmbänder
- ermöglich unsere Ausdrucksfähigkeit
- kleiner Kehlkopf: hohe Stimme (weiblich, Knaben)
- großer Kehlkopf: tiefe Stimmlage (männlich, Adamsapfel)

Stimmbänder
• Saiten des Instruments Sprache
• werden durch den Atemstrom zum Klingen gebracht
• geben der Stimme die individuelle Klangfarbe

Brust und Brustkorb
• Ort, auf den wir mit dem Zeigefinger tippen, wenn wir „ich" sagen
• Brustkorb umschließt und schützt das Herz (Gefühl) und die Lunge (intensiver Kontakt zur Außenwelt)
• analoge Redewendungen: „sich an die Brust schlagen", „sich etwas an die Brust heften", „schwach auf der Brust sein", „mit geschwellter Brust", „sich jemanden zur Brust nehmen", „im Brustton der Überzeugung"

Rippen
• Teil des Brustkorbs
• elastischer Sicherheitskäfig
• Anpassung an den Atemrhythmus
• analoge Redewendungen: „bei jemandem kann man alle Rippen zählen", „sich etwas nicht aus den Rippen schneiden können"

Weibliche Brust
• Mütterlichkeit
• Nahrung
• Geborgenheit
• Symbol der Weiblichkeit
• sexuelle Ausstrahlung
• stark erogene Zone
• analoge Redewendungen: „am Busen der Natur", „eine Schlange am Busen nähren"

Schultern
• Tragen der Last des Lebens
• Ausdruck des Lebensgefühls
• Haltung zu seinen Mitmenschen
• analoge Redewendungen: „Schulter an Schulter", „jemandem die kalte Schulter zeigen", „etwas auf die leichte Schulter nehmen"

Rücken
• Aufrichtigkeit
• Rückhalt geben
• Lasten tragen
• Rückgrat besitzen
• analoge Redewendungen: „ein schöner Rücken kann auch entzücken", „den Rücken krumm machen", „den Rücken frei haben", „mit dem

Rücken zur Wand stehen", „jemandem in den Rücken fallen", „einer Sache den Rücken kehren", „jemandem das Rückgrat brechen", „Rückgrat
zeigen/beweisen", „jemandem das Rückgrat stärken"

Schultergelenk
- Garant für die Beweglichkeit der Arme
- Spielraum für (Bewegungs-) Freiheit mit nur geringfügigen Abstrichen
  (eingeschränkter Bewegungsraum nach hinten)

Arme
- Werkzeuge zum Heranholen von Teilen der Außenwelt
- ausladende Gestik
- analoge Redewendungen: „einen langen Arm haben", „jemanden auf
  den Arm nehmen", „jemandem in den Arm fallen", „jemanden mit offenen Armen aufnehmen", „jemandem unter die Arme greifen", „die
  ganze Welt umarmen"

Oberarme
- Kraft
- Schlagkraft
- Durchhaltevermögen
- Abwehr

Unterarme
- Handlungsfähigkeit
- Hebel der Arm

Ellenbogen
- Durchsetzungsvermögen, sich Raum verschaffen
- analoge Redewendungen: „seine Ellenbogen gebrauchen", „keine Ellenbogen haben", „Ellenbogengesellschaft"

Ellenbeuge
- sensibles Gegenstück zum Ellenbogen
- Offenheit

Handgelenk
- Beweglichkeit
- analoge Redewendungen: „sich etwas aus dem Handgelenk schütteln",
  „etwas aus dem Handgelenk machen"

Hände
- geben und nehmen
- ergreifen – der Initiative oder von Besitz

- begreifen – im Sinne von Erkennen, Ertasten
- offene Hände – offene Haltung
- rechte Hand – Sachbezogenheit
- linke Hand – Gefühlsbezogenheit
- analoge Redewendungen: „jemandes rechte Hand sein", „die linke Hand/die Linke kommt vom Herzen", „eine Hand wäscht die andere", „seine Hände im Spiel haben", „seine Hände in Unschuld waschen", „freie Hand haben", „eine unglückliche Hand haben", „zwei linke Hände haben", „aus erster und aus zweiter Hand", „mit leeren Händen", „sich mit Händen (und Füßen) dagegen wehren", „etwas von langer Hand vorbereiten"

Handflächen
- Ehrlichkeit
- Offenheit
- friedliche Absicht bekundend
- Hilfe annehmen
- Schutz geben
- analoge Redewendungen: im Sinne von „in sicheren Händen sein", „etwas in jemandes Hände legen", „die schützende/helfende Hand von ihm abziehen"

Finger
- das Leben voll in den Griff bekommen
- Fertigkeiten, Feinmotorik
- analoge Redewendungen: „keinen Finger krumm machen", „keinen Finger rühren", „die Finger im Spiel haben", „sich die Finger verbrennen", „jemandem auf die Finger klopfen", „sich etwas aus den Fingern saugen", „etwas mit spitzen Fingern anfassen", „das sagt mir mein kleiner Finger", „wenn man jemandem den kleinen Finger gibt, nimmt er gleich die ganze Hand", „mit den Fingern auf etwas zeigen", „grüne Finger haben"

Daumen
- Dominanz
- hält als einziger den Fingern entgegen (bildet den Gegenpol)
- ohne Daumen wären Ergreifen und Festhalten unmöglich
- analoge Redewendungen: „jemandem den Daumen drücken/die Daumen halten", „den Daumen auf etwas halten"

Zeigefinger
- Sachfinger
- erhobener Zeigefinger
- Hinweisfinger: „Da geht es lang!"

Mittelfinger
- längster aller Finger
- steht für das Selbstwertgefühl
- „Stinkefinger" – Geste, wen sich jemand im Selbstwertgefühl angegriffen fühlt

Ringfinger
- steht für Emotionen und Status (Ehestand, Besitz)

Kleiner Finger
- soziales Verhalten
- soziale Beweglichkeit
- Hilfe suchen und Hilfe anbieten
- Gespür

Fingernägel
- Aggressionswerkzeuge – Krallen
- Festhalten – sich verkrallen
- Schutz für die sensiblen Fingerspitzen
- analoge Redewendungen: „jemandem auf den Nägeln brennen", „sich etwas unter den Nagel reißen"

Fingerspitzen
- verstärkter Tastsinn
- Gefühl und Antennen
- feines Gespür
- erahnen – Fingerspitzengefühl
- analoge Redewendungen: „gefühlvoll/musikalisch bis in die Fingerspitzen"

Zwerchfell
- Trennung zwischen Lunge und Bauchraum
- Atemstütze
- Blasebalg der Lunge
- verantwortlich für den Atemrhythmus
- analoge Redewendungen: „jemandes Zwerchfell massieren"

Bauch
- enthält in der Bauchhöhle alle Verdauungsorgane
- Sitz des Gefühls und der Instinkte
- analoge Redewendungen: „aus dem hohlen Bauch heraus", „Wut im Bauch haben", „Löcher in den Bauch fragen", „sich die Beine in den Bauch stehen"

Bauchnabel
- Mitte des Menschen
- Verbindungsstelle zur Mutter
- analoge Redewendungen: „er hat sich endlich abgenabelt"

Bauchdecke
- deckt und schützt alle Organe in der Bauchhöhle
- elastischer Halt

Bauchfell
- innere Hülle der empfindlichen Organe in der Bauchhöhle
- Signalgeber, wenn etwas nicht stimmt

Becken
- Grundlage, auf der das Körpergeschehen lastet
- trägt die Organe der Bauchhöhle und die Geschlechtsorgane
- Körperein- und -ausgänge

Hüfte
- Grundlage der Beweglichkeit der unteren Gliedmaßen
- ermöglicht das Fortschreiten

Leiste
- Umfeld der Geschlechtsorgane, sehr weich und verletzlich
- vordere Verbindung von Körper und Beinen

Gesäß
- passives Durchhaltevermögen, etwas aussitzen
- seinen Platz ausfüllen
- Wichtigkeit
- sexuelles Symbol
- hintere Verbindung von Körper und Beinen
- analoge Redewendungen: im Sinne von „Blei im Hintern haben", „sich in den Hintern beißen", „jemandem Feuer unter den Hintern machen", „Pfeffer im Hintern haben"

Beine
- Standfestigkeit und Vorwärtskommen im Leben
- Bewegung
- Bodenkontakt
- Bodenständigkeit
- Wehrhaftigkeit
- gehen, laufen, tanzen, treten

- analoge Redewendungen: „Beine bekommen", „sich kein Bein aus-reißen", „sich etwas ans Bein binden", „wieder auf die Beine kommen", „mit beiden Beinen auf der Erde stehen", „Lügen haben kurze Beine", „mit einem Bein im Grabe stehen", „Stein und Bein frieren"

Oberschenkel
- Kraft und Fortschritt

Knie
- beugen
- analoge Redewendungen: „in die Knie zwingen", „vor jemandem in die Knie gehen", „in den Knien weich werden", „etwas übers Knie brechen"

Unterschenkel
- Sprungkraft
- Spannkraft
- Spontaneität
- Veränderung

Füße
- Bodenständigkeit
- Kontakt und Haftung
- Halt und Verwurzelung
- analoge Redewendungen: „kalte Füße bekommen", „festen Fuß fas-sen", „jemandem den Fuß auf den Nacken setzen", „immer wieder auf die Füße fallen", „jemandem auf die Füße treten", „auf eigenen Füßen stehen", „auf großem Fuß leben"

Ferse
- darauf ruht die Last des Körpers
- der Kontakt zum Boden ist am intensivsten
- Empfindlich (Achillessehne)
- analoge Redewendungen: „sich an jemandes Fersen heften", „Fersen-geld geben"

Fußgewölbe
- gibt Elastizität beim Laufen
- ermöglicht kleine und große Sprünge und auch den aufrechten Gang

Zehen
- sichern unsere Standfestigkeit ab
- ermöglichen Beweglichkeit der Füße, sind ihre „Fühler" nach vorn
- analoge Redewendungen: „jemandem auf die Zehen treten", „etwas im kleinen Zeh spüren"

Zehennägel
Krallen an den Füßen
sichern den Halt auf dem Boden und schützen die „Fühler" (Zehen) vor
groben Stößen

Das Abwehrsystem

Immunsystem
- Verteidigung gegen äußere Feinde oder das, was dafür gehalten wird
  (Allergie)
- Feinde erkennen und zu Gegenmaßnahmen greifen

Lymphsystem
- Reinigung des Organismus
- Transportaufgabe
- Polizeiposten im Körper (Lymphknoten)

Das Herz

Herz
- das Lebenskraftwerk
- die energetische Mitte
- der Motor des Lebens
- sich selbst die Impulse für den Rhythmus gebend
- Sitz der Liebe und der Gefühlsempfindung
- analoge Redewendungen: „jemandem geht das Herz auf", „ein Herz
  und eine Seele sein"; „alles, was das Herz begehrt", „jemandem sein
  Herz ausschütten", „jemandem dreht sich das Herz im Leibe", „ihm
  rutscht das Herz in die Hose", „jemandem das Herz brechen", „ein Herz
  aus Stein haben", „das Herz auf dem rechten Fleck haben"

Herzklappen
- Ventile des Herzens
- sichern die Vorwärtsrichtung des Blutes

Herzscheidewand
- Polarität des Herzens
- teilt das Herz in linke und rechte Herzkammer

Herzbeutel
- umschließt das Herz
- Schutzmantel

Aorta
- Transport der Energie
- Hauptschlagader
- pulsierendes Leben
- „Autobahn" vom Energiezentrum Herz
- Weiterleitung zu den Arterien (Verteilung im gesamten Organismus)

Blut und Blutkreislauf

Blut
- Transportflüssigkeit der Lebenskraft
- Versorgungsmedium des Organismus – Sauerstoff, Energie aus der Nahrung
- Individualität (Zusammensetzung mit familiärer Ähnlichkeit)
- analoge Redewendungen: „Blut ist dicker als Wasser", „Blut (und Wasser) schwitzen", „böses Blut machen", „heißes Blut haben", „kaltes Blut bewahren", „die Bande des Blutes", „jemandem im Blut liegen", „ins Blut gehen"

Blutkreislauf
- in sich geschlossene Einheit von Lungen- und Körperkreislauf
- Ver- und Entsorgung im Organismus
- Transport von Energie und Botenstoffen
- dynamische Infrastruktur des Organismus
- Freude, die zurückkehrt

Blutdruck
- Ausdruck des Zusammenspiels der Kraft des Herzens und des geschmeidigen Widerstands der Gefäßwände

Blutgefäße
- Netz von „Verbindungsstraßen" des Organismus
- mit „Hauptverkehrs- und Landstraßen" sowie
- „Feld- und kleinen Zufahrtswegen" (Kapillaren)

Arterien
- Hintransport von Energie und Sauerstoff bis zur Körperperipherie (Außenbezirke)
- sauerstoffarmer Weg zur Lunge

Venen
- Rückweg
- Rücktransport des Verbrauchten zur Erneuerung des Blutes
- sauerstofffrei von der Lunge wegführend

Atemwege

Nase und Nasenschleimhaut
- Reinigung, Erwärmung, Befeuchtung und Kontrolle der Atemluft

Mund
- zentrales Ausdrucksorgan
- Artikulation mit Hilfe der Zunge
- Lippen und Resonanzraum (Rachen)

Kehlkopf
- enthält neben den Taschenfalten (falsche Stimmfalten) die echten Stimmfalten oder Stimmbänder
- Schwingung der Atemluft – Resonanzraum

Luftröhre
- Kanal für den Transport der Luft bis zu den Bronchien

Bronchien
- teilen den Atemstrom aus der Luftröhre und versorgen beide Lungenflügel über die Bronchialäste

Lunge
- besteht aus zwei Lungenflügeln
- Kontaktorgan mit der Außenwelt (Gasaustausch)
- Versorgung des Organismus mit Sauerstoff
- Leichtigkeit durch Lungenbläschen
- analoge Redewendungen: „sich die Lunge aus dem Hals schreien", „sich die Lunge aus dem Hals rennen", „aus voller Lunge singen"

Zwerchfell
- führt den Rhythmus des Atems aus
- kräftiges Zwerchfell bedingt kräftige Stimme
- Atemstütze der Sänger
- die Verdauungsorgane

Verdauungsorgane

Speicheldrüsen
- Vorbereitung der Nahrungsaufnahme – Appetit
- Geschmeidigmachen der aufgenommenen Nahrung, Spaltung der Stärke in der Nahrung

Speiseröhre

- Weiterleitung der Nahrung durch wellenförmiges Zusammenziehen ihrer Muskulatur, alles einmal „Geschluckte" passiert sie

Magen

- Aufnahme der Nahrung
- Gefühl von Befriedigtsein (Sattheit) oder Bedürftigkeit (Hunger)
- aggressive Auseinandersetzung mit dem „Geschluckten" (Magensäure)
- Ausspeien von Unverträglichem
- analoge Redewendungen: „jemandem auf den Magen schlagen", „Liebe geht durch den Magen", „jemandem dreht sich der Magen um", „jemandem schwer wie Blei im Magen liegen"

Dünndarm

- besteht aus Zwölffingerdarm, Leerdarm und Krummdarm
- Hauptarbeit der Verdauungstätigkeit im Zwölffingerdarm – Eiweiß-, Kohlehydrat- und Fettaufspaltung
- Eintritt der Verdauungssekrete aus Bauchspeicheldrüse und Leber
- Nutzbarmachung der Nahrung durch Umwandlung in körpereigene Stoffe
- Abgabe der Inhaltsstoffe über die Blutbahn an den Organismus

Blinddarm

- mit Wurmfortsatz (Sackgasse – Überbleibsel aus der Entwicklungsgeschichte)
- Schutz des Darms vor schädigenden Eindringlingen

Dickdarm

- Weiterleitung in die „Tiefe" des Organismus, dorthin, wo die Abläufe vom Bewusstsein kaum wahrgenommen werden
- Aufspaltung und Entzug der verbliebenen und für den Organismus wertvollen Inhaltsstoffe
- Vorbereitung des Loslassens von Verbrauchtem – Ballaststoffe, die nun Abfall werden

Mastdarm

- Ort des Sammelns (Geiz), vorläufige Deponie des Abfalls
- Verdichtung durch Entzug des Wassers

After

- Ein- und Ausgang der Unterwelt

Innere Organe

Leber
- das Körperlabor
- Wertung alles Aufgenommenen
- Lebenssinn
- Schaffung neuen körperlichen Lebens (Blut) und Aggressivität (Gallensaft)
- das rechte Maß (Entgiftung)
- analoge Redewendungen: „eine durstige/trockene Leber haben", „frisch von der Leber weg reden", „jemandem ist eine Laus über die Leber gelaufen"

Galle/Gallenblase
- Vorratsspeicher des Lebersekrets zur Aufspaltung des Fetts in der aufgenommenen Nahrung
- bittere Aggression
- zerlegen und nutzbar machen
- analoge Redewendungen: „jemandem läuft die Galle über", „jemandem kommt die Galle hoch"

Milz
- (siehe Drüsen)

Nieren
- partnerschaftliches Organ
- sorgt für Gleichgewicht zwischen Säuren und Basen im Körper
- Filterfunktion
- verantwortlich für den Wasserhaushalt
- analoge Redewendungen: „jemandem an die Nieren gehen", „auf (Herz) und Nieren prüfen"

Nierenbecken
- Auffang- und Sammelbecken des Überflüssigen
- Steinbildung als ungelöste Anteile möglich

Harnleiter
- Kanal des Urins von der Niere zur Harnblase
- Ableitung des Verbrauchten

Harnblase
- Hohlorgan
- dehnbarer Sammelbehälter, der Druck und Spannung aushalten muss
- Abgabe der verbrauchten Körperflüssigkeit in aufgesammelten Mengen
- analoge Redewendungen: im Sinne von „etwas im Urin haben"

Harnröhre
- Stück des Kanalsystems, das nach außen führt
- Ableitung des Verbrauchten: gefärbtes Wasser, Kochsalz, Harnstoff und Harnsäure

Drüsen

Drüsen
- Produktion von Botenstoffen, die als Informationsträger die Selbststeuerung der Organismen ermöglichen

Zirbeldrüse
- gibt den inneren Rhythmus an
- unsere innere Uhr

Hirnanhangsdrüse
- Gehirn der Drüsen
- „Dispatcher-Drüse"
- Regelung des harmonischen Zusammenwirkens im Innern und der bestmöglichen Anpassung an äußere Anforderungen

Speicheldrüse
- ermöglicht das Spucken, das Küssen, den Appetit auf Nahrungsmittel zu spüren (Wasser, das im Munde zusammenläuft)
- Beginn des Verdauungstrakts
- Gleitfähigmachen der Nahrung

Schilddrüse
- regelt alle Umschlagprozesse im Körper
- Stoffwechsel
- Temperatur
- Entwicklung, Stimmung, Lebhaftigkeit, Temperament, Wachstum und Reifung

Nebenschilddrüsen
- Vermittlung zwischen hart und weich, Festigkeit und Beweglichkeit
- regulieren den Spannungszustand im Körper

Thymusdrüse
- hinter dem Brustbein liegend
- „Militärakademie" des Abwehrsystems
- Reifungsprozess der Persönlichkeit
- Ausprägung der Lebensenergie
- bildet sich im Erwachsenenalter zurück

Geschlechtsorgane

Geschlechtsorgane
- Sexualität und Fortpflanzung
- Sinnlichkeit
- Lust als Geschenk
- Vereinigung des männlichen und weiblichen Pols
- Einheit im Organismus
- Möglichkeit der Entstehung neuen Lebens

erogene Zonen
- alle Körperstellen, deren zärtliche Berührung verstärkt Lustempfindungen auslösen (Kitzler, Schamlippen, Brustknospen, Penis, Innenseiten von Oberarmen und -schenkeln, Hals)
- dienen dem Spannungsaufbau vor der geschlechtlichen Vereinigung

Venushügel
- „bewaldeter Hügel", der erklommen und überwunden werden will, um in den Genuss der Lust zu zweit zu kommen

Eierstöcke
- Aufbewahrungsort der Fruchtbarkeit und des entwicklungsgeschichtlichen Gedächtnisses
- Depot neuen Lebens
- Quelle der Kreativität
- Hormonproduktion zur Aufrechterhaltung des Monatszyklus

Eileiter
- aktive Transportröhre für eine befruchtete Eizelle zur Gebärmutter
- erste Etappe des entstandenen Lebens (Befruchtung erfolgt oft bereits hier)

Gebärmutter
- mit Schleimhaut
- Bett der befruchteten Eizelle
- Aufnahme und Ernährung
- Geborgenheit und Fürsorge
- dehnungsfähigster aller menschlichen Muskeln
- weiblicher Rhythmus im gebärfähigen Alter (Abstoßen der nicht gebrauchten Gebärmutterschleimhaut und Neuaufbau im folgenden Zyklus)

Mutterkuchen
- erster Kuchen der Mutter für ihr Kind
- Nahrung für das neue Leben
- Ernährung aus dem eigenen Blut

Scheide
• Aufnahme des Penis bei der sexuellen Vereinigung
• Geburtskanal bei der Entlassung neuen Lebens in die Polarität

Schamlippen
• Vorhänge des Ein- und Ausgangs zur geschlechtlichen Unterwelt
• dehnungsfähiger Verschluss der Schatzkammer
• Schutz vor Austrocknung

Klitoris
• Kitzler
• empfindlichste Reizfläche bis hin zu einem eigenständigen Orgasmus
• vergleichbar mit dem Penis des Mannes

Hoden
• Fruchtbarkeit
• Produktion der Samenzellen im Überfluss (Sicherstellung der Fort-pflanzung)
• empfindliche Körperstelle
• Lustorgan
• Zeugungskraft (Kraft der Lenden ...)

Nebenhoden
• Speicher der Samenzellen

Samenleiter
• Weg der Samenzellen
• Rennstrecke: Nur der Stärkste kann der Sieger sein und das Ziel errei-chen! Länge ca. 50 cm
• führt über die Vorsteherdrüse bis zur Harnröhre

Prostata
• fügt den Samenzellen in den Samenbläschen Sekret bei, das Beweg-lichkeit und Überleben im sauren Scheidenmilieu sichert
• letzter Aufenthalt der Samenzellen vor dem Samenerguss
• umklammert die Harnröhre

Penis
• männliches Machtinstrument
• Lenkwaffe der Samenzellen
• Lust schenken
• Versteifung und Vergrößerung bei sexueller Erregung
• dadurch ist sexuelle Vereinigung möglich
• Rückzug nach Orgasmus

- weich und kleiner im Ruhezustand
- enthält die Harnröhre

Eichel
- Waffenspitze
- Bereich größter Reizbarkeit und Lustempfindung
- bahnt den Weg für die Vereinigung und die Samenzellen

Vorhaut
- weiche Umhüllung von Penis und Eichel
- Schutz und Bewahrung der Empfindsamkeit
- die Haut

Haut

- Außengrenze des Körpers
- Tastsinn und Gefühl der Wahrnehmung
- Kontakt und Berührung
- Zärtlichkeit
- Schutz und Isolation
- Spiegel der inneren Befindlichkeit
- Atmung und Austausch (Wärme und Wasser)
- Reflexzonen der inneren Organe
- analoge Redewendungen: „aus der Haut fahren", „nicht aus seiner Haut herauskönnen", „sich in seiner Haut wohl/nicht wohl fühlen", „nicht in jemandes Haut stecken mögen", „mit heiler Haut davonkommen", „sich etwas mit Haut (und Haaren) verschreiben"

Schleimhaut
- Innengrenze
- Schutz und Aufnahme
- Filter zur Innenwelt
- Fruchtbarkeit

Muskel-, Binde- und Fettgewebe
Muskulatur
- Antriebsmaschinerie des Körpers
- Kraftübertragung
- Umsetzen eines Teils der Körperenergie in Bewegung
- Polarität zwischen Anspannung und Entspannung
- analoge Redewendungen: „die Muskeln spielen lassen"

Bindegewebe
- Halt und Verbindung
- hält Organe an ihrem Platz und den Körper in Form
- sichert die Verbindung und das Zusammenspiel der Muskelgruppen

Sehnen und Bänder
- Verbindung und Kraftübertragung
- Taue und Stricke in den Gliedmaßen sowie um die Gelenke und die Wirbelsäule
- stehen für Beweglichkeit in vorgegebenen Grenzen

Fettgewebe
- Schutz- und Isolationsschicht
- Energievorrat
- Reservedepot aus dem Überfluss
- Gewicht und Ausdehnung
- die Wirbelsäule, Gelenke und Knochen

Wirbelsäule, Gelenke und Knochen

Wirbelsäule
- Rückgrat des Körpers
- Haltung – hält den Körper aufrecht
- Achse des Körpers
- Beweglichkeit und Stabilität
- trägt das Gewicht des Körpers über die Erde
- Abfederung durch Bandscheiben (weiblicher Teil der Wirbelsäule)

Halswirbelsäule
- Tragen und Bewegen des Kopfes
- Umsicht und Überblick – Gesichtsfelderweiterung
- hat die Last des Kopfes zu tragen

Lendenwirbel
- „das Kreuz haben", zu etwas zu stehen
- Last des Lebens tragen
- Problemzone
- Beweglichkeit und Stabilität gleichzeitig

Gelenke
- Beweglichkeit
- den Menschen und der Welt näher kommen, sie an sich heranholen
- körpersprachliche Artikulation

Gelenkinnenseiten
• Offenheit, Sicherheit und Vertrauen, wenn nach außen gewendet
• Verletzbarkeit und Schutzlosigkeit

Gelenkaußenseiten
• Schutz und Abgrenzung

Handgelenk
• Beweglichkeit
• Handlungsfähigkeit

Ellenbogen
• Durchsetzungsvermögen, sich Raum verschaffen

Schultergelenk
• Garant für die Beweglichkeit der Arme
• Spielraum für (Bewegungs-) Freiheit mit nur geringfügigen Abstrichen

Hüftgelenk
• Ausgangspunkt der Schritte
• Grundlage der Fortbewegung
• verantwortlich für Ausmaß des Wirkungskreises

Kniegelenk
• ermöglicht das Auf und Nieder der Beine bei der Vorwärtsbewegung, der Erde näher zu kommen, sich klein zu machen und eine demutsvolle Haltung einzunehmen

Sprunggelenk
• Grundlagen für den aufrechten Gang und Absprung
• federndes Gehen
• fließende Vorwärtsbewegungen

Knochen
• Tragwerk des Körpers
• gibt Halt und Festigkeit
• zunehmende Verknöcherung verringern Flexibilität
• analoge Redewendungen: „für etwas seine Knochen hinhalten", „jemandem in die Knochen fahren", „den Schreck in den Knochen spüren", „jemandem das Mark aus den Knochen saugen"

Knorpelgewebe
• Verbindlichkeit (zwischen Knochen)
• Umhüllung der Gelenkköpfe und -pfannen

* Abfederung bei Belastung und Beweglichkeit
* jugendliche Biegsamkeit

Bandscheiben
* weicher, elastischer Puffer zwischen den Wirbelkörpern
* Stoßdämpferfunktion
* Belastungsausgleich und -verteilung
* weiblicher Anteil der Wirbelsäule, der reibungslose Funktion, Biegsamkeit, Belastungsanpassung und Wendigkeit ermöglicht

Das Gehirn

Gehirn
* Regierungssitz unseres Körpers
* Metropole mit allen wichtigen verwaltungstechnischen Institutionen, zentrale Verwaltung, Archiv und Zentralbibliothek (Gedächtnis und Wissen)
* Logistikzentrum, Steuerungs- und Informationszentrum

linke Hirnhälfte
* Sitz der Logik und des kausalen Denkens (Ursache und Wirkung)
* Sachlichkeit
* glasklarer Verstand
* Ratio
* Steuerung der rechten Körperseite
* analoge Redewendungen: im Sinne von „jemandem bleibt der Verstand stehen", „über jemandes Verstand gehen"

rechte Hinhälfte
* Sitz des bildhaften Vorstellungsvermögens
* Kreativität
* Gefühlsenergie durch gespeicherte, aufgenommene und vorgestellte Bilder
* Fantasie
* Irratio
* Steuerung der linken Körperhälfte

Großhirn
* Steuerungszentrale des Organismus
* ermöglicht ganzheitliches Denken
* Ratio sowie Irratio
* Vereinigung der sonst getrennten Hirnhälften durch den Balken

Kleinhirn
- verantwortlich für nicht willentliche Bewegung und Genauigkeit bei der Ausführung der Bewegungsbefehle aus der obersten Ebene

Stammhirn
- auch das „alte Gehirn" (entwicklungsgeschichtlich)
- regelt alle wichtigen Lebens- und Überlebensfunktionen wie Atmung, Lidschlag und Herzschlag

limbisches System
- Teil des Stammhirns
- das Gefühlsgehirn
- dem Großhirn beigeordnet
- Verarbeitung von Reizen aus dem Inneren des Körpers und der Außenwelt und Weiterleitung der Signale

Riechhirn
- Reptiliengehirn
- Verbindung von Geruchswahrnehmung (Witterung) und Gefühl, Instinkt und Eingabe (Intuition)
- starker Reiz – Entscheidung über Kampf oder Flucht

Gehirnhäute
- Schutz und Versorgung des Gehirns
- Abpolsterung und Isolation

Rückenmark
- Verwaltung auf der nächst unteren Ebene (Länder, Distrikte, Provinzen)
- Verbindung zwischen oben und unten, gewisser Handlungsspielraum bei Entscheidungen vor Ort

Rückenmarkshäute
- Verpackung der Hauptnervenbahnen
- Schutz und Umhüllung mit Wasserpolster

Das Nervensystem

Nervensystem
- System der Verbindung, Übermittlung, Steuerung, Koordinierung, Kontrolle über das gesamte Körpergeschehen des Denkens, Fühlen und Handelns
- analoge Redewendungen: „jemandem gehen die Nerven durch", „keine Nerven haben", „die Nerven behalten", „Nerven wie Drahtseile", „je-

mandem den letzten Nerv rauben", „die Nerven verlieren", „mit den Nerven herunter sein"

vegetatives Nervensystem
- selbstständig arbeitende Relaisstation des Körpers
- dem Willen nicht unterworfen
- Reflexe
- Eingeweidenervensystem

Sympathikus
- Teil des vegetativen Nervensystems
- zuständig für Aktivierung, Anspannung, Antrieb, Kampf oder Flucht

Parasympathikus
- Teil des vegetativen Nervensystems
- zuständig für Erholung, Entspannung, Ruhe, Wiederherstellung

zentrales Nervensystem
- unterliegt dem Willen
- Steuerung unseres Handelns
- Agieren und Reagieren

Literaturverzeichnis

Aerni, Fritz: *Lehrbuch der Menschenkenntnis.* Zürich 1988

Appel, Walter A.: *Handbuch Biorhythmus.*

Appel, Walter A.: *Biorhythmik – Die biologische Erfolgsuhr.* Landsberg/Lech 1984

Baigent, Michael; Leigh, Richard: *Verschlusssache Magie.* München 1997

Bierach, Alfred J.: *In Gesichtern lesen. Menschenkenntnis auf den ersten Blick.* Genf 1990

Breidbach, Olaf: *Expeditionen ins Innere des Kopfes.* Stuttgart 1993

Bruno, Giordano: *Von der Ursache, dem Prinzip und dem Einen.* Leipzig 1923

Calamini, Manuele; Grüner, Cordula: *Zähne und Gesundheit. Naturkundlich vorsorgen und behandeln.* Heidelberg 1997

Capra, Fritjaf: *Wendezeit. Bausteine für ein neues Weltbild.* Bern 1982.

Changeux, Jean-Pierre: *Der neuronale Mensch.* Reinbek bei Hamburg 1984

Corell, Werner: *Menschen durchschauen und richtig behandeln. Psychologie für Beruf und Familie.* München 1995

Dahlke, Rüdiger: *Der Mensch und die Welt sind eins.* München 1987

Damm, Friedbert; Reineke, Wolfgang: *Signale im Gespräch.* Heidelberg 1997

Delacour, Jean Baptiste: *Das große Lexikon der Charakterkunde.* Hersching 1980

Dethlefsen, Thorwald: *Schicksal als Chance.* München 1979

Dethlefsen, Thorwald: *Gut und Böse.* München 1989

Dethlefsen, Thorwald; Dahlke, Rüdiger: *Krankheit als Weg.* München 1990

De Witt, Hermann: *Analogik. Grundlagen einer Wissenschaft der Analogien.* Oberwil/Zug 1983

Capelle, Wilhelm: *Die Vorsokratiker. Die Fragmente und Quellenberichte.* Berlin 1961

Doucet, Friedrich W.: *Menschenkenntnis. Selbsterkenntnis in Partnerschaft und Beruf.* 1986

Eisler, Rudolf: *Kant-Lexikon.* Hildesheim u. New York 1972

Fast, Julius: *Körpersprache.* Reinbek bei Hamburg 1979

Ferguson, Kitty: *Gottes Freiheit und die Gesetze der Schöpfung.* Düsseldorf 1996

Fröhling, Ingrid; Jakoby, Bengt: *Vorbeugen und heilen mit Farbtherapie.* o.J.

Hall, Dorothy: *Handbuch der Irisdiagnose.* München 1994

Hartenbach, Walter: *Was Ohren verraten.* Frankfurt/Main 1993

Hegel, Georg Wilhelm Friedrich: *Wissenschaft der Logik.* Leipzig 1951

Heisenberg, Werner: Naturwissenschaftliche und religiöse Wahrheit. In: *Schritte über Grenzen. Gesammelte Reden und Aufsätze.* München 1973

Huter, Carl: *Illustriertes Handbuch der praktischen Menschenkenntnis nach meinem System der wissenschaftlichen Psycho-Physiognomik.* Schwaig bei Nürnberg 1985

Ibelgaufts, Renate: *Körpersprache. Wahrnehmen, deuten und anwenden.* Augsburg 1997

Kant, Immanuel: *Allgemeine Naturgeschichte und Theorie des Himmels.* Leipzig o.J.

Kant, Immanuel: *Anthropologie in pragmatischer Hinsicht.* Stuttgart 1983

Kant, Immanuel: *Kritik der reinen Vernunft.* Leipzig o.J.

Känzig, Rudolf: *Graphologie. Menschen anhand ihrer Schrift verstehen und beurteilen.* München 1991

Keynes, John Maynard: *Newton, the Man.* Cambridge 1947

Klages, Ludwig: *Die Grundlagen der Charakterkunde.* Leipzig 1926

Klages, Ludwig: *Grundlegung der Wissenschaft vom Ausdruck.* Leipzig 1942

Klages, Ludwig: *Handschrift und Charakter.* Leipzig 1941

Kretschmer, Ernst: *Körperbau und Charakter.* Berlin 1977

Krusche, Helmut: *Der Frosch auf der Butter.* Düsseldorf 1992

Kurtz, Ron; Prestera, Hector: *Botschaften des Körpers. Bodyreading: ein illustrierter Leitfaden.* München 1991

Kupfer, Amandus: *Grundlagen der Menschenkenntnis.* Arlesheim 1989

Kupfer, Siegfried (Hrsg.): *Aus dem literarischen Nachlass von Carl Huter.* Schwaig bei Nürnberg 1985

Kurth, Hans: *Menschenkenntnis auf den ersten Blick.* Genf/München 1989

Kybalion. Eine Studie über die hermetische Philosophien des alten Ägyptens und Griechenlands. Heidelberg 1997

Landau, Terry: *Von Angesicht zu Angesicht. Was Gesichter verraten und was sie verbergen.* Heidelberg, Berlin, Oxford 1993

Lexikon der Antike. Berlin und Leipzig 1977

Lexikon der Philosophischen Werke. Stuttgart 1988

Robert Jacques-Michel: *Das Gehirn.* Bergisch Gladbach 1994

Molcho, Samy: *Körpersprache.* München 1998

Morrison, Philip und Phylis: *Zehn[HOCH.] Dimensionen zwischen Quarks und Galaxien.* o.J.

Peltzer, Karl: *Das treffende Zitat.* Bindlach o.J.

Philosophisches Wörterbuch. Stuttgart 1991

Platon: *Der Staat.* Leipzig o.J.

Reutler, Bernd H.: *Körpersprache verstehen*. München 1995
Reclams Bibellexikon. Stuttgart 1992
Reutler, Bernd H.: *Körpersprache verstehen*. München 1995
Robbins, Anthony: *Das Powerprinzip*. München 1996
Rosenberg, Anna: *Körpersprache verstehen und bewusst einsetzen*. o.J.
Röthlein, Brigitte: *Unser Gehirn wird entschlüsselt*. Hamburg 1993
Rückle, Horst: *Körpersprache verstehen und deuten*. Niedernhausen/Ts. 1991/93
Rückle, Horst: *Körpersprache für Manager*. Landsberg/Lech 1998
Rückle, Horst: *Körpersprache für Manager. Signale des Körpers erkennen und erfolgreich umsetzen*. Landsberg/Lech 1982
Ryberg, Karl: *Farbtherapie*. München 1992
Ryborz, Heinz: *Menschen erkennen, durchschauen, verstehen*. Zürich 1988
Seiwert, Lothar J.: *Mehr Zeit für das Wesentliche*. Landsberg/Lech 1984
Schopenhauer, Arthur: *Die Welt als Wille und Vorstellung I/II*. Leipzig 1979
Spiethz, Rudolph: *Menschenkenntnis im Alltag. Körpersprache, Charakterdeutung, Testverfahren*. 1994
Stadtlaender, Chris: *Graphologie*. Rastatt 1995
Strobel, Hermann: *Das Zahnweh, subjektiv genommen*. Olten u. Freiburg i. Breisgau 1990
Wirth, Bernhard P.: *Das 1x1 der erfolgreichen Kommunikation*. Kilchberg 2000
Wirth, Bernhard P.: *Geld im Griff*. Kilchberg 2000
Wirth, Bernhard P.: *In 7 Tagen zum Spitzenverkäufer*. Landsberg/Lech 2000
Wirth, Bernhard P.: *Zeit im Griff*. Kilchberg 2000
Weischedel, Wilhelm: *Die philosophische Hintertreppe*. München 1996
Zielke, Wolfgang: *Sprechen ohne Worte*. München 1987
Zimbardo, Philip: *Psychologie*. Berlin, Heidelberg 1999

Zeitschriften:
Der SPIEGEL 13/2000
Der SPIEGEL 19/2000

Stichwortverzeichnis

S

T

Teamgeist, 98ff.
Teltscher, F., 179
Temperament, 117f.
Tierkreiszeichen, 167-172
Tränendrüsen, 260
TUN, 36, 46, 70f., 76, 110ff., 202, 232, 241, 252

U

Ungleichheit, 90f., 111
Universum, 29, 236
Unterarme, 264
Unterlippe, 137
Ursache und Wirkung, 249ff.

V

Venen, 270
Verdauungsorgane, 275
Verhaltensmuster, 78ff.,
- extrovertiert, 80
- introvertiert, 81
Verhaltensprogramm, 77ff., 109ff.
Vernunft, 24ff., 28, 42f., 45, 120, 250
Verstand, 24
visuell, 51-56, 60ff., 64ff.
Voltaire, 238

W

Waage, 170
Wahrheit, 48ff.
Wahrnehmung(-), 22, 48, 55, 238
 Wahrnehmungskanal, 51, 53, 62
Wallenstein, A.W. v., 167
Wassermann, 172
Widder, 167
Wirbelsäule, 278

Bernhard P. Wirth führt unter anderem folgende Seminare durch:

- Lieber Tun und erfolgreich
- In 7 Tagen zum Spitzenverkäufer
- Magie des Erfolgs
- Menschen erkennen, durchschauen und richtig behandeln

Für Information und Anmeldung stehen wir Ihnen zur Verfügung unter:

Bernhard P. Wirth Seminare S. L.
Calle la Marina 28
E-38639 Los Abrigos – Tenerife – Islas Canarias

Deutsche Serviceadresse:
Waldemar-Fritsch-Weg 11
91522 Ansbach

Telefon: 0981/977373
Telefax: 0981/977374
www.wirthseminare.de